U0773111

质性研究方法
与体育社会科学研究

胡孝乾　著

人民体育出版社

图书在版编目（CIP）数据

质性研究方法与体育社会科学研究／胡孝乾著. --
北京：人民体育出版社，2023（2023.10 重印）
ISBN 978-7-5009-6274-8

Ⅰ.①质… Ⅱ.①胡… Ⅲ.①体育运动社会学－研究
Ⅳ.①G80-05

中国国家版本馆 CIP 数据核字（2023）第 022083 号

*

人 民 体 育 出 版 社 出 版 发 行
北京中献拓方科技发展有限公司印刷
新 华 书 店 经 销

*

710×1000　16 开本　19 印张　329 千字
2023 年 7 月第 1 版　2023 年 10 月第 2 次印刷

*

ISBN 978-7-5009-6274-8
定价：88.00 元

社址：　北京市东城区体育馆路 8 号（天坛公园东门）
电话：67151482（发行部）　　　邮编：　100061
传真：67151483　　　　　　　　邮购：　67118491
网址：　www.psphpress.com

（购买本社图书，如遇有缺损页可与邮购部联系）

献给我的父亲

和他在病床上向我手背浅浅的那一推

序 一

PREFACE 01

"最有价值的知识是关于方法的知识"——法国哲学家笛卡尔的话精辟且有力地揭示了方法的重要性。对日常生活来说，我们可以从"工欲善其事，必先利其器"或者"磨刀不误砍柴工"来理解这句话的意思。从科学研究的层面，这句话则与黑格尔在《小逻辑》中的名言——"方法并不是外在的形式，而是内容的灵魂与概念"呼应成趣。因此，孝乾的这本质性研究方法专著对于体育科学的研究者而言，无疑值得特别关注。

我自己首次系统地学习质性研究方法，还是在我攻读第二博士学位期间。1998 年，我在香港中文大学社会科学院心理学系选修了一门博士生课程"跨文化心理学"，结课之际，任课教授 Michael Harris Bond 推荐我们选修一门本科生高年级课程"质性研究方法"，我感到好奇，因为当时内地很少有学校开设这样的本科课程，又算博士生学分，所以就选了。任课老师 Tardif 在第一讲时就说明：本课程有 6 次作业，你可以选其中最好的 4 个分数作为作业分数。第一个作业是写观察报告，我觉得没有多大挑战，就做了个香港地铁上乘客观看他人报纸的观察报告。没想到得到的成绩是 10 分制的 4 分。我是通常意义的"好学生"，测验、考试未必每次得高分，但从未不及格。心中不解为什么，就去找任课老师求教（当然不是为了要分数）。任课老师解释说，"这门课程博士生得到远低于本科生的分数一点不奇怪，因为研究生的学术经历越长，被量化研究'洗脑'就洗得越厉害，写出来的作业一看就是没有转变思维定式的量化研究范式套路。质性研究是另一个世界。你有两个选择：一是认可这个分数，另外 5 个分数作业转变思维方式后再去做，反正分数是 6 个中选 4 个最高的；二是你重新去做观察，重新写观察作业，我再依此给你判分"。我不甘心不及格的记录，就又按照老师的仔细解释和要求，重上地铁，仔仔细细观察，事无巨细做好笔录，整理后再次交了作业。这次作业让我记忆犹新，失败的经历才能使人产生更深刻的转变。自此，以及之后的许多学术经历，使我对质性研究方法刮目相看，对科学的要义和本质不断反思，并由此产生了许多新的困惑和纠结。我教授的课程中，既有行为科学多元统计（完整的 48 学时），也有质性研究方法（体育科学研究方法中的一章，6 学时）；我的研究生所做的研究中，大部分为量化研究，但也有质性研究，如运动员梦境特点：自我发展的重要线索（张慧，2011），精英运动员的自杀意念及其意义（刘洁洁，2019），精英运动员急性严重损伤后身体康复与心理康复的不同步（秦花卉，2022）。我必须说，在我参与的 100 多项大大小小的研究中，那些质性研究的主题，是让我更加心动和萌发激情的主题。

在《体育科学研究方法》一书的前言中，我曾经希望自己的书可以帮助体育科学的同人朝着"靠拢母学科"和"贴近国际发展"两个方向推动体育科学的发展，以免井底之蛙的尴尬。在国际体育社会科学领域，使用"量化研究方法"（quantitative method）和"质性研究方法"（qualitative method）的研究之数量较为平衡。以孝乾关注的体育管理学为例，《体育管理评论 Sport Management Review》（2015—2020 年体育管理综合影响因子最高 SSCI 期刊）在 2020 年发布的全部文章中，量化研究占比 55%（38 篇），质性研究占比 43%（30 篇），混合研究占比 1%（1 篇）。而在国内体育科学领域，众所周知，质性研究的比例则要低很多。我感到，孝乾这本并不算鸿篇巨制的作品承接了以上两个小小的愿望，并且可以在一定限度上推进体育科学（尤其是体育社会科学）朝这两个方向的发展。同时，我认为，在研究方法的选择上，我们应视研究问题和研究内容为导向，选择可以更好地回答研究问题的方法作为核心方法。

孝乾受质性研究方法的学术熏陶由来已久。他的硕士论文（2010）和博士论文（2015）均采用质性研究方法进行研究。他工作之后的许多研究，也仍在沿袭质性研究的传统。在这本书中，一方面，孝乾依照科研工作的流程，一步一步地说明了完成一项体育社会科学质性研究所必需的工作及其中的要点——无论是本科生还是研究生，都可以在书中找到操作性很强地指导。而且，由于作者通过深入的思辨和缜密的讨论，论述了自己在质性研究领域的观点与看法，因此书中的内容对研究工作者也具有相当的启发性。另一方面，书中各种有趣的笑话、生动的故事，以及孝乾颇具北京人口吻的行文风格，也让读者能够很快感到作者的风趣幽默。这本书是我读的所有专业著作中可读性最强的著作之一。阅读中，读者肯定不会感到枯燥无味，相反，读者很可能会产生一口气读完的欲望。

孝乾的这本书既是一本充满了作者独立思考和学术追求的专著，也是一本引人入门的研究指南。这背后不仅含有孝乾对哲学领域的兴趣和他对社会科学质性研究方法的热忱，也体现了他对学生们的期待，还有他在每周一次的研究生读书会上的思考，以及他为研究生讲授"体育科学的一般研究方法"过程中的积淀。同时，读者也可以感受到作者对科研质量和教师理想的坚持。

张力为

北京体育大学心理学院

2021 年 12 月 25 日

2021年11月22日，胡孝乾发来这本书稿请我作序，我欣然同意并感到非常高兴。一方面，因为我了解孝乾对研究方法的重视和他在这一领域投注的精力。在疫情期间，我曾和他一起为非全日制冬奥管理硕士项目的学生讲授有关社会科学研究方法的线上课，他授课深入浅出、言简意赅、生动幽默，深受学生们的喜欢。另一方面，是因为这本著作是他学术生涯的一个重要节点，而他的学术生涯清晰地反映了清华体育对其人生发展的积极影响。

胡孝乾在2000年考入清华大学中文系，后转至新闻学院。与此同时，他也因个人兴趣使然，自大一开始就加入清华棒球校队，此后还以队长的身份带领球队拿下北京市和全国大学生比赛冠军。这不仅使他的清华生涯从一开始就和体育紧密联系起来，也为他在毕业10余年后能够返回母校，成为一名体育教师埋下了伏笔。

自新闻学院毕业后，孝乾投身体育新闻领域。在新华社工作的五年间，他经历了奥运会、世界杯等大型赛事的报道，与体育有了更密切的接触和更深入的了解。在结束了北京2008年奥运会的报道工作后，他毅然离开新华社，前往英国拉夫堡大学，攻读体育管理学硕士和体育政策学博士学位。

2014年年底，清华体育部招聘棒球专项教师，胡孝乾以其良好的科研能力和较强的专项技能，以及对清华体育的深刻理解在应聘人员中脱颖而出，加入清华体育部的大家庭。入职以后，他虚心好学、认真钻研、刻苦投入，在科研上取得了较多成果，很好地完成了体育课教学工作与清华棒球和垒球队的训练比赛任务，并以教练员的身份收获北京市高校棒球比赛"三连冠"和全国高校冠军的佳绩。

作为教研系列教师，胡孝乾承担了本科生与研究生的"奥林匹克与国际体育研究"、非全日制研究生的"体育管理"课程的教学任务，以及博士和硕士研究生的指导工作。在日常交流中他非常随和，与研究生的关系很是亲切，是同学们喜欢的"大胡"；同时，他对科研工作非常严谨，尤其重视对研究方法的讨论，也是研究生们非常担心在开题、中期或答辩时碰到的严厉的"胡老师"。2019年，体育部调整了"体育科学研究的一般过程与方法"的授课方式，由孝乾来承担这门课的组织与教学工作。经过几个学期的教学实践，这门课在研究生中取得了很好的反响，本书中很多故事和案例也来自课上教学与课后反思。

清华大学有光荣的体育传统，建校110年来，已形成"有理论、有理念、有目标、有口号、有实践"的全方位体育教育体系："体育的迁移价值"是清华开展体育工作的理论指导；"育人至上、体魄与人格并重"是清华新时期的体育教育观；"为祖国健康工作五十年"是每一位清华人都在为之努力的奋斗目标；"无体育、不清华"则是由清华学生自发喊出的具有时代特征的口号；在此基础上，通过长年地实践形成了一系列具有清华特色的体育活动和开展体育工作的具体实践。

在建设世界一流大学的征程中，清华大学确立了价值塑造、能力培养、知识传授"三位一体"的教育理念，而体育教育是实现价值塑造最直接、最有效的方式，也对体育育人的作用提出了更高的要求。孝乾对学术与教学的追求充满了责任感，这与他在清华的经历密不可分，他从大二开始担任校棒球队队长，正是在强大责任感的推进下，他能够坚守全身心投入培养学生的初心，也得以在近两年的时间里不断努力，独力完成了这本有关质性研究方法的著作。这本著作，产生于科研和教学工作的实践中，阐述了他在社会科学研究方法领域的理念与观点，在质性研究方法层面起到了理论指导的作用，也在一定限度上实现了他推进国内体育社会科学质性研究发展的目标。

我衷心祝愿孝乾和读者都可以用实际行动践行"为祖国健康工作五十年"的目标，也希望这本书能够不断推动我国体育社会科学研究的发展。

刘　波

清华大学体育部主任

2021 年 12 月 23 日

自 序
PREFACE

方法并不是外在的形式，而是内容的灵魂与概念。

The method is not an extraneous form, but the soul and notion of the content.

Shorter Logic

G. W. F. Hegel, 1930

您好！非常感谢您翻开这本小册子。

我们非常清楚，这本书的标题实在是没有什么吸引力。一来，"体育"在国内常常或多或少地（尤其是在学术或与智力相关的方面）被"污名化"。相关的俗话很多，我们就不一一列举了。二来，"社会科学"在很多人看来，往往没有自然科学那么硬气，因此也就被冠以"软科学"的名号——听上去似乎就缺点"硬实力"。三来，"质性研究"的数量尽管已经在我国社会科学领域中有了可观的增加，但是在人们纷纷前往"云端"生活的"大数据"时代，这种数据收集对象不多、数据收集过程耗时耗力、数据分析无法借助软件计算、研究结果没法用数字呈现的研究方法也不怎么讨人欢心。不过，即便如此，这本小书仍然能够蒙您垂阅，我们心怀感激。

把这样一本干巴巴的书作为自己学术生涯的第一本著作，现在想起来自己确实有一点"胆大包天"了。尽管如此，我们仍然斗胆野人献曝，选择了这样的主题，并使出浑身解术把这本小册子呈现在您面前，其原因有三。

其一，研究方法对科学研究来说具有至关重要的作用，我们在开头所引用的黑格尔的话非常有力地说明了这一点。而且，我们在这里所说的研究方法，并不仅是"文献综述法""深度访谈法""实地观察法"这种大部分论文中常见的、作者自己不知所云于是人云亦云的、总以大集合排排坐形式出现的数据收集方法，而是社会科学研究中自哲学基础（本体论、认识论）开始到论文的反思、批判与讨论位置的一整套研究设计的内容（在有些研究方法的书中，甚至可以包括论文的写作方法在内）。在英文的论文中，这部分内容常被冠以 Methodology（方法论、研究方法）的名字①。

在英国读博的时候，Research Method 不仅是我们必修的课程，而且每个学期中，学院的各位教授还会轮流组织讨论会（Seminar），为博士生们从基本的研究范式、哲学立场，到自己最新研究进展中使用的研究方法，以及遭遇到的问题，进行更加细致地说明。记得有位教授曾在讨论会上说过，如果一个社会科学研究者无法清晰地论述自己在研究中使用的研究范式，或者无法从本体论和认识论的层面来支撑自己的研究方法的话，那么这个 PhD（Doctor of Philosophy）也就算是白读了。因为，一套设计完整的研究方法不仅能够保证我们的研究从最抽象和基础的研究范式（Paradigm）到最具体和具有操作性的数据分析方法（Protocol）之间的一致性（Consistency），还能够有效地帮助我们在论文最后的讨论部分中将视线有效地深入社会结构与存在的深度，进而提升自己研究的学术贡献与质量。

其二，和国内社会科学研究领域量化研究的显学地位相一致，在体育社会科学领域，量化研究同样是大量研究者趋之若鹜的选择。这种现象除了受到国内社会科学领域整体风气的影响以外，相关专门著作数量较少，使得研究者即便对质性研究有兴趣，但也是宝山难入空兴叹。

无论 Qualitative Research 被翻译为"质性研究""定性研究"还是"质的研究"，国内体育社会科学领域内具有针对性的著作数量非常有限。在本书动笔之时，张力为教授、黄汉升教授、郑旗教授与邓跃宁教授等学术先进曾分别在各自撰写的《体育科学研究方法》中介绍过有关"质性研究"的内容，而专门关于体育社会科学的质性研究方法的著作则只有华南师范大学的熊欢教授带领多位学术同人撰写的《体育人文社会学质性研究方法及应用》一书。

而且，如果进行质性研究的学者无法从研究范式层面准确且牢固地确立自己的本体论与认识论立场，那么在面对诸如"样本数量""信效度检验""研究结

---

① 需要说明的是，在这里所谓的 Methodology 和 Method 有本质上的区别。详细来说，Method 即方法指的是数据收集、数据分析等操作性的技术，而 Methodology 则是指关于研究方法的研究、分析、论述与批判。与这两个单词的关系相似的案例，您还可以参照 Technique 和 Technology 之间的区别：Technique 具有操作性的技术，Technology 则是指对于这些技术的研究与论述。例如，Information Technique 是关于信息的计算、储存和传输的技术；Information Technology 则指对这些技术的研究、分析与评估。

果的代表性""研究质量评估"等看似一针见血的问题时，也可能会出现手足无措的情况。因此，孝乾在每次的研究生开题或者答辩以前，都需要帮助学生们重新梳理这些内容，以应对这些"灵魂拷问"。即便如此，也还会出现学生在论述了质性研究的价值、意义与操作方法后，被教导说"你不是来这里给我上课的"这种令人无言的情况。希望有了这本小书，我们就可以更加从容地进行准备，也可以避免一些尴尬。

其三，尽管因为以上两种情况，孝乾一直有动笔的意愿，却总是缺乏动力与契机。2019年年末，新冠肺炎疫情突然袭来。体育课转至线上，每周两三次的棒垒球带队训练也无法进行。于是，就有了您面前的这本小册子。其间写写停停，一共花了将近两年的时间才告完成，不过这本书也可以算是新冠肺炎疫情的一个"额外收获"吧。

鉴于熊欢老师的著作珠玉在前，因此本书采取了不同的写法——没有依照社会科学中会使用到质性研究方法的学科或者研究路向为行文逻辑，而是尝试依照研究设计的顺序和步骤，由哲学基础入手到研究质量评估为止，和您一步一步走过整个体育社会科学质性研究的过程。所以，我们也真心地希望，当您读完了这本小书，就可以从研究本质到操作方法层面，对体育社会科学的质性研究方法有了一定的了解和掌握。

本书分为三个部分。第一部分是全书的基础。我们在第一章里由科学哲学的视角切入，简要地说明了我们对社会科学和体育科学的一些不成熟的观点，进而通过"神父"和"科学家"之间的辩论将内容引到研究范式层面，探讨并论述了研究者不同的本体论、认识论对研究方法的影响。第二章的主要内容是对质性研究的说明。通过对比质性研究与量化研究之间的不同，阐述了质性研究的定义及其特点，并为您提供了一些可以回答"灵魂拷问"的方法和视角。

由第二部分开始，我们进入了操作性的环节。第二部分的内容关注于您在着手进行具体研究工作之前的一些准备工作。其中第三章较为宽泛地说明了研究选题、文献综述、设计研究问题和选择研究理论等方面的问题，这一部分的内容不仅适用于质性研究，同样也适用于量化研究。第四章的主题是操作层面的准备，其中的重点在于质性研究中选择数据收集对象（被研究者、被调查者）的标准与方法。此外，我们也说明了一些诸如"敲门砖"之类的，更加具体的"杂务"。

第三部分是质性研究具体的操作过程。我们在第五章中为您介绍了质性研究中两种最常用的数据收集方法——访谈法与观察法。其中既包括访谈法和观察法的分类与特征等理论层面的内容，也依照两种数据分析方法的具体操作步骤进行了实操方面的说明。我们在第六章中说明了与数据分析有关的内容，其中既包括"归纳""演绎""回溯""溯因"等数据分析策略，也包括了五种常用的质性数据分析方法——"内容分析""主题分析""叙事分析""扎根理论""批判性话语分析"。作为本书的最后一个章节，第七章的内容主要讨论与质性研究质量评估有关的问题。我们首先讨论了常见的量化研究质量评估标准在质性研究质量评估中的适用性，进而介绍了一些质性研究质量评估的常用标准，并讨论了质性研究中的三角互证问题。在最后的部分中，我们探讨了学术研究的基本评估原则——研究道德与伦理。

在操作性方面这里有两点需要说明。其一，本书中提及了160余个研究案例。但由于篇幅所限，我们并没有把这些研究案例列入正文中，而是将这些已经发表的研究案例做成了一个分章节的电子表格，有兴趣的读者朋友可以通过扫描二维码找到这些研究案例的参考文献信息。

其二，本书中尽量地保留了所有学术名词对应的英文单词。之所以这样做，是因为我自己曾经的尴尬经历。在读博期间，孝乾曾有一次和导师一起回国开会，其间导师应邀到清华大学为体育部的研究生开展讲座，由我担任翻译工作。其间有位同学问到了有关质性研究信效度的问题，我虽然知道这位同学问的与 Validity 和 Reliability 有关的，但由于在国内本科期间学习过的信效度相关内容距离当时已有十年，从硕士开始的研究生阶段又全部在国外完成，所以一时无法将 Validity 和 Reliability 与"效度"和"信度"对应上。当时的场景真是异常尴尬。所以，我们尝试尽量列出所有的相关单词，并将所有域外学者的名字用英文写出（参考文献为中译本则在中译名后写出英文），以方便读者国际交流之用。

最后，但也是最重要的，孝乾想要感谢两所"紫色的"母校——清华大学和拉夫堡大学。如果不是因为"五道口体校"我应该不会从事体育新闻的工作，也就不会有后来赴英的体育科学研究。感谢我的两位人生导师：数次在我人生重要节点为我做出指导的本科班主任董关鹏老师，以及引导我走向学术道路并使我改变了对世界与社会看法的 Ian Henry 教授。同时，也要感谢张力为教授，在素未谋面、仅是读过这本粗陋之作的情况下，慨然为拙作撰写序言。刘波教授和清华体育部的其他同事的支持和帮助也是本书得以成形的助力。此外，人民体育出版社的李凡老师为这本小书投入了巨大的心力，让我感受到了她的敬业精神与职业水准。

当然，这本小书之所以能够付梓，离不开包括 Alan Bairner，John Evans，Brett Smith，以及汤添近、蒋任翔、陈姝姝和郑锦明等朋友们的支持、鼓励与榜样作用。而且，也要感谢本书最初的读者——我的研究生朋友们，他们认真仔细地阅读帮我修改了许多逻辑与行文方面的错误。

同时，全心地感谢我的家人们。我每一分成绩的背后都是你们对我一百分的支持、谅解和包容。

下面，就请您和我一起走入质性研究的丛林中吧。

胡孝乾
北京市西城区豆角胡同 6 号
& 85 Ashby Road，Loughborough LE11 3AB

目 录
CONTENTS

图目录

表目录

第一部分　PART 01

体育、社会科学与质性研究方法

您好！非常开心在这里和您见面。

我们猜您读到这一小段文字的原因大约有两个。其一，可能您刚打开这本小书，而且也不太想读我们写在前言里的那些说明与感谢，于是准备按部就班地从头读下去。其二，您习惯由本质层面开始了解一个事物，因此希望通过阅读这一部分的内容来理解，当我们在这本小书中谈论所谓的科学、社会科学，以及体育学和社会科学中的质性研究方法究竟是在谈论什么。这个问题，就像雷蒙德·卡佛尝试借由朋友之间的一次谈话向我们说明"当我们谈论爱情的时候，我们在谈论什么"。

在本部分的内容中，我们尝试简略地由科学哲学的角度入手，通过对"科学"进行说明与分类，提出我们对体育科学中不同学科的分类方法的一些看法。随后，我们借用托马斯·库恩（Thomas kuhn）的视角，将讨论转入社会科学的领域，并尝试用几个小故事来说明所谓"范式""本体论""认识论"等概念对我们的社会科学研究自基本观点到研究方法的影响。随后，我们为您介绍了一些有关质性研究的基本知识，但（实用性层面来说）更重要的是，我们根据以往的经验，为您介绍了一些作为质性研究者常常遇到的、看似"一针见血"实则源自不了解质性研究的发问者"灵魂拷问"及其回应方法。

在正式和您聊一聊体育、社会科学与质性研究以前，我们有一个小小的建议——如果您是博士研究生，您千万要依照这两章的次序按部就班地读下去，以能够了解研究的本质。如果您是硕士研究生或者仅是希望了解质性研究方法的操作程序，您也可以跳过这两章，从第三章开始阅读。

那么，我们就此开始吧。

第一章
CHAPTER 01
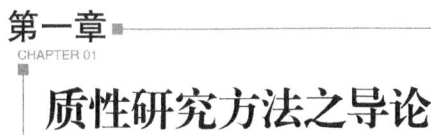

质性研究方法之导论

作为开章明义的起手势，我们希望通过本章的内容和您从科学与社会科学的基础层面出发，聊一聊有关社会本体、知识的属性，以及其与质性研究关系的相关内容。

详细来说，我们首先在第一节进行了一些基础性的论述——什么是科学？我们口中的体育科学和国内作为一级学科的体育学科有什么区别？体育社会科学又在多大程度上区别于体育学科下的体育人文社会学？其中又包含了哪些内容？

在本章的第二节中，我们先登上了一位巨人——托马斯·库恩（Thomas Kuhn）——的肩膀，并借助他的论述，将讨论转入哲学领域。然后，我们尝试通过重现科学家王小二和神父李小三之间的争论，以及一系列的体育场景、动画和电影来说明"范式""本体论""认识论"这些关键概念对社会科学研究在本质层面的影响，进而通过比对不同的研究范式来讲解为什么哲学立场不同的社会学者在对话时真的可能"驴唇不对马嘴"。

第一节 社会科学与体育科学

一、科学与社会科学

回答什么是社会科学之前，我们需要先简单地谈一下"什么是科学"这个既简单又复杂的问题。说它简单，是因为这个问题可以是个一般的知识性问题。那么我们自启蒙开始经历的整个教育体系所习得的一切知识都为我们回答这个问题提供了例证。例如，随机在街上找一个高三学生，他往往会告诉我们："代数几何、牛顿力学，这就是科学；进化论、元素周期表，这就是科学；马克思主义哲学、历史唯物主义这就是科学。"或者更准确地说，这就是现有科学体系的产物——知识。

说它复杂，这个问题又可以有多重的含义，让从事科学史和科学哲学研究的学术先进们皓首穷经，把一头秀发熬成童山濯濯，从"聪明透顶"研究到"聪明绝顶"。从逻辑经验主义者推崇的"能够得到经验认证"标准，到卡尔·波普尔（Karl Popper）的"可证伪"标准，再到托马斯·库恩（Thomas Kuhn）近似于欲辩已忘言状态的"科学共同体"标准（如果我们可以称其为标准的话），最终我们看到保罗·费耶阿本德（Paul Feyerabend）挥动着"反科学主义"的大旗，提出给科学划清界限完全是一个无聊的问题。

当然，本书并不是一本科学史或者科学哲学的鸿篇巨著，我们所针对的领域也仅是科学丛林中的一块小小绿地——体育社会科学，以及描绘、解释这片绿地的一种方法——质性研究方法（Qualitative Research）。因此，在这里我们也就不再自不量力地去思考一些和科学的本性、科学的本源有关的话题，以免在科学哲学领域的专家面前班门弄斧以致贻笑大方。故此，亲爱的读者，请允许我们在这里略略偷懒，以托马斯·库恩（Thomas Kuhn）的观点来画出这片"科学丛林"的边际——"科学家所做的事情就是科学"。

依照科学的研究对象——知识为分类标准（或者说，依照科学家所感兴趣的领域为标准），科学可以被分为社会科学、人文学科和自然科学三个不同的领域[1]3。首先需要说明的是，在这里把被许多人认为是"硬科学"或者被少数更为"原教旨"的人认为是"真正的科学"的自然科学列在最后，我们作为社会学者绝对没有任何藐视"真正的科学"的企图，当然也没有这种胆量，而纯粹是因为这部分内容在我们这本小册子中几乎不会被涉及。

"社会科学"（Social Science），根据中国大百科全书数据库的定义，是研究社会现象及其发展规律的各门学科的总称，其中包括经济学、政治学、社会学和社会人类学、社会心理学、经济地理学等，其任务是阐明各种社会现象及其社会发展规律[2]1。由于"社会科学"脱胎于人文学科，而且也与"人文学科"之间存在着极为密切的、相互依赖的"母子关系"，故此很多学者将两者合并为人文社会科学（例如，在体育学一级学科下设的"体育人文社会学"），高中教育体系在"文理分班"过程中也将社会科学和人文学科合为一体[1]4[2]1。

与此社会科学相比，"人文学科"（humanities）则主要包括文学、艺术、历史、哲学、神学、语言和文字学等内容[3]1。《中国大百科全书》中将人文学科与社会科学、自然科学平等并列，并提出三者的主要区别在其研究方法——前者采用特征描述法来研究无规律可循的个别现象或文学艺术创作，后两者则使用规律探求法来寻找社会或自然现象中的规律[3]1。《大英百科全书》则提出"人文学科是探求人类及其文化或者分析和批判人类价值或精神问题的学科的综合；其研究内容与方法和有别于自然科学、生物科学和社会科学，同时与后者在研究内容和方法方面的差别较小。人文学科中包括语言、文学、艺术、历史，以及哲学"[4]1。

各位读者对"自然科学"大概会更加熟悉一些，或者说更有掌握一些。作为现代汉语语境下"科学"一词的主要所指，以数理实验科学为代表的近代自然科学通过实验取得科学知识的实际效果，通过数学取得了普遍有效性，其中的物理学、化学、生物学又相继从 19 世纪开始陆续转化为可应用的技术，引发了产业革命，进而改变了我们的生活样貌[5]303。曾经一度广泛流传在中国社会中的顺口溜"学会数理化，走遍天下都不怕"正说明了自然科学在神州大地上的巨大影响力与声望。

二、体育科学的分类

各位读者从这本小册子的书名就可以看出，我们讨论的主要目标是一个特定领域——体育科学研究中的社会科学研究。依照现在我国学科的分类，作为一级学科的体育学包含了四个二级学科——"体育教育训练学""运动人体科学""体育人文社会学"和"民族传统体育学"。这样看来，体育学中的社会科学研究似乎只是"体育人文社会学"的下面的一个小小分支，那么，您可能就会问，犯得上为这么个小小分支专门著书立说，论述其中的某一类研究方法么？

我们想和您说明的是，我们这里谈的体育社会科学研究指的是体育科学（sport science）中的一个分支。体育科学中所包含的内容要广于上一段中提到的作为一级学科的体育学。

在体育科学的领域中，您可以发现属于自然科学、人文学科和社会科学的不同研究。体育科学领域中的自然科学研究非常多，例如：空气动力学对标枪、铁饼的器材设计乃至棒球投手的变化球控制起到了非常关键的作用；生物学和生理生化方面的最新科技既可以帮助人们更好地运动减肥，也可以提升高水平运动员的训练效果；材料科学的研究成果不仅会影响到职业网球选手手中的球拍，也会体现在运动服饰和其他装备中。在北京 2022 年冬奥会备战过程中，北京服装学院的刘莉教授带领团队根据 9 个项目选手对服装的不同要求——速度滑冰选手要求服装降低阻力、短道速滑选手要求服装"冰刀划不破"、雪上项目选手要求"耐低温"、花样滑冰选手则要求"美轮美奂"，运用新型纺织技术，助力 9 个项目在 2022 年冬奥会上共揽获了 5 枚金牌。

体育科学领域的人文学科研究也同样浩如烟海，例如，探究足球起源、寻找运动演变的规律就是典型的体育历史学研究，体育哲学家们则在探讨体育概念的内涵与外延的同时尝试着帮助我们更清晰地认识到体育的价值，同时在奥运会上拼尽全力的不仅包括世界各地的优秀运动员还有体育新闻学科的"培养成果"——体育记者们。换而言之，体育科学领域的人文学科研究不仅包含我国现今体育学一级学科下的体育人文社会学中包括的体育史学、体育新闻学等方向，也包括民族传统体育研究中会涉及的对我国传统武术中蕴含的中国哲学思想的研究。例如，坐落在世界各地的孔子学院在推广太极拳与其他中国传统武术的过程中，传播的不仅是一种中国特有的身体活动方式，更多的是中国人的思维方式与处世哲学；国外的学者们也从艺术、媒体话语等视角对中国武术进行了人文学科方向的研究。

那么，我们所探讨的领域——体育社会科学又包括些什么呢？首先，需要说明的是，体育社会科学（Sport Social Science）和体育社会学（Sport Sociology 或 Sociology of Sport）并不一样。正如我们在前文对"社会科学"的说明中提到的，社会科学是研究社会现象及其发展规律的各门学科的总称，其中包括经济学、政治学、社会学、人类学、心理学、历史学和管理学等学科。因此，体育社会科学所包含的也不仅是体育社会学一个学科，同时还有体育经济学、体育人类学（体育民族志）、体育心理学、体育政治和政策学、体育管理学及体育批判和意识形态研究等学科。或者，我们可以说这些学科是其母学科的知识体系与研究方法在体育领域的具体应用。例如，体育社会学就可以被视为研究者使用社会学相关理论与方法研究、分析人类社会中与体育有关的社会现象、社会行为和社会过程的学科（如从社会资本理论的视角分析体育在增进社会流动性方面的效果）；依此类推，体育管理学就是学者们使用管理学相关理论与方法研究、解决与体育有关的活动的管理问题的学科（如通过分析管理话语探讨政府在体育管理方面的议程设置变迁及权力关系）。

综上所述，我们在这里探讨的"体育科学"的分类不同于现今国内对体育学一级学科下的二级学科分类，而是依照科学哲学的思路，采纳了对"科学"的分类方法，将体育科学分为"体育自然科学""体育社会科学"和"体育人文学科"三个部分。我们希望这本小册子里探讨的"体育社会科学研究中的质性研究方法"能够不单帮助到体育社会学的研究者，同时也可以对其他研究与体育有关的社会现象、社会行为和社会过程的学科（亦包括相关的体育人文学科）有所帮助。

第二节　范式：研究法的基础

一、研究范式是什么？

"范式"（paradigm）是我们在学习研究方法过程中常听到的一个词。简单来说，范式就是研究者对研究对象（例如，宇宙万物、社会现象）的基本观点或者看法[6] 107。这些基本观点或看法大多与研究者在"本体论""认识论"和"方法论"方面的立场有关。在下面的内容里，我们力求通过一些简单的例子把引号里面的这些虚头巴脑的名词为您解释清楚。

我们先来讲一个小故事：

科学家王小二和神父李小三是从小一起长大的好朋友。两个人虽然是莫逆之交，但是彼此对宇宙和世界的不同观点却使两个人经常搞得不欢而散。

有一天，王小二决定要用实例告诉李小三所谓的"上帝创世说"是不对的，现代科学是正确的。于是，王小二带着李小三坐上了宇宙飞船。"砰"的一声，两个人飞上了太空。王小二带着李小三看到了星体的运行，宇宙的浩瀚。回到地球之后，王小二又带着李小三坐上了时间机器。"砰"的一声，两个人穿越到了古代。王小二带着李小三看到了物种的进化与灭亡。

经历了一番游历的两个人回到了王小二的实验室。王小二对自己的至交好友说："小三，您已经看过了浩瀚的宇宙和不停进化的物种和生命。这都证明了现代科学的正确，不是吗？而且我们并没有看到你所说的上帝啊，所以，所谓的'上帝创世说'真的正确吗？"

李小三微微笑了笑说："是的，我们看到了这一切都很好地证明了你的理论。但是，你知道我们为什么没有看到上帝么？因为上帝不想让你看到他。"

在这个故事里，王小二和李小三对于宇宙和世界的观点截然不同，但是他们似乎说的都有道理，可也都说服不了对方。这就是因为两个人对世界的基本认知不一样，因此他们对同样的现象——浩瀚的宇宙和进化的生物的解释也就各不相同。

在进行任何的科学研究之前，研究者都需要有一定的基本认知、根本假设和学术训练。比如说，在"日心说"被得到广泛地承认以前，由 Eudoxus of Cnidus 提出的"地心说"在古代西方天文学理论中长期处于统治地位。那么大多数的天文学家都是以地心说作为前提进行研究的，他们都认为"地球是宇宙的中心，从地球向外，依次有月球、水星、金星、太阳、火星、木星和土星，它们沿着各自的运行轨道绕地球运转"。当然，也有一些人持不同的意见，或者以不同的前提进行研究。其中最有名的就是在 1543 年发表《天体运行论》的哥白尼。他提出，太阳是宇宙的中心，包括地球在内的一切行星都在围绕太阳旋转。这场论战的结果我们都知道了——一度被斥为"异端邪说"的日心说在付出了血的代价后获得了胜利，成为被大多数人接受的"科学学说"，随后逐渐被宇宙大爆炸理论所替代。

抛开这场论战的最终结果不说，如果我们以这两个都已经被宇宙大爆炸理论替代的理论为前提来解释白天和黑夜的产生原理，那么就会得到两个完全不同的结论。地心说的学者会认为，黑夜是因为太阳转到了地球的另外一半而产生的；而日心说的学者则会认为，黑夜是因为地球自转使自己的另一半没法被太阳照到而造成的。换句话说，持有不同基本认知的研究者在解释同样现象的时候会因为基本认知的差异而得到不同的结论。

这些基本认知、根本假设被托马斯·库恩（Thomas Kuhn）称为"范式"（Paradigm）[7]11。举个简单的例子，秉持不同范式的学者就像金庸先生的名著《笑傲江湖》中华山派的"剑宗"与"气宗"一样为修炼武艺应该"先练剑招再练内力"还是"先练内力再练剑招"争辩不休。而这两派武林高手（或者说科研人员）互相无法说服的重要原因是，他们都已经取得了一定成就（例如，都可以解释一些自然或社会现象，或者都可以在行走江湖中克敌制胜），而且，他们取得成就的基础是一整套的基本认知、根本假设和学术训练——通过相同学术训练而秉持相同范式的学者大多拥有相似的基本认知和根本假设，因此，也就不会在这一层面进行彼此的争论。但是由于他们也留下了一些有待后来者继续解决的问题（例如，某些无法解释的自然或社会现象，或者在行走江湖的过程中被仇家吊打），所以就留给了对方争论的空间。争论的对象可能是修炼武艺的方法（也就是我们在这本小册子要讲的"研究方法"），或者是对方武学修为的高低（也就是"研究成果"），但是由于他们基本认知、根本假设彼此存在差异甚至互相矛盾，那么在这种情况下的争辩自然是鸡同鸭讲、驴唇不对马嘴。

二、本体论、认识论和方法论

从前面的内容中，我们了解到，基本认知不同的研究者在解释同样现象的时候会因为基本认知的差异而得到不同的结论。如果用"范式"这一名词来陈述这句话，我们可以说，不同研究者（尤其是社会科学研究者）在研究范式方面的分歧会影响到他们研究的结果。即便这些研究的对象是同一个现象，其结果也可能出现差异。例如，我们在前面曾经举例过的，昼夜交替在地心说学者看来是太阳绕着地球转的结果，但在日心说学者看来则是地球自转的结果。

这种在研究结果方面的差异是不同范式的研究结果的表象体现。实际上，从更深层次的层面上看，导致这些研究在研究结果方面的差异的根本原因是持有不同范式的研究者（尤其是社会科学学研究者）在以下两个层面的基本认知的不同：

- 本体论：社会实在（Social Reality）的本质是什么？它和人的关系是怎样的？
- 认识论：我们关于社会实在的知识的本质是什么？我们对社会实在了解多少？

如果按照惯常的逻辑来论述这两个层面的认知，我们可以说，持有不同范式的社会科学研究者（或者说，立场不同的社会研究者）会对自己研究的对象——"社会"有不同的观点。例如，有人会认为，社会实在的本质是客观存在的实体；换句话说，在他们看来，社会是独立于任何行为者的认知而"客观"存在的。我们可以把这一派观点叫作"实在主义"（Realism）。同时，也有人会认为，社会是人和人之间的关系的集合，这种关系的本质是人们的认知和解读，所以社会是以什么样子存在取决于每个人对彼此之间关系的认知。我们可以把这一派观点叫作"相对主义"（Relativism）。

举个简单的例子，在实在主义者看来，北京国安和上海申花之间的关系是独立于两队球迷和球员存在的，两队球迷和球员（尤其是球迷）对对方的态度就是两队关系的反映；在相对主义者看来，北京国安和上海申花之间的关系是依赖于两队球迷和球员而存在的，两队球迷和球员对对方的认知和态度决定了两队的关系。以上说明的这种对"社会"的观点就是所谓的"本体论"。

另外，因为这些研究者对"社会"的认识不同，所以他们对社会科学研究的结果——"关于社会的知识"，以及研究者和"知识"的关系也会有不同的看法。那么，在实在主义者看来，人对社会的认识就是一种对社会现象的反映，但不能改变社会。例如，一旦北京国安对阵上海申花，北京国安和上海申花球迷的购票意愿就会上升；但是两队球迷的购票意愿却很难影响到中超比赛的对阵安排（中超公司不可能安排每一轮都是北京国安对上海申花的比赛）。所以，在实在主义者看来，研究者和被研究的"社会"是彼此独立存在的，研究者在研究社会的过程中既不会影响社会，也不会被社会所影响，所以，研究者得到的关于社会的知识是"客观的"。

而在相对主义者看来，人对社会的认识就是人对自己身份和自己与他人之间关系的主动解读和解释。例如，虽然很少会有非广州恒大球迷为"埃尔克森"的进球欢呼，但当这位巴西球员入籍中国代身"艾克森"以后，这些非广州恒大球迷便更有可能为他在中国国家队的进球欢呼。艾克森将足球踢入对方球门的情形并没有变，但球迷对进球的认识则受到了自己的球迷身份（俱乐部球迷或是国家队支持者），以及自己与艾克森之间关系的解读的影响。所以，在相对主义者看来，研究者和被研究的"社会"并不可分割，研究者的认知会影响到社会科学研究，社会科学研究也得不到"绝对客观"的知识。以上说明的这种对"知识"和"研究者与研究对象的关系"的观点就是所谓的"认识论"。

因为这些研究者在"本体论"和"认识论"层面的差异，所以他们对什么是能够获取知识的"科学研究"也有不同的观点。换句话说，立场不同的学者口中的"科学研究"很有可能迥然不同，而且他们也很有可能对对方的研究嗤之以鼻。这指的就是方法论。

比如说，如果在本体论观点是"实在主义"（Realism）的学者看来，球迷的购票意愿完全是由票价、比赛的重要程度、球队近期表现、对阵对手的特殊意义等因素影响的。所以，研究球迷购票意愿的影响因素就要先统计球队主场比赛的球票销售情况，然后再把上面提到的那些影响因素纳入分析中，计算这些影响因素对球迷购票意愿的不同影响，最终得出结论。

而对一位本体论观点是"相对主义"（Relativism）的学者来说，球迷的购票意愿存在差别的原因是，不同的球迷对自己球迷身份所代表的意义和作为球迷所必须有的行为这两方面的观念不同而导致的。换句话说，因为不同球迷对观赛方式（现场看球还是看电视转播）和球迷身份之间联系的解读有所不同，所以他们对"现场看球"的重视程度当然也会影响自己的购票意愿。那么，研究球迷购票意愿的影响因素，就要通过访谈来了解球迷如何认知自己的球迷身份，如何解读球迷的身份与现场看球行为之间的关系，并讨论他们对不同因素的解读对他们的购票意愿的影响方式，最终得出结论。

从以上的例子，我们不难看出，立场不同的研究者在研究同一个社会现象时，会采用不同的研究方法，这是因为在他们眼中，能够获取知识的"科学研究"迥然不同（"方法论"层面的差异）；导致他们采用不同的方法获取知识的原因是这些研究者对"关于社会的知识"和"个体和社会之间的关系"的看法本就不同（"认识论"层面的差异）；之所以他们会对"关于社会的知识"有不同观点，因为他们在"社会实在"这个议题方面存在异见（在"本体论"层面的差异）。于是，立场不同的研究者也就各立山头，同一个山头的学者互相取暖，也就形成了不同的研究范式。

三、常见研究范式

在上文中，我们简单地为您介绍了一些和"本体论""认识论"和"方法论"有关的知识，以及立场不同的（或者说持有不同范式的）社会科学研究者在这三个层面可能产生的差异。在这个部分中，我们将以 Norman Denzin 和 Yvonna Lincoln[8]225的表格为基础，为您简述六种社会科学研究中（同时也是体育社会科学研究中）常见的研究范式——实证主义（Positivism）、后实证主义（Post-positivism）、批判理论（Critical Theory）、批判实在主义（Critical Realism）、建构主义（Constructivism）和参与式研究（Participatory research）在"本体论""认识论"与"方法论"的不同观点（表 1-1）。

表 1-1　常见研究范式表

领域	本体论（Ontology）	认识论（Epistemology）	方法论（Methodology）
实证主义 Positivism	朴素实在主义（Naïve realism）社会实在是"真实（Real）"的，但同时也是可以被社会行为者理解和感知的（Apprehensible）	二元论（Dualist）/客观主义（Objectivist）通过测量发现真实的研究结果	实验法与干涉法证实假说，主要依靠量化方法
后实证主义 Post-Positivism	批判实在主义（Critical Realism）社会实在是"真实（Real）"的，也是可以被社会行为者理解和感知的，但是这种理解和感知是不完全的，并且其产生的概率也是变化的（Imperfectly and Probabilistically Apprehensible）	修正二元论（Modified dualist）/客观主义（Objectivist）批判的传统，认识论层面存在学者分为不同"社群"，研究结果（行为者对社会的理解）有可能是真实的	修正的实验法与干涉法；批判多样主义（Critical Multiplism）对假说进行证伪；有可能采用质性的方法
批判理论 Critical Theory	历史实在主义（Historical Realism）社会实在受到社会、政治、文化、经济、民族和性别等价值影响，会随着时间发展而逐渐凝结	交互论（Transactional）/主观主义（Subjectivist）价值观念会影响研究的发现	对话式（Dialogic）研究辩证的观点
批判实在主义 Critical Realism	分层实在主义（Stratified-Realism）社会实在是分层的，且存在独立于个体存在的部分	分层认识论（Stratified Epistemology）人对分层的社会实在是不完美的，价值观影响研究发现	回溯式（Retroductive）研究法可选择多样的研究方法，但强调对研究方法自身缺陷的自省
建构主义 Constructivism	相对主义（Relativism）社会实在是具有地区性的、特殊的、是被共构的	交互论（Transactional）/主观主义（Subjectivist）研究的发现是被共同创造的	诠释学方法（Hermeneutical）辩证的观点

续表

领域	本体论（Ontology）	认识论（Epistemology）	方法论（Methodology）
参与式范式 Participatory	参与性的实在（Participative Reality）主观与客观的社会实在，在人的观念与给定时空环境中被共构	具有批判主观性的被研究者参与到具体的时空环境，并与其互动；在实验性、命题性及实操研究的基础上拓展而来的认识论；研究的发现是被共同创造的	为平衡研究者与被研究者之间的"不平等"，所以需要邀请被研究者参与到行为研究中；实际操作至关重要；在研究中使用以共有生活经验为背景的语言

（一）实证主义（Positivism）

实证主义者持有朴素实在主义本体论，认为社会现实独立于行为者（包括研究者在内）存在，行为者关于社会的知识只是对某种社会现象的反映。

实证主义者相信，社会科学研究者可以像化学家或者医学研究者一样，通过实验来发现"真实的知识"，所以他们大多会使用自然科学（例如，物理、化学或者医学）研究中的实验性方法应用于对人和社会的研究中。换句话说，他们认为，既然化学家可以通过观察一种溶剂加入某一种元素后的反应，来确定这种元素的作用，进而得到某种自然界的"规律"；那么社会科学学者也可以通过对生活在社会中的人们的某种特定行为进行干涉后，了解到这种干涉行为对人们的社会活动的作用，进而把这种"规律"用于预测某种行为。换而言之，在实证主义者看来，只要是球票够便宜，球迷就会去看比赛。

实证主义认为，这种规律无论是在任何时候或者在任何社会中都不会变。那么，研究者只要能够精确地测量和分析相关的"事实"，就可以得到和体育相关的知识，并在未来加以应用。同时，因为这种测量是独立于研究者的——不会因为研究者的价值取向和解读而改变的，所以不同的研究者研究同样的社会实践都会得到同样的结论。

实证主义研究一般会包括如下几个特点：

①控制：实证主义者通常认为自己能够控制某一个变量对被试的影响，而且控制被试仅受到这一个变量的影响。如同生物学家通过给实验组的小白鼠喂药，同时给对照组小白鼠喂安慰剂或者不喂药，进而通过观察这两组被饲养在几乎同样环境的小白鼠的反应来了解药品的效果。

②重复：对于实证主义者来说，实验结果的可重复性非常重要。也就是说，让另外一群小白鼠吃同样的药物，也要能够得到同样的结果。

③验证假设：实证主义者一般都会在进行研究前进行假设，然后再试图通过实验来验证自己的假设。

实证主义者通常会采用量化的研究方法。当然，这并不是说他们收集的都是量化的数据——有的人会收集质性数据，然后用量化的方法进行分析（例如，计算质性数据中的某一个词出现的频率）。因为，在他们看来人类的社会行为就是一种反应——对变量（或者我们说内、外部刺激）的反应，所以只要通过测量人们对刺激的反应就可以了解到某种刺激（或者说干涉）的效果，进而预测人们未来的行为或者了解可以通过哪种方法来影响人们未来的行为。

实证主义的研究方法当然具有很高的价值。例如，准确度、客观性和对相关性的揭示。例如，通过精准地测量和控制某一个变量，能够证明甲事物可以引起乙事物（例如，雾霾对人们身体活动意愿的影响）。也正是因此，您在梳理文献中可能已经发现，国内的体育社会科学领域有大量实证主义的研究。当然，请注意，实证主义研究和实证研究并不一样。实证研究（Evidence-based Research）主要指以第一手资料为基础的研究。这种研究与依赖于二手资料（如文献档案）为基础的社会科学研究不同。

但是，实证主义研究也存在着一些瑕疵。尤其是当实证主义研究被应用于社会科学研究中的时候，这种瑕疵就会进一步凸显。首先，研究者需要考量如何设定没有实验变量干预的控制组。例如，当我们在研究北京2008年奥运会对北京城市发展的影响时，应该如何设定控制组呢？对比北京和另外一个国内一线城市（如上海）在2008年之后的发展，然后将这两者之间的差异归纳为奥运的影响？这似乎并不十分合理。或者是在平行宇宙中发现一个没有举办2008年奥运会的北京城？这似乎并不太可行，除非哪一位实证主义研究者可以像闪电侠一样跑出"闪点"进而进入平行宇宙。

其次，即便实证主义研究者可以找到与实验组完全一样的控制组，又如何能够控制身处社会环境中的被试者仅被某一个变量影响？例如，前文例举的"雾霾对人们身体活动意愿的影响"，实证主义研究者如何能够控制被试者的身体活动意愿仅被雾霾程度影响？因为每一个社会人都不是被圈养的小白鼠——即便是被试者的某一些人口统计学指标（如年龄、性别、收入、受教育程度、是否独生子女）非常相似甚至是一致，研究者也难以保证他们每天上班时候的工作环境、同事关系，以及回家以后的生活环境、家庭关系完全一致。那么，实证主义研究者就很难保证被试者的行为在观测过程中仅被自己想要研究的那个变量所影响。

最后，即便是以上的两个问题都得到了完美的回答——实证主义研究者找到了完美的实验组和控制组，而且也屏蔽了所有其他因素对两组被试者的影响，但是当这种在"真空"环境下得到的社会科学实验结果应用在复杂多变的社会环境时，它的效果又能如何似乎也是一个未知数。正是因为以上这些问题，所以实证主义在社会科学领域（乃至体育社会科学领域）中难以发挥出像它在自然科学领域研究中一样的效力。

（二）后实证主义（Post-Positivism）

虽然后实证主义与实证主义之间存在一定区别，但学者们并不认为两者之间差别迥异。这是因为他们之间的区别仅在于认识论层面，而并不在于本体论层面。简单来讲，后实证主义者认为，虽然社会现实独立于研究者存在（这一点与实在主义是一致的），但是因为研究者的观察和研究能力是有限的，所以研究者无法通过测量和观察得到可以应用于整个人类社会的"客观真理（Truly Objective Understanding）"[9]26。正如卡尔·波普尔（Karl Popper）所说，客观真理如雾中山巅，登山客即便已经"身处凌绝顶"，但由于他无法看到所有山峰，也就无法"一览众山小"，也就无从得知自己是否已经登顶[10]226。换句话说，任何研究者都会因他个体能力或其他条件的限制而无法穷尽人类社会的所有可能性，那么即便他发现了某种社会规律，他也无法证明这规律可以"放诸四海皆准"，所以他也无法证明自己发现的是"放诸四海皆准的真理"。

那么，后实证主义者又是如何发现真理的呢？在后实证主义者看来，人们只能够通过证伪——尽量细致、严谨地对片面且不精确的表象证伪来逐步接近真理（客观真实），但人们无法得到绝对的真理。例如，著名的"白天鹅"案例[11]1——人们如何了解天鹅的颜色？

对于实证主义者来说，想要了解天鹅的颜色（如证明所有天鹅都是白色），那么他就需要观测世上所有的天鹅——这无疑是不可能的。同时，他还需要证明，未来所有的天鹅也不会出现其他的颜色（如永远都只有白天鹅）——这无疑也是极度困难的。

对于后实证主义者来说，了解天鹅颜色（"真理"）的最好方法是证伪（图1-1）。首先，我们需要发现基础问题（"看到无数的白天鹅"）、根据基础问题提出暂时理论（"天鹅皆白"）、以事实检测暂时性理论（继续观测，然后惊呼："哇！看到一只黑天鹅!"）、排除理论的错误后建立新的理论（"天鹅非黑即白"+"天鹅皆白是个假命题"）。通过这种不断证伪的循环，人们可以逐步接近真理（得出天鹅的颜色）。

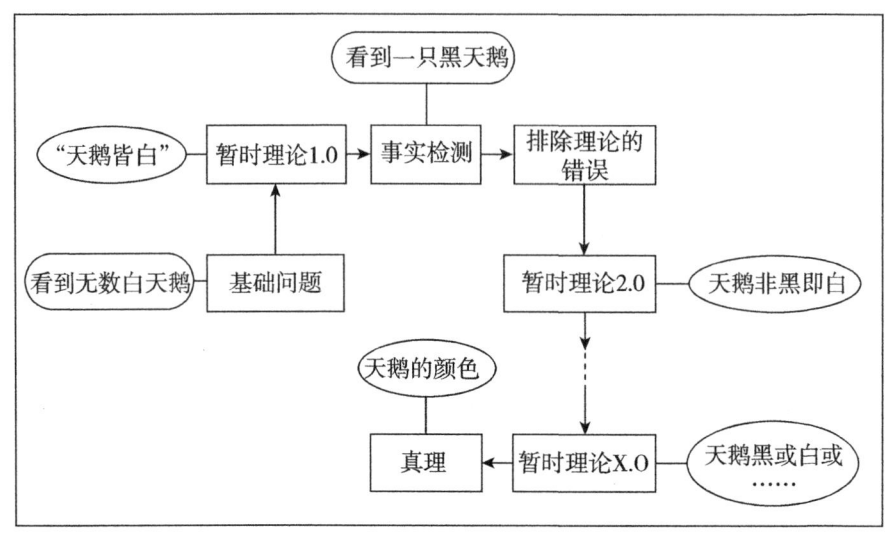

图 1-1　天鹅流程图

需要说明的是，在这个过程中，证实和证伪是不对等的——无论付出多少心力的证实，只需一次的证伪就可以推翻。例如，只要见过一只黑天鹅，就可以推翻"天鹅皆白"这个理论，无论人们在证明这个"真理"的过程中花费了多少心力。

所以，后实证主义者对于研究方法大多比实证主义者更加"开明"。例如，有的实证主义者会认为，之所以"放诸四海皆准的真理"不可得，是由于个体有限的认知能力导致人们无法了解到客观存在的社会现实的全貌。换而言之，这一派后实证主义者与实证主义者之间的差异在于知识，而不是本体的客观存在。所以，他们总会从假设出发，通过质性或量化的方法研究。同时，也有另外一派后实证主义者认为，之所以人们无法获得"放诸四海皆准的真理"，是因为社会存在于研究对象的意义建构中，所以，研究者需要从研究对象的观点和他们所处的情景出发，力求通过分析质性数据使理论从数据中涌现出来[1]15。

（三）批判理论（Critical Theory）

简单来说，当我们在社会科学的语境中谈及"批判理论"时，这个概念可能含有狭义或广义两种含义。其中，狭义的"批判理论"源于以法兰克福学派为代表的一批西欧马克思主义哲学家和社会学家。在他们看来，"批判的"理论与"传统的"理论相比，其最主要特征在于其目的——"使人类'由奴役中得到解放'，并致力于创造一个可以满足（人们的）需求与权力的世界"[11]246。

由于人类社会的不同领域中均存在形态各异的"奴役"和"压迫"（或者，我们用更中性的词——"不平等的权力和利益分配"），因此，以这种狭义的批判理论为基础，又出现了诸多以在不同社会领域中解放不同的"被压迫"群体（或者说，弱势群体或少数派）为目标的广义"批判理论"（或者可以说是具有批判性的理论），以及以这种"解放性"（Emancipation）为目标的研究。例如，新马克思主义（Neo-Marxism）、女性主义（Feminism）、酷儿理论（Queer Theory）、LGBT 研究（Lesbian，Gay，Bisexual and Transgender Research）等。这些理论和研究的目的在于"使个体与社群了解到存在与他们的思想体系和行为中的对立与扭曲，并借此激励个体与社群改变这些充满对立和被扭曲的行为"[13]51。因为，批判理论者认为，社会固有的权力和利益关系，以及一些先入为主的固有观念使这些弱势群体不自觉地接受了自己"被压迫的"地位；换而言之，使既得利益者和居于统治地位的群体将自己的利益结构化、将自己符合自己利益的观念"客观化"，或者说"意识形态化"[14]37。

在本体论层面，批判理论研究者（以及持有我们后文所例举的范式的研究者们）认为，社会现实对于单个行为者来说客观存在，并不独立于行为者存在，社会现实的本质是历史的产物[15]52。在批判理论研究者眼中，实证主义者的实在主义本体论是一种"客观主义的幻象"（Objectivist Illusion）[15]53，因为社会现实（Reality）是一种预先建构好的、会随着时间而改变的文化符号意义系统。这种文化符号意义系统，虽然就单个的社会行为者来说，是客观存在的，但它同时也是历史的产物——在历史发展的过程中由社会、政治、经济、文化、种族、性别等因素塑造而成，因此其本质是一种可以随着时间而改变的、社会建构的产物[1]15。例如，俱乐部和球迷之间的关系虽然很难被单个球迷影响，但也并不能独立于俱乐部和球迷存在，一代一代的球迷通过诠释俱乐部对自己的意义建构了球迷与俱乐部之间的关系，同时也建构了自己的球迷身份[16]17。

因此，批判理论研究者认为，有关于社会的知识是受到历史和社会结构所约束的，也是会随着时间而改变的。由于这些知识受到社会的结构性约束（例如，同时也是建立在社会的历史、文化、经济及物质条件），也蕴含了给定时空条件中不同人群、社群之间的不平等，所以批判理论的最核心思想之一就是通过向人群和社会揭示并解释社会结构蒙蔽、约束他们的知识与感知的机制和过程来实现人群和社群的"解放"（Emancipation）[1]11。例如，英国传统的 National Hunt 马术赛中的职业骑师性别比例非常悬殊（2019 年时的男女比例为 25：1），Philippa Velija 和 Lucinda Hughes 便尝试通过使用批判理论，剖析赛马产业中强大的男性话语体系对女性骑师身体特性、行为惯习的定义，以及女性骑师对这种话语体系的无奈依附。

由于对社会的建构本质承认，以批判理论为指导的研究者大多采用质性的方法，尝试通过"辩证对话"（Dialogic）的方式理解被建构的社会现实[18]198-200。在研究过程中，研究者作为与研究对象平等的"反思性伙伴"（Reflective Partner），以和研究对象共有的文化和语义系统为平台与研究对象进行交流。研究者试图通过这种交流，了解社会运行的机制，剖析既有社会现实中被忽略的不平等（例如，在某社会中人们习以为常的不同社会阶层之间的、不同性别之间的、不同性取向之间的、残疾人和健全人之间的，以及不同种族、民族和宗教之间的在权力与利益层面的差异），使公众了解那些建构于社会结构中的不平等，进而帮助研究对象获得自知和自我反思的能力，使他们在强权面前变得更有力量。

（四）批判实在主义（Critical Realism）

批判实在主义是属于实证主义和建构主义"中间"的一个范式，其本体论被称为"分层实在主义"（A Stratified Realist Ontology）[19]148。这一本体论之所以包含有"实在主义"的部分，是因为批判实在主义认为，社会中既存在"及物"（Transitive）的部分也存在"不及物"（Intransitive）的部分——前者包含由行为者创造并用来理解社会和自然的概念、理论和模型；后者则包括真实（Real）并独立于行为者认知而存在的社会实在[20]51。

这一本体论之所以包含"分层"一词，是指批判实在主义认为社会现实（Reality）是由三层构成的：

- 经验层（The Empirical）："经验层"中存在的是行为者凭借经验（Experience）和观察（Observe）获得的内容（例如，球迷看到北京国安罢赛，进而通过媒体看到"G7 革命"的消息）。
- 实际层（The Actual）："社会事件"（Event）在实际层中发生的，这些社会事件有可能无法被行为者体验或者观察到（例如，中超"G7 革命"过程中各俱乐部内部协商的过程，以及其中各自的利益需求），也有可能是在不同的行为者眼中具有完全不同的意义（例如，"G7革命"在中国足协、各俱乐部、球迷眼中具有不同的意义）。

- 真实层（The Real）：实际层的各种事件产生的原因是"真实层"中潜藏的种种难以被直接观察到的"社会'运行机制'（Mechanism）"（例如，中国足球的权力体系和不同利益相关者之间的权利关系。这种体系和关系影响着中国足球的运行和发展，但却是难以被直接观察到的）。

换而言之，一方面，"机制"导致了"事件"的发生和发展，"事件"中的部分内容被行为者"体验"；另一方面，行为者透过"感知"经验层的内容，了解"事件"，进而（有可能）意识和理解到"机制"。罗伊·巴斯卡（Roy Bhaskar）[21]13认为，这种机制虽然不能被行为者直接经验，但确实在社会实在的深层次中真实存在。

批判实在主义者认为，在不同层次之间的社会实在，并不具有"同时化"或者"同步性"的特点。就"同时化"的不存在而言，人们在经验层中由经验或者观察获取的内容可能与实际层中的事件并不一致（例如，我们看到球员在球场上奋力踢球，同时这名球员有可能正因为涉赌而在打假球）。而且，如果不同层面的社会实在得以"同时化"，那么真实层中的规律和机制也就可以在经验层中直接表现出来——在批判实在主义者看来，这是难以完成的[22]83。而"同步性"的不存在则是由社会的开放本质导致的。换而言之，由于社会实践的背后并非只有一种作用机制在发生作用（图1-2）。因此，某一种机制所能够产生的现象在经验层并不能够同步地出现，而是会受到其他机制的影响而出现延迟或者偏差。例如，棒球投手在球场上决定如何投球的时候并不一定完全取决于战术判断，也可能取决于背后的黑道赌博集团。

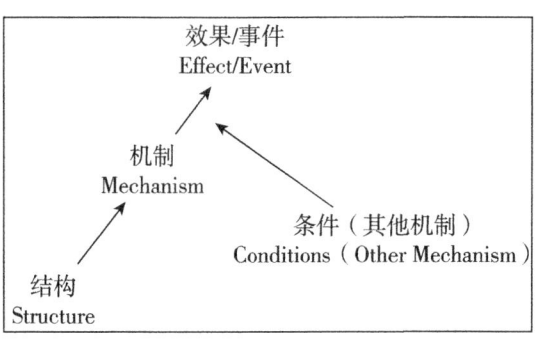

图1-2　社会结构与机制图[23] 15

正是由于批判实在主义在本体论层面的这些特性，所以批判实在主义者认为通过研究获得的知识是不完美的，是需要通过不断地改变、更新和完善，才能够逐步揭示分层的、难以被直接观察到的且会随着时间改变的社会结构[19]22。换而言之，在批判实在主义者看来，行为者的活动和社会事件与不可见的社会结构之间具有因果关系，同时由于社会结构中存在"及物"部分——由行为者创造并用来理解社会和自然的概念、理论和模型（社会结构中的及物的部分有可能是不可见的，如权力关系），故此社会结构也（至少在一部分上）是行为者建构的结果，同时也是具体时空环境和历史发展的产物[24]136，因此关于社会运行机制的知识需要研究者以理论为基础，透过分析那些可观察到的"经验层"的内容和部分"实际层"的事件来完成。同时，正是因为批判实在主义认为社会结构（例如，运行机制和权力关系）具有建构性和不可见性，并试图解释这种不可见的社会运行机制及其中不可见的权力关系，所以这一范式也就具有了前文所述的批判理论的"解放性"。

与实证主义和建构主义相比，批判实在主义在研究方法层面具有较高的灵活性，但在具体研究方法的选择上则必须与研究对象的本质，以及研究者的研究目标在哲学层面具有一致性[23]20。换而言之，批判实在主义研究既可以选择量化方法，寻找数据之间在相关性与相似性层面的规律，还需要承认这样的方法在解释因果和作用机制方面的不足；批判实在主义研究者也可以关注于特定时空背景中的个体，通过访谈获取质性数据以剖析行为者对结构的建构与解读，并通过研究"什么导致了变化"来厘清因果关系与作用机制，但同时也要承认这种研究取得的结果对时空特性的依赖[23]23。

（五）建构主义（Constructivism）

在聊社会科学中的建构主义以前，我想先请您和我一起幻想两个我时常在课堂上和同学们一起幻想的场景。

请您和我一起幻想一下，世界上只剩下我和您两个人。如果您是男读者的话，不好意思，这时人类的历史已经终结了。如果您是女读者的话……不好意思，这时人类的历史基本也终结了，因为两个人无法满足最小存活种群数量。哦，不好意思，跑偏了，我们重新来。

好，现在开始！

世界上只剩下我和您两个人。从地理位置上来看，您在北京，我在撒哈拉沙漠旁边的一个小村庄里面。虽然我们都衣食无忧，但是彼此不知道当时的地球上还有对方存在，也没有能力直接影响到对方的生活。

现在换一个场景！

世界上还是只剩下我和您两个人。从地理位置上来看，您和我都在北京，衣食无忧，而且彼此知道对方的存在，有时可能会见面说个话。

好的，现在我们回到现实。在上述的两个场景中，哪一个更类似于通常意义的人类社会呢？在第一个场景中，我们可以比较容易地说，这个星球上存在着两个人类的个体，但如果要论证当时这个星球上存在着"人类社会"就要费一些周章了。而在第二个场景中，即便幸存的两人还是没有能力直接影响到对方的生活，但是相对第一个场景，我们就可以比较容易地说这个星球上存在着"人类社会"（虽然也存在不了多一会儿了）。在课堂上，同学们也往往认为第二种场景更具有人类社会的样貌，其原因在于两个人之间存在着交流。

在这个简化到最低限度的人类社会的例子中，社会存在与否的关键并不在于社会行为者的数量，在于行为者之间的互动与交流，以及由此产生的对彼此和对彼此关系的理解和解读。这种决定社会存在与否的"理解"和"解读"并不是被动的——例如，在第一个场景中，如果仙人突然托梦告诉我世界上还有您存在，但是我并不为所动，依然如故的生活，也不去想这件事情，那么社会仍旧很难形成；而是主动的——例如，我被仙人托梦后夜不能寐，不断想象着您的样子，以及可以和您聊天的生活状态，最后决定去北京找您。那么在这个时候，我就已经身处在有您存在的社会中了。您的样子，以及与您见面以后的生活样貌，我都依靠着仙人给我的"信息"和自己拥有的"概念"（例如，您应该是黑头发黄皮肤）"一砖一瓦"地"搭建"（或者说建构——Construct）出来。在前往北京的过程中，我可能不仅不断地"建构"着您的形象，也建构着我们相处的"形式""方法""状态"，甚至定义着"相处"的概念。在见到您之后，我又会不断地根据和您相处的经验测试和重构之前建构的种种概念，并和您一起继续定义相处模式中不同行为的意义。例如，您和我都同意用互相蹭蹭右耳朵来互致问候，那么在那个时候由所有地球人构成的社会中，蹭右耳这个动作就有了新的意义。

如果我们简单地总结一下建构主义的本体论（如果建构主义有本体论的话，因为建构主义者常被其他范式批判为是用"认识论"替代本体论的一种范式），我们可以说，建构主义持有一种相对主义的本体论。换而言之，从建构主义的视角看来，人类社会的本质是行为者之间的关系，这种关系是由行为者建构的，因此也是相对（而非绝对）存在的。正如马丁·海德格尔（Martin Heidegger）认为的那样，"理解"是常理世界的本体生活模式，是人存在的先决条件与基本模式，是人之为"人"的存在基础；理解的意义不是追求客观知识对象，而是人面对"我是谁"的终极问题[25]77。

必须要说明的是，这种建构是有基础的（当然也有一些建构主义者持不同的观点），其基础是行为者共同的语言、语义、行为、知识等（不同的建构主义者对基础的"容忍"是不同的）。换而言之，行为者的知识形成一个概念体系，同时这个概念体系也是行为者的知识的基础，行为者用这一概念体系理解、解释世界，进而获得新的知识。由此意义看来，社会的存在和意义取决于人的理解和意义建构（图1-3）。这截然不同于实证主义所持有的"实在主义本体论"（社会孤立于人的认知存在）和"经验主义认识论"［研究者可以取得一种不受到人的认识和感情干扰的关于社会的知识，且这种知识可以如镜子一般反映（在他们看来）"客观"存在的社会][13]38。

图1-3　建构与建构之基础

那么，建构主义是如何看待行为者对于"社会"的认知的呢？简单来说，建构主义持有一种"交互论"或者被称为"主观主义"的认识论，认为知识是被行为者创造的。换而言之，研究的结果是由研究者和研究对象共同创造的。

详细而言，社会科学中的建构主义可以分为两个大类。第一种类型的建构主义被称为"激进建构主义"或者"心理建构主义"[13]38。这种由Jean Piaget（没错，就是那位心理学家让·皮亚杰）思想基础发展而来的建构主义重点关注个体层面的认知与建构。这一派建构主义者认为个体知识是会不断发展的，这种发展是一个（个体的）内部建构的过程。也正是由此，激进建构主义与皮亚杰发生了联系，因为后者认为个体透过自己的认知结构认知世界，而所谓的认知结构则是思维（Mind）与环境（Environment）互动的结果[26]103。

第二种类型的建构主义被称为"社会建构主义"（Social Constructivism）。持这种观点的研究者关注于社会行为者如何认知、建构并重构社会行为，以及他们是如果如何取得共识的[13]38。Ian Hacking[27]21-24指出，社会行为者的建构一般可以分为三个层次。

（1）对关于常见物或行为的建构：例如，身份（球迷）、行为（健身教练性骚扰）、状态（球员健康程度）、举止（不文明观赛、流氓行径）、经验（被教练虐待）、关系（性别认定）；

（2）对观念的建构：例如，概念（体育产业、体育旅游）、理念（"又红又专"、公平竞争）、理论（科学训练、社会保障）、态度（爱岗敬业、拼搏奋斗）；

（3）对事实或真实的建构：例如，事实（竞技体育实力，如在奥运会上取得1枚金牌与取得100枚银牌与100枚铜牌相比，哪种竞技体育实力更强呢?）、真实（如巴塞罗那奥运圣火最后的盲人箭手点火究竟是否成功）、社会现实（我们已经谈了足够多的 Rality 了）。

简单来说，社会中的一切均是行为者的认知与建构。换而言之，社会中的一切乃至社会本身，在建构主义者看来，均是在一定历史环境下社会语义互动的产物，正如 Kenneth Gergen[28]75 所说，个体必须质疑一切试图建立"基本本体论"（Fundamental Ontology）的尝试，（所谓基本的"本体论"只是）一套冥顽不化的关于实在的列表。因此，激进的社会建构主义者否认"客观事实"的存在，并认为行为者的经验、思想和关于实在的话语乃至社会实在本身都是行为者所处的某个特定概念体系作用的结果，不同特定概念体系中的经验与真实是无法互相完全理解的。正如，诗歌是无法完美翻译的。因此，关于社会的知识亦不存在"真实"与否，因为判断其是否"真实"的标准存在于被研究对象（可能是个体、可能是群体）话语建构的目的中。相对而言，"社会建构主义"（Social Constructivism）则认为在一定历史环境下的行为者是可以取得共识的，研究的重要目标之一就是取得这种共识的过程与原因。

无论是激进的建构主义者还是温和的建构主义者均认为，研究的目的是了解研究对象对社会的建构[29]335-348，故此研究的本质也就是一种对于"建构"（或者说"认知"或"理解")的"重构"(或者说"再认知")[1]17。因此,建构主义研究者是一个研究结果的"热情的参与者"[17]10,研究的目的不再是控制、预测或者改变"客观"事实,而是为了通过使用质性的研究方法,"在人我之间、个体和世界之间、过去和现在之间搭建理解的桥梁"[1]17。换而言之,研究的目的在于剖析一定历史环境下社会语义互动,故此而对于这种语义互动的探究,只能通过质性方法完成。因此,建构主义研究抛弃了实证主义者奉为金科玉律的内、外部信度,而强调以可信度(Trustworthiness)、真实度(Authenticity)和保证度(Warrantability)来检验研究的质量(详见第七章)。

(六)参与式研究(Participatory research)

简单来讲,参与式研究的出现存在两方面的基础。其一是学者们对传统的质性研究在研究方法和研究结果层面的反思,例如,人类学的研究在多大程度上会出现研究者过度"自我决断"的情况。换而言之,尽管质性研究者(尤其是建构主义者)从哲学层面驳斥了实证主义者和后实证主义者信奉的内外部信度在社会科学研究中的适用性,进而提出以可信度(Trustworthy)与真实度(Authenticity)和保证度(Warrantability)来验证研究结果以后,但是不得不承认的是,社会科学研究者的视角、自身的政治立场和意识形态会影响到研究者的关注点、研究方法和研究结果,而且这种影响有时甚至是研究者不自知的[8]112,183。因此,研究者有必要将被研究者"邀请"进研究(数据分析和呈现)的过程中,以进一步提升研究可信度与研究结果的真实度。

参与式研究出现的另外一方面原因在于学者对"知识垄断"的反思——人类社会的知识(尤其是被社会认可的"正确的知识")越来越被以大学和知识分子为代表的研究机构和研究者以几乎垄断的方式进行生产[30]7,14-15。而且,由于人类社会的发展中存在着种种不平等(例如,因近代殖民历史、现代科学发展历程等多种条件导致的西方话语体系在现有科学系统中的统治地位;又如,教育系统因社会的结构性差异而存在的系统性不平等),故此那些无法掌握现代"科学"话语体系的族群的知识大多会受到不平等的待遇,他们的声音和行为也会受到限制或控制。

同时,即便是为社会弱势群体与少数族群发出声音的研究,其本质往往是知识生产者以自己的视角进行转述或者重构的。故此,诸多批判理论研究者,尤其是艾滋病社会议题研究者、原住民群体、残疾人权力机构以 Arjun Appadurai 的文章《研究的权力（Right to Research）》为依据，提出了"研究有我（No Research About Us Without Us）"的主张。邀请被研究者加入研究过程中，尤其是对以理解社会成员对自身行为的控制为目标的社会科学研究来说，有助于实现使社会边缘人群的历史与知识得到平等化——使研究者和被研究者成为"我们"而非"我们和他们"[8]179。

由此可以看出，参与式研究主张将被研究者引入研究的过程中的核心目的在于，与被研究者和被研究的社区一道进行研究（Research with），而非对（或者"为"）被研究者和被研究的社区进行研究（Research of/for）。以此为手段，研究者可以通过与被研究者合作来提升研究的质量，并增加研究结果对所研究社区或者社会的实际应用价值[17]51。

在本体论层面，参与式研究与前文所提出的实证主义和后实证主义不同，认为社会实在是行为者在一定时空条件下建构的产物。因此，被研究者的认知和认知方式在参与式研究中也在一定程度上具有了本体论层面的意义（也就是说，这种认知和认知方式也是研究者的研究对象），所以研究者需要在被研究者的"带领"下进入他们的世界，并与被研究者一起观察、了解他们的世界[8]914。例如，被研究者参与到研究团队后，研究者要求不同的被研究者通过日志或其他形式记录所在社区的动态和相关内容，并将相关日志作为研究内容。不同被研究者对同一事件的记录既为研究者建构了当地社区的情况，同时不同记录中各异的侧重点也更全面地为研究者呈现了本地的事态发展。

以其本体论为基础，参与式研究者认为，通过研究获得的关于社会的知识是由研究者和被研究者共同创造的，而非是对社会的单纯反映。同时，这种对知识的创造是在时空环境的约束下进行的，所以邀请具有批判主观性的被研究者参与到获得知识的过程中可以使通过研究获得的知识体现具体的时空环境特征。同时，参与式研究也大多使用质性研究方法。

如上所述，为了平衡研究者与被研究者之间的"不平等"，并使得被研究者可以通过研究发出自己的声音，参与式研究者会将被研究者邀请到行为研究中，并通过与合作者的反思性、对话式研究来剖析社会中的权力差异、不公与失信、弱势与压迫，以及资源掠夺。同时，由于这种获得知识的过程是具有时空条件性的，并且是以实际经验为基础的，所以研究者与被研究者具有共同或相似的生活经验、研究者对研究背景的熟悉程度对参与式研究来说非常重要。

在西方学界，参与式研究常见于对原住民族群、发展中国家有关的议题和社会现象的研究中。这一类研究大多通过研究者与被研究者的合作来促进社会中的公平正义，唤起社会对弱势群体的认同，并推进社会资源的再分配。例如，Beth Hudson, John Spence 和 Tara-Leigh McHugh 三位学者在一项针对加拿大北部原住民青少年身体活动的参与式研究中，通过与 14 名 13~19 岁的原住民青少年的访谈和经验分享会，并邀请受访者为研究者提供原住民青少年身体活动的照片，梳理出原住民青少年体育参与的五个主题，并了解了原住民青少年由自身经验和生活环境出发的、对身体活动的定义。同时，参与者（原住民青少年）也利用参与这项研究的机会较为清晰地解释原住民青少年是如何通过自然环境中的身体活动项目建立与自身民族文化的联结和自我民族身份认同的。又如，Ramón Spaaij 等四位学者通过分析全球不同地区的、针对"以体育求发展（Sport-for-Development）"的参与式研究，总结出了针对此领域的参与式研究的研究框架，并对现有针对此领域的研究中研究者和被研究者之间的权力差别进行了批判。

总　结

读到这里，您辛苦了。希望第一章的内容没给您开幕雷击的体验。

简单总结一下，第一章可以分为两个部分。在第一节中，我们先是简单地讨论了社会科学、人文学科和自然科学的特点和区别，进而谈了谈体育学——一个虽然（在倡导"劳心者治人，劳力者之于人"的语境下）听起来并不太高大上，但却包含了自然科学、人文学科和社会科学的不同研究的领域，最终把话题引到了其中与社会科学有关的、也是本书所关注的部分——体育社会科学。

第二节是这一章的重点，因为有关研究范式的探讨是社会科学研究方法的理论基础。第二节开篇的故事——"王小二和李小三"帮我们认识到，在社会科学研究这一门派中存在着如"剑宗""气宗"一般的不同分支——"范式"。这些范式之间的根本区别在于他们在本体论和认识论层面的差异。也就是说，不同范式对"社会实在的本质是什么""社会实在和人的关系是怎样的""我们关于社会的知识是什么"有不同的基本认知。这也使得不同范式在方法论层面产生了相应的差别。例如，在以实证主义为基础的研究者（如实证主义者和后实证主义者）看来，研究者的行为就是对研究结果和过程的干扰，其结果会极大地干扰社会科学研究的"客观性"目标；但在建构主义者看来，社会科学中的这种"客观性"就是研究者在自欺欺人——指标的选取、相关性的解读、标准的认定都是研究者主观（而非一个在彼端的客观真神）的判断，研究者对研究数据和结果的解读正是研究的重要产出；而批判主义者则倡导研究者要主动作为，进而改变社会中权力、利益的不公分配或是激发社会变革[31]36。

　　以第一章的讨论为基础，我们将在第二章中和您聊一聊"质性研究的定义和特点"，并讨论"质性研究和量化研究"之间的种种差异。希望能够为您说明质性研究的哲学基础、理论价值和基本特性。

第二章 ▪
CHAPTER 02

质性研究与量化研究

在上一章中，我们谈了社会科学研究中常见的几种范式，以及它们在本体论、认识论和方法论层面的区别。在对每一种范式的介绍中，我们也简单地谈了谈质性研究方法和它们在哲学层面的一致性（Consistency）或者说不一致性（Inconsistency）的问题——换而言之，质性研究方法适用于以哪种范式为基础的研究。

在本章中，我们将视线集中在质性研究本身。第一节将介绍有关质性研究的定义和特点；第二节则会比较质性研究和量化研究（Quantitative Research）之间的区别，回答一些质性研究经常会受到的质疑，并谈一谈我们在体育社会科学研究中，选择不同研究方法的含义、目的和缺陷。

第一节　质性研究的定义及其特点

我们是诠释主义者（Interpretivists）、后现代主义者（Postmodernists）、后结构主义者（Poststructuralists）；我们代表了现象学派、女性主义者、批判主义者。我们戴着不同的眼镜来观察世界，这些眼镜可能是边缘的、种族的、混合的、奇特的（Queer）、能力各异的（Differently-Abled）、原住民的、边际的、中心的或者是另类的。幸运的是，无论研究者是否会用"质性研究"这一具体的"意符"（Signifier）来定义自己的研究，质性研究一直都富于交流性，且具有高度的同化能力。（因此）来自不同学科的质性研究的使用者、追随者和理论家们将社会科学、医学、护理学、传播学、社会工作、休闲旅游等学科的文献、思想、学科立场和职业规范都引入到质性研究中。从这一过程中，我们（一方面）丰富了自己对质性研究的认知和了解，（另一方面）却也更加难分清这一领域的边界；也正因为质性研究的内涵已是如此的宽泛和灵活，所以才可以做到"海纳百川"[32]。

一、什么是质性研究

什么是质性研究？我们应该如何定义或限定质性研究？这是我们在本部分中试图回答的问题。尽管中西方学术先进有关这一问题的论述已是汗牛充栋，但正如本节开篇引文中 Yvonna Lincoln 教授所说，在质性研究之内涵日益丰富的同时，学界关于"应该如何定义质性研究？质性研究的边界何在？"的问题到现在仍然缺乏一个统一或者说公认的标准。

之所以如此是因为，社会科学中的质性研究并不是属于某一个特定学科或某一个特定范式的研究方法，也不是以某一个特定的哲学立场为基础的研究方法，故此质性研究会出现在社会科学领域内不同学科的、使用不同范式的、以不同哲学立场为基础的、从不同视角出发的研究中。另外，质性研究在发展的过程中受到了不同理论和思潮的影响，故此在自身的理论基础与操作方法层面也出现了多样性的发展。正是由于以上这两个原因，使得质性研究具有了开放性的特质，也使其很难被一个单一的、能够涵盖一切质性研究方式与特性的定义所规范。正如 Norman Denzin 与 Yvonna Lincoln 所说，"质性研究并没有一种特定的方式。我们都是诠释主义的修补匠，我们困于当下（的时空中），修补着过去，并走向具有政治挑战的未来"[8]18。

当然，我们总需要尝试着界定一下质性研究，哪怕只是描述性的定义。这样才能够使您更好地了解本书谈论的质性研究到底是个什么东西。好在，学术先进们在这方面的努力让我们可以站在巨人的肩膀上尽力远望。在这里，我们将尝试使用陈向明在《质的研究方法与社会科学研究》和 Norman Denzin 与 Yvonna Lincoln 在第五版 *The Sage Handbook of Qualitative Research* 中对质性研究的定义为您说明质性研究的内涵与特点。

首先，陈向明在《质的研究方法与社会科学研究》将质性研究定义如下：

以研究者本人作为研究工具，在自然情境下采用多种资料收集方法对社会现象进行整体性探究，使用归纳法分析资料和形成理论，通过与研究对象互动对其行为和意义建构获得解释性理解的一种活动[1]12。

为了更好地帮助读者理解这一概念，陈向明又在后文中对这一定义从六个方面进行了如是解释。

（1）研究环境：在自然环境而非人工控制的环境中进行研究。

（2）研究者的角色：研究者本人是研究的工具，通过长期深入实地体验生活从事研究，研究者本人的素质对研究的实施十分重要。

（3）收集资料的方法：采用多种方法，如开放性访谈、参与型和非参与型观察、实物分析等收集资料，一般不使用量表或其他测量工具。

（4）结论和理论的形成方式：归纳法，自下而上在资料的基础上提升出分析类别和理论假设。

（5）理解的视角：主体间性的角度，通过研究者与研究对象之间的互动，理解后者的行为及其意义解释。

（6）研究者与研究对象的关系：互动关系，在研究中要考虑研究者个人及其与研究对象的关系对研究的影响，要反思有关的伦理道德问题和权力关系。

尽管这一论述已经有 20 年的时间，但现在仍可以帮助我们较好地了解质性研究的特质。首先，这一定义对"研究环境"的强调将质性研究与我们在上一章中介绍的、使用自然科学的实验法（例如，"控制—干涉—测量"）的"实证主义"区别开来。其次，这一定义中有关"研究者深入实地体验生活"和"使用访谈……观察……实物分析收集资料"的论述又将质性研究与"以思辨方式解释研究对象"的"定性研究"，以及"以测量、分析事物的可量化部分"的"定量研究"进行了区分[33]30-35。最后，后三项解释则说明了"研究者"和"研究对象"在质性研究中近乎平等的地位，以及质性研究结果的"解读性"本质——质性研究结果是研究者对被研究对象的意义建构的理解和解读。

但同时，我们也希望就这一论述中的两点进行一些讨论。其一，这一定义的第二条解释中提出的"长期深入实地体验生活"对以"田野调查"为基本方法的人类学研究（这也是质性研究的初发源之一）无疑是非常重要的。同时，这种数据收集方法也能为那些以"参与型和非参与型观察"为主要数据收集手段的质性研究提供丰沛的数据。但是，我们认为，对以访谈为主要手段的质性研究来说，"长期深入实地体验生活"的必要性则有待讨论。

当然，这并不是说研究者可以对研究对象的背景一无所知。恰恰相反，无论收集数据的手段如何，充分了解研究对象的具体时空环境特性是质性研究者剖析、理解研究对象在具体社会环境中的行为、意义解释和他们如何重构社会环境的重要条件。但是，长期深入实地体验生活并非完成这一过程的唯一途径，研究者（尤其是以访谈为主要数据收集手段的研究者）亦可以通过阅读相关文献与资料获得相关资料，以作为收集第一手访谈与观察数据的基础条件。

其二，这一定义的第四条解释中提出的归纳法对于使用扎根理论为数据分析方法的质性研究来说其重要性不言而喻。但是，"自下而上"（Bottom Up）的数据分析过程亦可以使用其他研究策略完成。例如，以阐释结构与机制为目的的"回溯法"（Retroductive Strategy）和以解构研究对象对社会的建构与阐释为研究起点的"溯因法"（Abductive Strategy）同样与质性研究和扎根理论相契合[8]705-706 [有关"回溯法"（Retroductive Strategy）和"溯因法"（Abductive Strategy）的具体说明详见第六章]。

通过以上说明，我想您对质性研究的定义与内涵应该已经有了一定的了解和想法。那么在开始说明质性研究的特点之前，我们希望以 Norman Denzin 与 Yvonna Lincoln 在第五版 *The Sage Handbook of Qualitative Research* 对质性研究的定义，来总结这一部分的论述。

> 质性研究是一个跨学科（Interdisciplinary）、超学科（Transdisciplinary）甚至是反学科（Counterdisciplinary）的领域。它跨越了人文学科、社会科学与自然科学。它是多样的，它的关注点是多范式的。质性研究者对不同研究方法的价值非常敏感。他们专情于在自然情境中开展研究，并致力于对人的经验进行诠释性的解读。同时，这个领域又深具政治属性，也受到不同道德和政治立场的影响。
>
> 质性研究中并存着两种张力。一方面，质性研究深具学术敏感性，这种学术敏感性是诠释性的、后试验的、后现代的、女性主义的、批判的敏感性。另一方面，质性研究又关注于狭义层面的实证主义、后实证主义、人本主义和自然主义对个体经验的定义和分析。而且，这两种张力又是会在同一个研究中并存，使后现代与自然主义并存，或是批判性研究与人本主义研究并存，即便这样会导致它们之间的冲突[8]49。

这段关于质性研究的定义非常拗口，它是由 Norman Denzin 与 Yvonna Lincoln 将 Cary Nelson 和同事们在 *Cultural Studies* 一文中的内容改写而成的。Norman Denzin 和 Yvonna Lincoln 正是试图用这个冗长且诡异的定义来反映质性研究复杂的内涵、诠释性的特点和它在历史发展过程中在研究方法和结果层面的种种争论与探讨。如上文所说，这也正是质性研究兼容并包、"海纳百川"的特点所导致的结果。

二、质性研究的特点

在上文中，我们试着通过解读来自中外学界的两个质性研究的定义，为您说明"质性研究"这个兼容并包，同时也难以清晰界定的概念。虽然质性研究这把大伞下面所包括的内容多种多样，但是他们之间仍然具有很多的共同点，我们在这一部分将采用描述性的方法来说明质性研究的这些共同的特征。而质性研究中比较操作性的内容，如质性数据收集的方法与内容、质性研究的研究策略等问题，第二部分和第三部分中进行了更详细的论述。

（一）社会实在是建构的产物

在本体论层面，质性研究者大多会视社会实在（Social Reality）为社会行为者意义建构的产物。当然，这并不意味着所有质性研究者在本体论层面都会选择相对主义的立场。正如我们在第一章中所说，无论是持有历史实在主义本体论的批判理论研究，还是持有分层实在主义本体论的批判实在主义研究，他们都承认社会实在的建构性，质性研究方法也同样适用于这两类研究。例如，Ali Bowes 和 Alan Bairner 通过分析英格兰女足选手如何解读代表英格兰参与国际赛事的意义，剖析了民族（或国家）身份认同、性别身份认同和竞技体育中宣扬"男性气质"的传统这三者之间的互动关系；Ben Clayton 和 Barbara Humberstone 通过观察、分析大学男足校队队员在酒吧等非比赛场景中关于学习、比赛和女性的谈话内容，探讨了体育中的"男性特质"传统对学生运动员在场下的言行举止的影响方式与路径，同时，也解释了学生运动员们如何通过对这种传统的解读和赋义来强化和重建这种"男性特质"。在以上这两个研究中，"传统"被视为一种历史性的意义建构产物，它一方面作为既有社会结构影响了研究对象（女足队员和大学男足校队队员）在当下的行为与意义建构；另一方面也被研究对象解读、重构并成为会影响未来行为的新的社会结构。又如，胡孝乾和 Ian Henry 通过分析政策文本与访谈材料，讨论了中国竞技体育改革为何在 21 世纪的第一个十年中非但没有触及改革的核心对象，反而将以计划经济为基础、以行政命令为手段的举国体制强化至"完全体"。研究表明，中国的政治制度与中国竞技体育（尤其是专业体育）中的权力与利益关系独立于社会行为者个体而存在，究其本质而言，这二者是社会结构中的不可见的社会运行机制；这种不可见的权力、利益关系影响了可见的政策议程设置与政策文本，并与其一道影响了社会行为者的行为与互动；同时，这种权力、利益关系又是在以往的政策和利益相关者互动的基础上形成的建构产物，中国竞技体育话语（尤其是拥有统治性权力的话语）也在不断地重构着中国竞技体育"正确"与"恰当"的发展方向。

换句话说，在质性研究中，社会实在是社会行为者建构的产物，"是由意义、诠释、感情、对话与互动组成的"[34]13。因此，质性研究者在剖析这种多样的、具有主观性的社会实在的过程中，重点关注于社会行为者对自己在社会生活中的主体经验的诠释和解读，并剖析这些诠释和解读与社会结构之间的关系——社会结构既是诠释的基础，也是诠释的产物[35]61。例如，我们通过研究健身者与私人教练对彼此之间关系的解读可以了解到，双方如何在提供和接受健身指导服务的过程中主动地建立和解读彼此之间的关系，私教与健身房之间的雇用关系和社会对顾客与服务者之间关系的规范如何影响了健身者和教练之间的关系，以及双方如何解读健身房特定场景对双方之间关系的影响。

正如 Norman Denzin 和 Yvonna Lincoln 所说：

（质性研究者）离开了朴素实在主义的世界，（因为我们）现在了解到文本并不镜映（Mirror）世界，而是在创造世界。而且，（对于质性研究来说）并没有一个可以用来评判文本（是否正确的）的外部世界或者绝对指标——例如，生活经验[8]17。

（二）研究是在解读意义建构

1. 研究的对象——意义与结构间的互动

在承认社会实在（Social Reality）的建构属性的基础上，质性研究在认识论层面一般持有主观主义或者建构主义的立场。换而言之，对质性研究者来说，社会科学研究的目的在于，使研究者可以通过与研究对象的互动，从研究对象的视角了解他们是如何、因何从该角度建构社会的，进而剖析既有社会结构是如何影响研究对象的意义建构的。例如，对有些球迷来说，凌晨 2 点起床看英超可能意味着牺牲睡眠时间以显示对球队的忠诚；但同时，有些铁杆球迷却并不认为这样的行为有任何意义。那么，为了研究球迷的观赛行为，质性研究者会首先通过与球迷访谈来了解球迷如何理解俱乐部和观赛行为对他们的球迷身份的意义，进而再把观赛行为和球迷身份中所蕴含的意义置入特定的社会背景中，分析观赛行为与特定时空环境的关系——例如，球迷如何定义"忠诚"和"忠诚球迷"的意义？这种意义与观赛行为又有什么样的联系？

2. 研究的本质——研究者的解读和诠释

在质性研究者看来，社会科学研究的结果——关于社会的知识并不是独立于研究者存在的外界之物，而是研究者对数据分析结果的解读，因此也会受到研究者自身价值取向、研究立场的影响。以数据收集过程为例，质性研究者认为，社会科学研究者会影响到研究数据——即便是在"挖掘文献"或者"观察社会"的过程中，研究者选取的检索关键字、起止年限、观察视角、观察时间段都会影响到收集的数据；即使是在通过量表来获取数据的量化研究中，访谈对象如果在填写量表时面对的是帅哥美女的话，恐怕填写得也要更认真一些吧。

故此，质性研究者将研究数据，尤其是通过质性研究数据视为研究者与研究对象互动的产物。这在以访谈法收集的质性数据中尤其如是。详细而言，当研究者通过访谈来了解受访者的体育参与经历是如何影响他们的社会适应的时候，一方面，研究对象通过叙述自己的体育参与经验，用言语为研究者建构自己的体育参与过程、与别人的互动关系，以及在其中的心路历程，这其中的社会事件、行为都是研究对象"加工"过的。另一方面，无论研究者多么努力地以不带有感情色彩和价值取向的方法提问，访谈提纲的内容、提问的方式乃至提问时候的语气和表情都会影响到研究对象在访谈中描述过往经历的角度和内容。研究者还会根据研究对象提及的独特经历进行追问，以挖掘更多的细节与信息，这也是受到研究对象各不相同的个人经历和研究者在访谈中的思路所影响到的。再举个最简单的例子，假设您是一位受访者，当您对面坐着一位笑容可掬、温文尔雅的知性美女或是坐着一位表情严峻、不苟言笑的疤面大汉的时候，您谈话的内容能够完全一致么？所以，社会科学研究者是研究的重要工具，无论是他/她的价值取向，还是行为举止都会影响到研究数据。故此，从这一角度来看，社会科学研究数据并不仅是研究者观察、了解研究对象过往经验的窗口，而且也是研究者和研究对象之间共同建构的产物。

数据收集已然如是，数据分析的过程更是如此——无论是研究者选择的研究理论和数据分析框架，还是数据分析的过程和结果，都会受到研究者本人的教育经历、文化观念、政治立场、民族、宗教、年龄乃至性取向等因素的影响。这就像是一位经验老练的警探可以在卷宗（数据）中发现被初出茅庐的警员忽略的线索（研究发现）；或是经验丰富的厨师可能会了解更多的菜谱（理论）从而可以更具有针对性地加工食材（分析数据）。所以，我们说，社会科学研究的结果（关于社会的知识）是研究者在自己的生活经历、教育背景等因素的影响下，以理论为依据对质性数据的解读；研究者与研究结果互相依存、相互影响。

正因为社会科学研究者与研究结果之间的这种关系，所以社会科学研究（无论是质性研究还是量化研究）的结果一定会受到研究者自身特性的影响。这一观点虽然在实证主义者看来无疑是冒天下之大不韪，但是我们必须要承认研究者都只是普通人，因此无论研究者多么努力地回避自我，也很难"学太上之忘情"。换而言之，由于所有的社会科学研究者都是社会中的一分子，是被自己所处的时代和社会背景下的教育体系培养出的"产品"，因此研究者的认知也就会受到自己所处时代背景与自己所生存的社会背景所影响，故此没有研究者可以站在一个"前知五百年、后知五百年"的全知、全觉、全能的"上帝视角"，冷眼旁观、了解和研究社会（而且"冷"本身就已经代表了一种价值取向）。所以，与其"五十步笑百步"地论辩某一类社会科学研究可以做到"客观"地探究"真实存在"的社会，或者"掩耳盗铃"地认为某一类社会科学研究结果不会受到研究者的研究目的和利益取向的干扰，不如坦诚地承认，研究者的研究目的和价值取向，以及研究者设计的研究方法和手段在社会科学研究开始的那一刻，就已经开始影响社会科学研究的过程与结果了。也就是说，研究者本身既参与了"定义和规范"研究对象的过程，也参与了"分析和讨论"研究对象的过程，进而通过与研究对象的互动最终"发现并诠释"了研究结果。

那么，在这种情况下，我们又应该如何评判质性研究的信效度呢？我们在这里卖一个关子，请您参见第七章中的有关内容。

（三）在自然情景下进行研究

质性研究强调在自然情境下对研究对象的个体生活与行为，以及社会组织的运作进行研究。Kathy Charmaz[36]60-73指出，质性研究的最主要目的在于理解个体、族群或者某种文化所建构的社会现实，剖析行为者在日常生活中的社会行为、思维视角与社会经验。换而言之，质性研究关注的是研究对象如何解读自己所生活的社会环境和自己在社会环境中的经历与经验，以及研究对象为何如此诠释自身经历和所生活的社会环境。而且，这种解读和诠释与研究对象所处的社会文化情景又是难以分割的。故此，质性研究强调尽可能地在自然场景中开展研究。

当然，这并不是说所有的质性研究都需要像人类学研究者一样，驻扎在实地，沉浸在研究对象的生活环境中，从一个"局中人"（Insider）的角度来理解研究对象对自身和社会环境的赋义。换而言之，尽管质性研究者需要尽可能地深入自然情境中开展研究，但是这种自然情景亦可以分为不同的层级。有的质性研究会在近乎纯粹的自然场景中展开。这类研究常见于使用田野调查法作为主要数据收集方法的人类学研究或者口述史研究中——研究者沉浸到研究对象的生活环境中，探究他们的日常生活、所处的社会文化环境及这些环境对他们的影响。例如，罗婉红等学者以对湘西少数民族村落女性传统体育行为的持续关注为基础，通过长期、多点的田野调查收集口述材料，揭示了传统的女性体育参与的权力和禁忌，呈现了当下村落女性参与传统体育的动机与目的。

同时，亦有质性研究在"人工的"自然场景中展开。这类研究常见于以应用观察法为主要数据收集手段的研究中。在这一类研究中，研究者以旁观者的身份（如听课教师）观察、记录研究对象的行为，并通过综合、分析观察记录进行研究。例如，王佳佳和顾周霆通过观察浙江小学体育课的内容，探讨了体育课程"少讲多练"教学策略的实施情况与影响[37]39。我们之所以把这种研究称为"人工的"自然场景，是因为突然出现的旁观者会对自然场景中的研究对象产生影响（例如，有些任课教师会在有人听课前，非常认真地准备教学内容、安排授课对象；学生们在有人听课的时候，也会坐得更直一些）。

此外，也有质性研究会在"回忆的"自然场景中展开。这类研究常见于以访谈法为主要数据收集手段的研究中。在这一类研究中，研究者邀请研究对象回忆自己在特定时空环境中的生活经历，并通过分析与讨论访谈数据进行研究。例如，石雪薇通过访谈高校体育代表队的不同利益相关者，了解了他们对高校体育代表队发展目标、定位和对自我身份的不同赋义，并由此剖析了造成不同利益相关者对"全面发展的学生运动员"的多重解读的结构性因素和路径。

需要说明的是，此处谈到的使用"访谈法"进行的研究与那些通过"专家访谈法"为调查问卷或研究结果背书的研究有本质性的差异。一方面，在此处谈到的访谈法研究中，所有的访谈对象均被视为身份平等的社会行为者，故此访谈对象的"专家"或"权威"身份并不会为访谈材料和研究的信效度背书。另一方面，这一类研究中的访谈数据并不是直接用于证明研究结论的论据，而是研究者分析和阐释的依据，而且研究者分析的重点并不仅是访谈对象说了什么，更重要的是他们话语建构的背后所隐藏的社会结构与因果机制。

（四）多研究策略的话语分析

无论是采用对话式研究方法的批判理论研究，还是采用诠释学研究方法的建构主义研究，质性研究者都需要尽可能详细地记录和了解研究对象在自然情境中的行为与日常生活，进而了解他们对自我、行为与社会的建构与解读。这是因为，社会建构是多样的，也是个人化的，故此，研究者除了与研究对象进行互动之外，没有其他的方法可以辨析或者提炼个体对社会的建构。研究者需要用阐释学的方法来解读（研究对象）多样的社会建构，并通过与研究对象之间辩证的互动来比较和对比这些不同的社会建构[6]111。

故此，对质性研究来说，话语和文本就构成了研究者了解、分析研究对象的社会建构的基本资料——质性数据。这是因为，首先，研究对象通过话语，且唯有通过话语，来建构社会、定义真实、行使权力并解读自身的行为和自我与他者的关系[38]117-119,131。其次，即便是在研究者对研究对象的行为或生活的观察记录中，也需要包含研究对象对他们的行为与生活的意义的解读，这是因为，正如Kathy Charmaz[36]981所说，"我们需要（先）了解事件对研究对象的意义，才能够了解实际发生了什么。（行为和意图的）具体意义使行为意图能被（他人）了解"。而这种对于行为和生活的意义的解读也是通过研究对象的话语完成的。故此，无论是对观察数据的研究抑或是访谈数据的研究，最终都需要回归到对话语的理论分析和解读中。以此为基础，研究者才能够剖析和阐释研究对象对社会的意义建构与诠释，并探讨这种意义建构与社会结构的关系，进而发现社会的内在发展进程和变化原因。换而言之，最终会回归到话语分析的质性研究而不仅仅止步于对不同事物之间的相关性的研究，进而探究多元化的人类社会是借由什么机制和过程，通过行为者和结构的互动而形成与发展的[35]60-73。

也正是因为社会的多元化特性，质性研究会较常使用归纳法作为研究策略，针对特定的情景和条件下的特定对象进行研究[1]8。详细而言，质性研究者在数据分析的过程中大多由原始资料出发，自下而上地（Bottom Up）根据研究对象自身行为和社会的解读为基础，对数据进行多轮编码、建立主题，进而从中产生理论。这一方法尤其常见于以扎根理论（Grounded Theory）为理论基础的质性研究中。例如，黄显涛等学者以对 26 名竞猜型体育彩票彩民的访谈数据为基础，通过三轮编码提取出竞猜型体育彩民购彩的 4 个核心范畴，并最终总结出竞猜型体育彩民购彩影响因素模型。

当然，这并不是说归纳法是质性研究的唯一选择。如前所述，以阐释结构与机制为目的的"回溯法"（Retroductive Strategy）和以解构研究对象对社会的建构与阐释为研究起点的"溯因法"（Abductive Strategy）同样与质性研究和扎根理论相契合[8]18。有关这一方面的内容，我们会在第六章进行详细说明。

这里需要提出的是，虽然以"经典扎根理论"为代表的部分质性研究理论强调研究者应当通过对数据的多轮编码分析使理论（研究的发现）由数据中"自然涌现"而出，故此不支持研究者事先预设理论框架，以避免将理论和研究者预先形成的想法强加给数据[39]132。但是，不得不承认的是，"扎根理论"本身也是一种理论（或者说数据分析框架），这种理论一经被研究者使用在研究过程中，便已经对研究者的数据分析思路和过程产生了影响。同时，在数据收集过程中，访谈提纲也会在一定程度上引导和限制受访者的思路。故此我们认为，研究者在数据分析过程中虽然不能预设理论（研究可能产生的结论），但是可以借助成熟理论作为数据分析框架帮助自己厘清研究思路，进而以系统性的方法分析数据。

在这里，作为数据分析框架的理论的作用是帮助研究者了解到在自己的研究中有哪些要素或者角度是需要在数据分析中加以考量的。例如，当我们试图分析在斜坡上向下滑行的小木块所受作用力的时候，以牛顿力学理论为基础，我们可以了解到小木块受到了竖直向下的重力和平行于斜面的摩擦力（阻力）的作用。而当我们在试图分析在空气中一边自转一边向前飞行的棒球所受作用力的时候，如果我们继续以质点力学理论为基础，那么我们会想到这颗棒球同样受到了重力和空气阻力，但是如果我们了解简单地流体力学理论的话，就会发现，由于棒球在自转所以它还会受到马格努斯力的作用。由此，我们可以看到，借助理论进行数据分析可以让我们更全面地去了解和分析研究对象。

当然，这并不是说一旦质性研究者使用理论框架进行数据分析，就需要亦步亦趋地根据理论框架对数据进行按图索骥式的分析，而对理论之外的视角与思路视而不见、置若罔闻。恰恰相反，研究者无论是在数据分析的过程中，还是在研究的讨论环节，都需要以数据为依据，结合研究的具体时空特点，在对理论进行充分反思和讨论的基础上，批判性地使用理论。这是因为，质性研究是以特定的情景和条件为基础的，其重点"在于理解特定社会情境下的社会实践，而不是对与该事件类似的情形进行推论"[1]8。正如 Brett Smith 和 Nick Caddick 所述：

> 质性研究者（不仅）需要了解研究对象的具体背景（还需要了解
> 这种背景）对研究对象想法、信念与行为的影响，才能够了解他们建构
> 的意义……因此质性研究往往只针对特定环境中的少量研究对象进行，
> 以维持研究的独特性……（并）更好地理解特定环境是如何影响社会
> 事件、个体行为与他们的意义建构的[35]16。

故此，研究者在使用理论框架分析数据的同时，需要以研究对象对自己行为意义的解读和研究者自己对研究对象所处背景的理解为基础，对理论进行反思与批判；并在讨论的部分中，以数据分析的具体结果和研究的特定时空背景为基础，对理论进行扬弃与补充。正所谓"此时此景此中人，此因此果此行为"[40]34。例如，石雪薇在使用"内部品牌综合框架"对清华大学体育代表队内部品牌建设的研究中，以数据分析结果与中国大学特点为基础，探讨了常用于企业内部品牌管理中的"内部品牌综合框架"中的"评估"部分在中国高校内部品牌建设中的不适用性，进而在此基础上提出了"学生运动员感知内部品牌建设机制图"。

在这一节中，我们先是说明了质性研究的定义，进而介绍了质性研究在本体论层面的特征——承认社会实在的建构性，在认识论层面的特征——由身处研究中的研究者剖析、阐释研究对象对社会的意义建构与诠释，探讨这种意义建构与社会结构的关系，以及质性研究在数据收集和分析方面的特点——在自然情景中收集质性数据并使用多种该研究策略进行话语分析。下面我们将通过比较"量化研究"和"质性研究"谈谈质性研究与量化研究之辨。

第二节　质性研究与量化研究之辨

在上文中，我们首先从本体论、认识论、方法论等层面简要地介绍了社会科学研究的几种范式，进而以这几个层面为行文逻辑阐述了质性研究的特点。这样做的目的是能够从最基本的层面入手说明，在社会科学研究中，当一位研究者选

择了不同研究方法时，其需要具备的基本哲学认知。换句话说，当一位研究者选择了质性或者量化方法时，这也间接说明了他对研究对象的定位，对研究所得之本质的定义。如果一位研究者不能从本体论和认识论的层面思考、定位自己的研究，而是以自己在研究中使用数据的类型为标准，简单地用"质性研究""量化研究"来说明自己的研究方法，那么就很有可能在研究理论的选择、研究结果的论述过程中出现偏差，进而使自己的研究在哲学层面前后矛盾。这无疑是贻笑大方的。

我们在本部分将换一个方式来说明质性研究的特性。这里我们先简要地说一说关于量化研究，进而尝试着回答在体育社会科学领域的量化研究者对质性研究较常产生的一些疑问，最后谈一谈如果您通过以上的论证发现了质性研究的一点点用处，并开始为您的研究挑选质性或者量化研究的时候，所需要考量的一些要素。我们希望可以通过本节的内容，比较清晰地说明质性和量化研究在数据类型之外的一些区别。

一、简谈量化研究

在正式开篇之前，我们首先需要说明，在这本小册子中使用的"量化研究"一词，指的是英文中的 Quantitative Research 或是 Quantitative Study。这一研究方法在国内也常被翻译成"定量研究"。

量化研究在国内体育社会科学领域，或者说社会科学领域中，占有举足轻重的地位，被认为是"在范式上更接近于科学的范式"，也是很多社会科学研究者常用的研究方法[41]12。造成这一现象的原因有很多，其中既包括我们对"科学"（尤其是自然科学）的推崇，以及由之而来的对自然科学的数据收集与分析方法在社会科学领域的适用性的信任，也包括我们对社会"客观存在"的笃信，对"量化数据"和标准化、系统化和可操作化的追求，以及近年来在社会上愈演愈烈的对"大数据"的盲从。

族繁不及备载，我们在这里也就不一一进行讨论了。借用范凯斌在《体育科学定量研究方法与应用》前言中的一句话，我们来简单地说明以数字（数学）为基础的量化研究在体育社会科学研究领域所收到的尊崇及其拥有的强大统治力，"'数学是最美的语言''体育是人类伟大的文明'，体育与数学是人类智慧与身体最完美的组合"[42]2。那么，什么是量化研究呢？其特点又是什么？

量化研究是社会科学研究的一种研究方法，是实证主义范式在社会科学研究中的主要体现方式，也长期在社会科学研究和体育社会科学研究中居于显学地位[41]。因为这本小册子的主要内容是质性研究，所以我们在这里就不对量化研究的定义进行过多的讨论和辨析，而选择弃繁从简地以既有文献中对量化研究的定义与描述为基础，将量化研究简要定义为一类通过测量社会事物的可量化部分来获得数据，以数学的方法分析数据，并通过检验假设得到研究结论的社会科学研究方法。

量化研究常见于以"实证主义"或"后实证主义"范式为基础的社会科学研究中。这是因为，在实证主义者看来，社会实在独立于社会行为者而存在，社会行为者的行为和态度是对社会实在的反映，这种行为和态度可以被"客观地"观察、测量和分析。

故此，实证主义者认为社会科学研究可以借由"量化"研究对象、测量"量化后"的指标、对指标进行数学分析来获得独立于社会行为者存在的社会实在的知识。例如，将比赛的重要性、对阵对手与本队的敌对程度、赛季的阶段等特性量化后，与球赛票价、球赛观众的上座率等数据相联系，来分析不同要素对球赛观众上座率的影响；通过测量奥运会选手对体教结合中遇到的不同困难的打分，来评估某一体教结合政策的效果；通过分析大学生体育参与时长、内容和他们的人口统计学信息，了解不同大学生的体育参与模式；或是，通过统计不同国家对竞技体育的资金投入和这些国家奥运会成绩，来分析政府对竞技体育的投资与奥运会成绩之间关系。

当然，有一些与研究对象有关的指标是比较容易量化的。例如，研究对象的性别和职业（我们可以把某一种性别或者职业定义为1，另外一种性别或者职业定义为2。用数值代表研究对象的不同类属，并在分析中将这些互相平行的类属与其他指标进行关联。这类数据可以成为定类数据，即 Nominal Data），研究对象的最高学历或者收入水平（我们可以把研究对象按照学历水平或者收入水平进行分层，并在分析中将这些具有高低顺序之分的层级与其他指标进行关联。这类数据被称为定序数据，即 Ordinal Data），研究对象的习惯或者偏好（如我们要求受访者从1至5标出自己对跑步的喜爱程度，其中每两个数字间假定具有同样的间距。这类数据被称为定距数据，即 Interval Data），或者研究对象做运动的次数（这种数据可能存在绝对的零点——一周内一次运动都没有做。这类数据被称为定比数据，即 Ratio Data）。通过把研究对象的这些属性转化为数字，并与其他数据相关联，研究者就可以对其进行数学式的数据分析了。

但是，在我们的社会生活中，也有一些事物较难量化，或者说较难以统一的标准进行量化。例如，如果我拜托您由 1 到 10 就自己在生活中的"自由程度"打个分数，或者请您就社会生活的"公平程度"打分，或者把恋人之间的表现和他们的"恋爱程度或阶段"进行关联打分，就会比较容易遇到问题。产生问题的原因既可能包括我们每个人对"自由""公平"和"爱"的定义存在差别，也可能包括我们每个人对完全自由或完全不自由、完全公平或完全不公平的看法的不同，还可能包括我们每个人对社会事物与数字比例之间的对应关系的理解存在不同（例如，您 60% 的爱很有可能比我 90% 的爱更加热烈）。那么，当我们对这些事物，尤其是与个人的感受、思想、信念和意识形态相关联的事物进行"量化"的时候，就很有可能遇到很多困难或是出现一些问题，进而使得量化数据和分析结果出现问题。

如前所述，量化研究者在完成对量化数据的测量、统计之后，就会借助数学的方法来分析这些以数字状态存在的、与社会事物和生活有关的数据。这一过程基本是通过"设定、验证研究假设"进行的。简单来说，"研究假设"是研究者对研究的预测结果。例如，我们可以假设"消费者的收入程度和他们参加户外运动的意愿关系为正相关"。也就是说，消费者的收入程度高，他们参加户外运动的倾向性也高。那么，如果我们的数据分析可以证明这个假设，我们就得到了与此相对应的研究结论。当然，量化研究者有的时候并不一定会设定这种需要被证明成立的假设，而会设定研究者希望证明其错误的假设。例如，我们在检验消费者收入程度和他们参加户外意愿的相关性研究中，就可以假设"消费者的收入程度和他们参加户外运动的意愿没有关联"。这种假设被称为"零假设"（Null Hypothesis）。如果研究者可以通过数据分析证明零假设是错误的，那么就可以得到"消费者的收入程度与他们参加户外运动的倾向相关"的结论。

但需要说明的是，虽然有的时候变量之间的相关性在一定程度上可以被"称为"具有因果联系，但变量之间存在相关性并不一定表示两者之间一定存在直接的因果联系。例如，虽然雄鸡一叫天下白（相关性），但并不是因为雄鸡叫了所以才天下白的（因果性）。

二、量化对质性的一些质疑

您从我们在前文的论述中不难发现，量化研究与质性研究无论是在基本范式和哲学立场方面，还是在数据收集方法和研究数据类型方面，抑或是数据分析方法与研究结果方面都具有明显的差别。这些差异产生的根本原因，如同我们曾为您讲的科学家王小二和神父李小三的故事，是研究者在基本立场——研究范式层面持有不同观点。这种在研究范式层面的差异进而导致不同研究者在研究视角和研究方法等方面产生不同——这一特性在社会科学研究领域尤其明显。

社会科学研究者需要了解质性和量化研究之间的这种差异，并理解这些差异产生的原因。因为，如果质性或者量化研究者一味以己度人的话，那么任何一类研究者都可以由自己惯常的立场出发，从哲学基础上对另一类研究者进行挑战或否定，当然在同时也会受到对方同样的挑战与否定。而由于两者的基本立场不同，那么这种争论无疑是鸡同鸭讲且不具有建设性的。这种试图通过这样毫无建树的论战来捍卫自身"正确"地位的研究者和中世纪修道院中信奉"创世论"和"地心说"的僧侣又有什么本质区别呢？因此，社会科学研究者需要了解并尊重彼此之间的差异。

但不幸的是，在量化研究占据统治地位的当下，质性研究者总不免会遇到一些因为基本立场不同或者因为对质性研究不够了解而出现的质疑。这种情况在硕士研究生开题环节中尤其常见。然而，由于回答这些问题需要质性研究者从研究范式、基本立场到样本选择、信效度检验等一系列问题有比较充分的认知和了解，故此刚刚开始科研生涯或对质性研究掌握不够扎实的研究生很容易因为这样或那样的破绽而被怼得体无完肤，甚至开始怀疑自己选择的研究方法与方向。反之，如果能够从本质上解释这些质疑，或能够较为完善的回答这些问题，则有利于提升研究者对质性研究的理解。所以，我们在这里例举三个质性研究经常遇到的问题，并尝试简单地进行回答，权做抛砖引玉。

（一）那么少的样本能有代表性么？结论是有普遍意义么？

这是质性研究者最常遇到的质疑之一。与检验数据样本量少则成百动辄上千的量化研究来说，质性研究中常见的十几个或者二十多个的访谈对象无疑少得可怜。评审人有可能会据此认为研究者的科研态度不认真、意图草草了事，甚至是研究者的学术道德出现了问题——故意选择对证明（或者证伪）研究假设最有利的数据样本。

但实际上，质性研究试图通过较少的研究对象数量得到研究结果是有理论依据的，同时也是具有可操作性的。

首先，在研究理论层面，如前文所述，质性研究的目的在于研究特定时空环境中的行为者对社会的意义建构及其与社会结构的互动。故此，从建构主义的角度看来，对样本"代表性"的追求正暗示着对不同时空环境中的行为者特性的漠视与抹杀——我们需要思考同一性别、拥有同样学历、收入在同等水平的行为者是否都是以同质性的方式生活，是否都可以相互代表。

以这种思考为基础，质性研究放弃了通过选择研究对象的部分特征为抽样标准，凭借扩大样本量来缩小研究对象间的背景和条件差异，进而提高研究样本的"外部代表性"，最终得到一个"一般性的结论"（Generalisation）。与此恰恰相反，质性研究在抛弃这种外部一般性的同时，"转而（尝试）提供一种对可以被视为特别情况和案例的生活场景和人群的阐释"——这也正是质性研究的价值所在[43]163。换而言之，质性研究数据的代表性并不在于其研究对象可以代表更广泛的群体甚至整个社会，而在于其研究数据可以代表（或者说重现）研究对象（且仅是该研究对象）在时空环境中的意义建构。

通过这种方式，质性研究希望得到的并不是某种以一定概率出现的一般性结果，而是一种可以去理解、诠释具有时空特性的意义与价值的理论和方法。Yin[44]10将前一种研究结论称为"数据层面的一般性"（Statistical Generalisation），将后一种研究结论称为"分析层面的一般性"（Analytical Generalisation）。质性研究者试图通过这种分析层面的一般性结论和尽量详细的案例信息，帮助读者在未来的生活中应用这种理论与方法来理解社会的意义与价值。我们将在后文第七章，为您更详细地介绍有关质性研究结果的"一般性"的问题。

其次，就操作性层面而言，质性数据的分析过程需要耗费大量的时间与精力。以数据录入为例，虽然质性研究样本量较少，但依照个人经验，访谈录音的逐字稿录入用时大约是录音档案时长的 6 倍。以 15 个平均时长为 1 小时的访谈为例，研究者大约需要 90 个纯工作小时进行数据输入。如果以每周工作 5 天，每天 8 小时的工作时间中有 6 小时纯粹工作计算，仅数据录入就大约需要 3 周的时间完成。

您可能会说，市面上有不少录音转文字的软件可以用。不过，我们并不建议使用这些软件。这是因为，这些软件在转化以谈话方式进行的访谈材料的过程中，经常会因为数据中掺杂着大量口头语和对话式的内容而谬误百出。更重要的是，对质性研究来说，文本录入的过程就是研究者对质性数据的第一轮分析。缓慢且耗时的数据输入过程可以帮助研究者深读数据、回想访谈过程，进而更细致地反思编码逻辑与主题。因此我们强烈建议您亲自根据访谈录音录入逐字稿。

虽然质性数据的录入已经如此耗时，但实际上，质性数据的分析过程才是质性研究最为棘手的难点。先从质性研究的本质上来说，如前所述，质性研究所得到的结果——关于社会的知识并不是独立于研究者存在的外界之物，而是研究者在自己的生活经历、教育背景等因素的影响下，以理论为依据对质性数据的解读。这种解读的基础是研究者对研究对象多样性的意义建构及其成因的深入剖析。这种深入剖析的过程是研究者以理论为依据，在自身理念与特质的基础上，对质性数据多轮次、多层面、多角度的挖掘。与借助分析软件进行数据运算的量化研究不同，这一过程必须由质性研究者亲力亲为。同时，由于社会建构多样性的本质特征，过度庞杂的数据也会产生浩如烟海的线索，而使研究者难以理出头绪。

再次，从技术层面上来看，到现在为止，市面上并没有一款可以像量化研究中的 SPSS、STATA、Python 软件一样的质性数据分析软件，而现有质性数据管理软件在数据分析方面最大的贡献就是使研究者可以给数据贴上更多的编码标签，但质性研究者对数据的处理和分析过程也并没有任何的改变。因此，质性研究者不可能同量化研究者一样，将数据输入电脑、设定计算规则和参数后，通过运行程序得出数据分析列表和结果。故此 Silverman 指出，"即使研究者可以建构出具有（外部）代表性的样本，庞大的样本数量也很可能使质性研究者无法进行细致与深入地分析"[45] 102。

故此，我们说，质性研究数据样本具有与量化研究数据样本不同的代表性，同时，其研究结论也具有与量化研究所得结果不同的普遍性，因此质性研究试图通过较少的研究对象数量得到研究结果是有理论依据，同时也具有可操作性的。

（二）你选取研究样本都带着特殊的目的，过程不够随机

需要说明的是，质性研究遵循"非概率抽样"的方式选择研究对象。其中主要的抽样方式是"目的性抽样"（Purposive Sampling 或 Purposeful Sampling），亦被称为"理论性抽样"（Theoretical Sampling）—— 研究者选择会为研究提供丰富信息的样本作为研究对象[8]778;[33]30-35;[41]131;[46]206。这是因为，在以人类学为代表的质性研究的抽样逻辑中，"研究结果的效度并不在于样本量的多少，而在于样本的限定是否合适，即该样本是否可以比较完整地、相对准确地回答研究者的研究问题"[1] 103,104。

同时，质性研究者选择某一研究对象或研究场域（Site），并不代表着他把

这一研究对象或场域视为研究目标；实际上，质性研究的目标是研究者所选择的研究对象的"某种具体行为"或是研究者所选择的研究场域中所发生的"某个社会过程"[9]240。故此，质性研究者通过"非概率抽样"选择某一研究对象或研究场域的主要原因如下：

> （研究者）有充分的理由相信：①该场域中的人类行为与社会过程对理解、测试或解读与这一社会过程有关的理论和概念……具有重要意义；②该社会过程是非常极端的、反常的或独特的；③该场域或案例与（这一）研究特别相关或（研究者）在此前无法涉足（该场域）。（研究者）之所以选择多个处所（Places）、案例（Cases）或场域（Sites）来进行比较（研究），要么是因为这些研究场域和研究对象可能会帮助研究者发现（不同行为者对）社会行为的定义之间的差异，要么是因为他们可能会帮助研究者发现（不同行为者对）社会行为的相同或相似的定义[12]270。

也正是因此，研究者可以通过"目的性抽样"选择某一个场域或案例进行深入挖掘，并使用质性研究方法进行探究，以探究该场域和案例中概念、意义与特性。例如，赵轶龙选取国内 4 家体育新创小微企业为案例，通过分析访谈数据剖析了不同创业者的个体特质与社会资源对体育新创小微企业初期发展的影响方式与特征，并讨论了不同创业者在现有创业经历和此前工作经历中对个体社会资源和社会网络的观念和认知差异。挪威学者 Kristin Walseth 和 Thea Tidslevold 通过分析 6 名高中女学生运动员发来的 10 张关于"有价值的身体"的照片，以及与这 6 名高中生的访谈材料，剖析了她们对"有价值的身体"的定义及其标准，探究了社会中关于"理想身体"话语对他们在观念、行为的影响，并讨论了"美丽的身体""竞技性身体"与传统女性身体在社会话语建构的影响下产生的差异。

由于"目的性抽样"的过程中包含了研究者个人以理论为依据、以获取信息为目的的、带有主观性的逻辑，所以有学者指出"样本"（Sample）或者"抽样"（Sampling）之类的词语在质性研究中的意涵与意义与其在量化研究中的意涵与意义存在差异[9]110-111;[47]5。因为，"样本"一词暗示着研究者选择的研究对象（或者说案例）具有对某个群体的"外部代表性"，而研究者可以借由分析收集自该"样本"的数据，得到可以"推论"到其所代表的某个群体的结果[1]104。

这一话语中的实证主义研究意涵也正应和了我们在前文中提到的，量化研究在我国社会科学研究中的强大统治地位。而社会科学研究者恰恰需要跳出实证主义的桎梏，进而思考、探究社会存在的意义——"质"，而不是去盲目地（甚至是自欺欺人地）追求更"大"、更"广"、更"放诸四海皆准"的某物。

故此，Chris Gratton 和 Ian Jones[9] 112建议质性研究者使用"选择"（Selection）一词与量化研究中的"抽样"相对应，这是因为"普遍性并不是质性研究者的主要考量，（质性研究者关注的）焦点在那些可以描述、解释并阐明该研究所针对的社会事物的研究对象"。同时，他们也提醒质性研究者在"有目的地选择研究对象"的同时，需要反思这种"选择方法"难以规避的短板、在研究报告中明确指出这些短板，并要评估这些短板对研究结果产生的影响（我们将在第四章，为您更详细地介绍有关研究对象选择的策略与方式）。

（三）你们这个质性研究方法的信度和效度是怎么检验的？

如您所知，"信度"（Reliability）和"效度"（Validity）是量化研究中很重要的两个指标。其中，信度是指量化研究方法的可靠性。详细来讲，就是指研究者采用同样的方法对同一对象重复进行研究后，所得不同研究结果的一致性程度。效度则是指研究方法或手段的有效度或者准确度。详细来说，就是指研究方法（测量工具）度量、剖析事物属性的准确程度。下面这个小故事，可能能够更生动地解释这两个概念。

> 一位科学家发明了一个测量智商的仪器——任何人只要把测试环戴在头上，这仪器就能够立刻测出他/她的智商。
>
> 一天，一位童山濯濯的"绝顶"仁兄前来测试。他刚一戴上测试环，机器上彩灯一闪，就打印出了一张印着测试结果的字条："不要拿鸭蛋来骗我！"这位老兄看到后大发雷霆坚持要再做一次测试。可是，无论他戴多少次测试环，机器反应的结果总是一成不变。
>
> 于是，这位老兄愤而离去，决定发愤图强。此后的一年里，他博览群书，刻苦用功，每天除了看"最强大脑"就是"一站到底"，睡觉的时候也要听"吐槽大会"。一年后，他又来到科学家的实验室进行测试。这一回，当这位老兄把测试环戴到头上后，仪器的反应果然和去年不一样了——彩灯转了足足有五分钟，才打出最后的测试结果："这颗鸭蛋有点面熟。"

在这个故事里，我们可以说，这个仪器的信度是很好的；但是至于它的效度是否够好，因为我们不知道这位仁兄的智商究竟如何，所以也就不得而知了。

虽然信度和效度是检验量化研究质量的基本指标，但是由于质性研究和量化研究在本体论和认识论层面的根本差异，所以量化研究中的信效度并不适用于质性研究中，这种不适用性在以文本、话语分析为研究手段的质性研究中尤甚[48]235;[49]31。

就信度而言，无论是"建构主义"还是"批判实在主义"乃至"后实证主义"，研究者都承认人类知识的不完善。换而言之，作为社会科学研究对象的社会行为者，他们的认知是会不断完善的，也是会不断改变的。子曰：朝闻道，夕死可矣。那么，如果您在一个人"闻道"前后，分别在同样的时间和地点，用同样的方式，问他同样的问题——"足下可死乎"，就很有可能得到不一样的答案。但是在这里，您用同样的方法没能得到同样的数据，并不是因为这个方法的信度不够，而是因为您研究的对象发生了重要的改变——"闻道"。我们再举个例子，一位新婚宴尔的丈夫刚刚和太太吻别出门，这个时候我们去问他："您有多爱您太太？"得到的答案可能非常正向。可不幸的是，两天以后，这位先生发现太太未经商议就卖掉了先生珍藏多年的邮票，出门前和太太吵了一架，如果我们问他同样的问题，即便是以同样的方式、表情和语气，答案恐怕也很难一样了。

而且，即便行为者坚持本心，始终如一，人类社会也是在不断发展和变化的，今日之是有可能成明日之非。您看，不仅"特休斯之船"早已面目全非，《桃花扇》中孔尚任亦叹曰：

> 俺曾见金陵玉殿莺啼晓，秦淮水榭花开早，谁知道容易冰消！眼看他起朱楼，眼看他宴宾客，眼看他楼塌了！这青苔碧瓦堆，俺曾睡风流觉，将五十年兴亡看饱。

那么，即便我们用同样的方法研究这"兴也勃焉，亡也忽焉"的社会，又如何能够保证得到一致性的结论呢？即便是两次研究的结果不一致，我们又如何能去怪罪研究方法的信度不够呢？

就效度而言，如前所述，质性研究者在本体论层面视社会实在（Social Reality）为社会行为者意义建构的产物。故此，我们可以说，质性研究者对社会行为者意义建构的研究也正是对社会本身的研究；因此，质性研究通过分析社会行为者意义建构所得到的结论也正是针对其研究对象——社会本身。换而言之，由于质性研究者（至少在一定程度上）秉持的相对主义本体论与主观主义认识论，使得质性研究从哲学层面上天然地具有量化研究中提出的"效度"。

根据以上论述，所以可以说，量化研究中的信效度并不适用于质性研究中[50]105。当然，总会有人惯于牛不喝水强按头，质性研究者也常会在开题或论文评审的过程中被劈头盖脸地问道："你研究里面的信效度检验在哪里？"每次听到这句话，我就会回想起自己在一次研究生论文答辩会上，听到有一位国内体育圈知名（量化）学者如是评价扎根理论："为什么用扎根理论？要是什么话在别人心里扎根了，你就可以用扎根理论了。"真的扎进心里去了，老铁。因此，美国学者 Sarah Tracy 如此评价以量化研究的"信效度"概念向质性研究者提问的行为："一如直接向新教徒提出天主教的问题"[51]837。如果宗教问题不容易理解的话，那么换一个例子来说就是"一如直接问北京国安球迷关于上海申花（除了1997 年 7 月 20 日以外，这天是 1997 年甲 A 联赛第 10 轮比赛，以北京国安主场9：1 战胜上海申花结束）的问题"。

当然这并不是说，质性研究放弃检验研究质量，而对所有的研究行为都听之任之。实际上，质性研究者虽然从哲学立场上驳斥了自然科学的信度效度在社会科学研究领域的（尤其是质性研究中的）适用性，但同样需要审视自己通过研究所获得的知识与"真实"（更准确地说，是否与研究对象建构的"真实"）之间的一致性，故此，质性研究者以质性研究自身的本体论和认识论为基础，设定了一系列检验研究质量的标准。其中包括"可信度"（Trustworthiness）[6]109"保证度"（Warrantability）[49]164、"内部效度"（Internal Validity）[52]62"透明度"（Transparency）[53]48-53，以及迁移性（Transferability），可靠性（Dependability）和确定性（Confirmability）[54]93等。例如，William Pitney 和 Jenny Parker 指出，质性研究者需要检验研究的"内部效度"（Internal Validity）——数据和结果的可信度，即"研究结果是否体现了真实发生（的社会过程）以及研究对象真实想要表达的和他们相信的有关那个社会场景（的信息）"[52]62。为确保数据与结果的可信，Sotirios Sarantakos[50]283,287,288提出，质性研究者在公开研究过程和研究可能存在的缺陷的同时，需要尽量保证访谈对象自愿、坦诚地参与访谈。Andrew Moravcsik 则进一步建议，质性研究者通过保证研究在三个维度上的"透明度"以确保其研究方法的"内部效度"，其中包括：

- "数据的透明度"：保证读者可以接触到您研究收集到的所有数据；

- "分析的透明度"：保证读者可以得到所有关于数据分析的信息，如研究的分析框架与理论、数据分析的过程等；

- "生产的透明度"：保证读者可以充分了解您选择研究对象的标准、选用研究范式和理论的理由，以及研究理论的具体使用策略与方法[53]48-49。

有关质性研究质量评估的问题，我们将在第七章进行详细的说明。

在以上的部分中，我们尝试着回答了质性研究者经常会面对的三个质疑。我们之所以选择这三个问题，并不是因为在量化研究占据统治地位的当下质性研究只会面临这三个问题，而是因为它们与质性研究的研究范式和基本哲学立场有关，质性研究者大多需要通过对质性研究方法的思辨与理解来回答这些问题，而较难通过操作性或者程序性的方式（如上文中提及的"提升研究透明度以保证'内部效度'"）来解决这些问题。同时，以上这三个问题有时也可能会以别的方式或者问法出现在您面前，例如：

- 你的研究里怎么没有假设？
- 你的研究怎么没有控制组？
- 你这种抽样方法存在偏见。
- 数据收集过程缺乏标准化。
- 数据分析过程缺乏标准化。
- 你的研究过程能够重复么？
- 你的研究结果能够重现么？
- 你的研究结论怎么普遍化？

不知您在读过本部分的内容后是否可以回答以上这些问题。如果尚不能的话，那我们相信您在读完全书后，就一定可以回答以上这些问题了。

三、应该如何选择研究方法

已经说了那么多理论层面的内容，我们从这里将要逐步进入操作性的内容。因为自下一章开始，我们就会缺省性地认为您已经确定要使用质性的研究方法，然后按部就班地为您介绍和说明质性研究的操作方法和相关议题，所以在您登上质性研究这条（贼）船之前，我们准备和您简单聊一聊如何在质性和量化研究间做出选择。

如前所述，量化研究在现在的体育社会科学中的很多领域里都是显学。量化研究者通过"测量"研究对象的行为和要素，探索人们的体育行为中或者人们在与体育相关的社会活动中的相关性规律。例如，范卉颖、唐炎、张加林对城市初中生课外身体活动影响因素的研究；又如，邢晓燕等学者对 6693 名跑步爱好者进行调查，分析了健康资本、社会资本和消费资本与跑步爱好者的运动支出的联系。这些研究为我们了解相关社会领域的情况及不同要素之间的相关性提供了许多有用的知识。

近年来，质性研究在体育社会科学领域也有逐渐增加的趋势。例如，田海波、周文婷、邱亚君等通过分析访谈数据，提炼出马拉松跑者对马拉松运动的 6 种不同解读，并讨论了在受访者观念中马拉松活动可以为跑者带来的收益。Lequez Spearman 则通过访谈 18 名时装设计师，了解了他们在为 NBA 黑人球员进行服装搭配时的思路，以及他们与这些"客户"之间有关时尚的理念互动，并借助布尔迪厄提出的"文化中介"（Cultural Intermediary）理论探讨了 NBA 黑人球员与时装潮流的互动是如何体现并影响了美国中产阶级的意识形态。这些研究帮助我们了解到人们在与体育有关的社会活动中获得的经验、情感和感受，以及他们对这些与体育有关的社会活动的意义建构。

在这里，看似研究方法会影响研究者的研究结果。而究其本源，我们说，是研究的性质和研究目标影响了研究方法的选择，进而这些不同的研究方法帮助您得到了不同的研究结果。换句话说，如果您希望了解不同要素、指标和事件之间的相关性，那么您就可以选择量化的研究方法，通过测量、收集量化数据和对数据的数学分析，最终得到研究结果。如果您希望了解人们行为的原因，剖析社会实践和问题的运作和产生机制，或者试图去分析社会中难以量化的部分（例如，感情、价值、人们对自身和社会的理解与解释），那么质性研究无疑是您更恰当的选择。

当然，我们也可以从另外的思路出发，以您惯常的观念与习惯的视角为依据来选择研究方法。这也就是说，您可以根据自己对社会的基本看法来设计研究问题、确定研究目标，进而选择与之相匹配的研究方法。比如说，如果您认为，社会的存在是独立于您和我的，同时社会中每个人与社会有关的知识和看法都仅是对社会事物的反映，而且这种反映并不会受到个人因素的干扰，所以我们通过测量这种反映就可以了解社会，那么量化研究就较为契合您的认知思维。反之，如果您认为，社会存在的基础是人与人之间的互动，以及人们对自己和他者之间关系的解读，同时人们对彼此关系的认知和解读会因为个体与时空环境的不同而具有多样性，所以社会的存在不仅会因为时空变化而改变，也会因个体的解读而呈现不同的意义，故此我们只有通过了解人们的认知才能够理解社会的不同意义，那么我们就建议您使用质性的研究方法。

当然，也会有人因为操作性的原因而选择某一种研究方法。比如，可能会有人因为对数字实在不太灵光，所以选择质性研究方法；也可能有人因为社交困难或者的确不擅长和人对话，所以选择量化研究。种种操作性的原因不一而足，在这里我们就不再一一列举了。虽然我们并不提倡这种思路，但是这样的情况也确实存在。

这两种方法并没有哪一种更好，但是在具体的科研实践中，对不同类型的研究和不同的研究者来说，两者之间会有一种比较合适。需要指出的是，无论是被视为与"硬科学"联系更加紧密的量化研究方法，还是看起来"比较软"的质性研究方法，每一种方法都有各自的优点和缺点。例如，量化的方法可以处理大量的数据样本，并从中得出一般性的相关性规律，但是却很难解释这种相关性规律的产生原因，而且也难掩对个体特性缺乏足够尊重和理解的缺点。质性研究方法可以深入地了解人们的思维和社会的意义，挖掘具体时空背景下的社会过程和作用机制，但是也会因为强调特殊性，而被批评缺乏代表性和普遍性。这就像是我们要从北京去深圳，虽然坐火车安全，但花费的时间相对更长；虽然坐飞机快捷，但是空难的可能性总会多少让人心里发毛。所以说，选择研究方法时有得必有失，重要的是您可以清楚地了解到，不同的研究方法可以帮助您得到什么样的结果，同时也天然地存在什么样的缺陷。

在这里我们用简单的表格为您例举质性和量化研究过程中的难点与便利之处（表 2-1）。

表 2-1　质性和量化研究过程中的难点与便利之处

研究方法	研究目标	困难所在	便利之处
量化	发现相关性规律	设计环节 数据理论与数学模型 设计问卷	论述环节 用模型运行结论 陈述计算结果
质性	关注意义与因果	数据分析 研究对象的意义 以理论设计访谈、分析数据	文字表达 使用自然场景下的日常用语

在《心动的信号》这一档综艺节目中，嘉宾吴沛这样说："成年人不做选择，

我都要。"这在社会科学研究中也有案例——会有研究者尝试使用混合研究方法（Mix Method），在一个研究中既使用量化研究方法，也使用质性研究方法。例如，Brian Yim 等学者对千禧一代体育迷消费习惯的研究。但是需要说明的是，不同的研究者对这种研究方法的可行性持有不同的态度。

在我们看来，使用混合研究方法进行社会科学研究无疑是非常困难的。这主要表现在理论和操作两个层面。在理论层面，质性研究和量化研究的本体论和认识论基础截然不同，故此使用混合研究方法的研究者需要在阐明自身基本立场的基础上，充分论述为何在自己的研究中可以同时使用两种在哲学层面互相抵触的研究方法，并清晰地说明如何通过具体的操作消弭两者之间的冲突并得到可靠的结论。这需要研究者具有很强的理论基础。同时，在操作性层面，研究者使用混合研究方法就必须为一项研究收集质性和量化两种数据，并对不同的数据分别进行分析。这一过程既耗时，又费力，还烧钱。

总　结

这一章仍然是较为理论的一章——当然，第二节的内容可能会对您的答辩（尤其是回答在答辩中可能会遇到的问题）有所帮助。当然，也请您不要着急，从下一章开始，咱们就要进入操作性的环节了。

在本章中，我们将视线从不同的研究范式转移到研究方法的层面。我们先是在第一节，为您介绍了质性研究的定义、特点和一些基本的理念。在第二节，我们首先非常简单地谈了一下量化研究，随后尝试着回答了一些质性研究经常遭受到的质疑，并在最后的部分中简要介绍了选择不同研究方法的原因，不同研究方法可以为您实现的目的，以及两种方法各自的缺陷。西方有句谚语："欲戴王冠，必承其重"，选择一种研究方法，不仅需要了解它的长处和优点，也需要明了、承认并主动说明这种研究方法的局限性，以及它会为您的研究带来的负面影响。

我们希望您看到这里已经对与质性研究有关的理论有了一些了解。下面，咱们就要干起来了。

第二部分　PART 02

研究前的准备

　　您好！真开心在这一部分见到您！这说明，前两章的理论部分并没有把您搞晕，您已经在理论方面武装好了自己，准备开始进行操作层面的探索了；又或者，您跳过了前面的部分，抱着"干就完了"的觉悟要开始进行研究了。无论是哪一种，我们都很开心在这里和您见面。话不多说，干就完了。

　　《庄子·逍遥游》曰："适百里者，宿舂粮；适千里者，三月聚粮"；《新唐书·李光弼传》云："谋定而后战，能以少覆众"；《史记·高祖本纪》云："夫运筹帷幄之中，决胜于千里之外"。质性研究亦如是，我们在开始研究前要进行充分的规划，以帮助研究能够尽量顺利地完成。

　　这些准备和规划当然不是凭空想象的。它们不仅要有理论依据和基础，同时也需要具有可行性。如研究规划内容表（表3-1）所示，学术先进们对研究的准备与规划非常重视，而且在这一方面也不乏论述。虽然，表中所列出的学者在研究前的准备与规划部分中强调的方面并不完全一致，但是根据路德维希·维特根斯坦（Ludwig Wittgenstein）所提出的"家族相似性"（Family Resemblance）理论[55]43，我们可以说，虽然这些前人的论述并非众口一词，但也为我们描绘了质性研究者在开始研究前需要考量和准备的一系列问题。

表 3-1　研究规划内容表

内容提出者及时间	研究/领域 Research Area， Research problem	研究问题 Research Question	范式 Paradigm	理论 Theory	研究法 Methodology	数据收集 Data collection	数据分析 Data analysis， Protocol	质量评估 Quality assessment， Quality evaluation
Denzin & Lincoln， 1994	选择研究关注领域		选择适用理论范式		以研究法将理论范式与研究关注问题相联系	选择数据收集方法	选择数据分析方法	
Sarantakos， 1998			选择合适的范式		选择研究方法	选择数据收集与分析的方法		
Edwards & Skinner， 2009	研究对象	研究问题	确定研究范式	整理理论	设计研究策略	数据收集方法	数据分析方法	

续表

内容提出者及时间	研究/领域 Research Area, Research problem	研究问题 Research Question	范式 Paradigm	理论 Theory	研究法 Methodology	数据收集 Data collection	数据分析 Data analysis, Protocol	质量评估 Quality assessment, Quality evaluation
Gratton & Jones, 2010	研究主题	研究问题	研究的（范式）传统	理论与理论框架		数据收集方法	数据分析方法	评估
Sparkes & Smith, 2014	寻找领域	生成问题	范式路向			数据收集方法	数据分析方法	评估
Patton, 2015	研究者确定研究策略主题	确定理论范式与理论导向		设计研究策略与操作性问题	田野、观察与访谈	数据分析与解读	增强质性研究质量与可信度
Denzin & Lincoln, 2019	研究者确定相关问题	确定理论范式与视角		确定研究策略	数据收集与分析方法	解读与评估的技巧、方法与政治考量

在前人的基础上，我们将通过两章的内容和您聊一聊在开始研究前需要完成的准备工作。在第三章"理论层面的规划"中，您将看到有关"选定研究领域和主题""文献回顾与文献综述""研究问题设计和思路""具体研究理论的选择"这四个方面的内容。这些部分主要和"研究规划内容表"中前五列的内容有关。第四章"操作层面的准备"包括四方面的内容："数据收集方法""数据分析方法""更操作性的准备""研究计划的撰写"。这些主要和"研究规划内容表"中后三列有关。

第三章
CHAPTER 03

理论层面的规划

正所谓"有'理'走遍天下"，所以咱们在开工之前先得把"理"说清楚喽。那么，我们在这一章主要解决的就是理论层面的准备与规划。不过，本章的主要内容和前文的"研究规划内容表"并不完全一致。其中的区别主要有两点：一是加入了有关"文献综述"的内容；二是并没有范式、研究法（Methodology）和质量评估的部分。

首先，加入"文献综述"相关内容是因为，文献综述是您提出"研究问题"的基础；这些将由研究结果来解答的研究问题不仅是统摄整个研究报告的"抓手"，也是引导研究思路的"灯塔"。同时，文献综述还可以帮您"界定概念""介绍领域""说明理论"并最终完成"回顾理论"。故此，我们将"文献综述"视为研究规划的一部分（更准确地说，应该是研究规划的基础）放在本章中。

其次，就"方法论"的部分而言，我们在本书中选择了"广义的"研究法的概念（或者说"方法论"）——将研究范式、研究策略、研究理论、数据收集、数据分析和质量评估的集合视为研究的"研究法"。而表3-1中"狭义的"研究法涉及的"范式与研究问题的联结"或"研究策略"的问题我们分别在"研究问题设计和思路"及"数据分析与策略"的部分进行讨论。

最后，本部分的内容之所以没有涉及有关"范式"的部分是因为我们在前文中已经有了足够多的相关讨论，而"质量评估"则被分为两部分内容，分别在第三章第四节"具体研究理论的选择"中的"信效度"部分与第七章"研究质量评估"中进行说明。

第一节　选定研究领域和主题

正如我们在第一章所说的，体育社会科学覆盖的研究领域非常广泛。例如，体育社会学、体育管理学、体育政治学、体育经济学、体育法学、体育人类学、体育新闻学等学科都可以归入体育社会科学的范畴之中。而这些学科在研究中大多会借用母学科的理论与研究框架，或者说用母学科的视角，去分析和研究发生在体育领域中的社会事件或现象。所以，体育社会科学研究中包括了种种不同的研究领域和主题，这需要研究者在开始研究之前进行选择。

研究领域的选择相对来说比较简单，或者说是较为直接的，因为这一般和您（尤其如果您是一位在高校就读的研究生的话）的专业方向有关。例如，如果您是一位在体育新闻学专业就读的研究生，那么您的研究领域一般来说会由于专业方向的约束而基本在体育新闻学、体育人类学或者体育社会学方向，而很难跨到体育法学或者政治学的领域。当然，我们可以对某个与体育有关的社会活动或事件从自身的领域或者视角出发进行研究，又或者用自己所掌握的特定学科的知识框架来分析这些社会活动背后的发展机制与结构。以运动员服用禁药这一事件为例，学者可能会探讨这一社会活动所产生的道德争议（哲学）、其代表的社会行为的异化或者教练员与运动员之间的权力关系（社会学）、个体对胜利的偏执追求（心理学）和有关禁药管理的法律议题（法学）。从以上的例子中，我们不难看出，体育社会科学所覆盖的领域之广泛。您大可以根据自己的个人喜好、学术志趣甚至是家学渊源来选择相应的领域进行探索。

选定好研究领域之后，您就需要考量自己的研究对象（Research Objective）了。或者我们也可以说，这时您就要开始考虑自己的研究主题了。因为这两个问题虽然有所区别，但也是紧密联系的。例如，如果您想研究的主题是"中国竞技体育政策的发展"，那么根据您研究的视角不同，您的研究对象可以是"中国竞技体育政策文本""中国竞技体育在不同历史阶段的执行方式""中国竞技体育政策长期以来所取得的效果"。从整体而言，研究主题和研究对象关系紧密。所以，我们在这一部分中就不再对这两者分开讨论，而将其统称为"研究选题"。

研究选题比研究领域的选择更加具体。俗话说，魔鬼都在细节里，那么随着我们需要考量的议题越来越具体，其难度也就逐步增加。尤其对没有社会和工作经验的研究生来说，确定研究选题就会是一件麻烦的事情——选得太虚，怕缺乏实际意义；选得具体，怕不够高屋建瓴；选得高大上，又怕自己做不来。那么在这里，我们将从两个方面和您谈一谈研究选题：如何确定研究选题；万一别人有同样的选题怎么办？

一、选择研究主题的几种方法

如果您心中对研究选题已经有了主张，那么您可以跳过这一个部分的内容。如果您心中并无头绪或者面对着许多的选项难以抉择，我们建议您可以通过以下几种方法来寻找自己的选题灵感。

• 阅读体育社会科学文献

正所谓，他山之石可以攻玉。阅读自己研究领域中的既有文献可以帮助您了解学界的学术热点、研究方向和已有进展。在此基础上，您可以将这些信息和自己手头的资料、人脉等资源相结合，并试着去找到研究选题。当然，您也可以通过阅读体育社会科学其他领域的文章来激发选题思路。例如，当一位对体育竞赛管理有兴趣的研究者读到有关青少年业余体校和青少年体育俱乐部之间合作的文献时，他可能就会联想到这种新型体育人才培养模式需要什么样的竞赛体系与之相对应，以及这样的竞赛体系应当如何管理等议题。

• 阅读其他相关学科的文献

体育社会科学领域的许多研究都是使用母学科（如社会学、管理学、传播学、心理学等）的理论与模型来研究与体育中有关的社会事件或社会过程。因此，我们建议您通过阅读与母学科相关的文献，进而借鉴其中的思路或者视角去观察您所选领域中的事物或者议题。例如，如果您熟稔于法国社会学家 Pierre Bourdieu 的学说，那么就可以针对体育事件中的"惯习"（Habitus）、"资本"（Capital）、"场域"（Field）进行分析；如果您更熟悉英国政治学者 Bob Jessop 的理论，那么就可以用"策略关系路径"（Strategic Relationship Approach）研究体育政策的决策过程及其与社会结构的互动。

• 了解近期热门的社会议题

体育社会科学研究的重要目的之一是帮助我们了解、理解、解释与体育有关的社会过程或社会事件（作为人类社会活动的体育），对体育社会科学研究者来说，关注近期发生的体育事件也是非常重要的。例如，孙杨被国际体育仲裁法庭处以 8 年禁赛的事件引发了体育法学学者对国际体育法、仲裁制度等与反禁药议题相关的一系列研究，而体育政治学学者则由国家软实力、国际体育领域话语权与规则建构等视角进行了讨论。又如，2020 年翼装飞行极限运动女性爱好者的惨案则提示体育管理学学者需要对国内休闲运动的发展与管理进行进一步的研究。

- 关注体育领域的流行话语

和所有社会活动一样，体育具有显著的多样性。这种多样性一方面表现为体育相关的议题与社会活动随着时代的发展而不断变化——新的体育形式不断出现，体育在社会中具有的意涵不断更新；另一方面，也表现为体育相关的文化与社群在不断生成、变化和消亡——不同社会族群对体育进行多样的赋义，并随之而生了多样的体育亚文化。这些不断变化的体育潮流、不断生成和改变的亚文化背后所蕴含的社会机制与结构为体育社会科学研究者提供了丰富的研究对象。而这您可以在细分媒体（如地方媒体、小众媒体社群）中找到相关的线索。

- 充分开发自己拥有的资源

以自己、亲人和朋友掌握的资源作为出发点进行思考是一个很具有操作性的选题思路。这种方法最大的好处就是可以让我们的研究具有很强的可操作性，而不至于陷入难以收集研究数据的窘境。您可以从自己过往的工作经历、人脉资源入手进行思考，也可以拜托亲人和朋友帮助您打开思路，并以此开启"滚雪球"数据收集的第一步。

- 和别人（尤其是导师）聊一聊

常言道，"三个臭皮匠，顶个诸葛亮"。在确定选题之前，和一些涉足体育领域的朋友聊一聊也会开拓您的思路和视野。这对工作经验较少的研究生尤其重要，因为业界人士或者体育社会学界研究者会对业界或者学界动态有了更深刻的了解，拥有更翔实的信息。同时，如果您是一位研究生的话，那么和导师讨论选题就更加重要了，因为您的导师一般来说会比其他人更了解您的科研实力和学术特长，所以他们会提出一些中肯的建议，或者把自己的研究课题的一部分作为您的研究选题——当然，前提是您对该方向感兴趣的话。

- 申请资金赞助的研究项目

虽然我们不提倡"有钱是大爷，有奶便是娘"这种价值观，但是申请并承接体育社会科学研究项目会帮您"天然地"选好研究主题——就像是《英雄无敌 3》（又是一个暴露年龄的梗）中的一些英雄一开局就带着魔法书一样。关于这一点，我们就无须多言了。

二、万一和别人重复了怎么办

当您选定了研究领域和主题后，您就要开始设计具体的研究问题了（有关这个问题我们会在后文中详细说明）。在设计研究问题的过程中，阅读文献是完成这一步骤的重要基础。同时，阅读文献也可能会给刚确定了研究选题的您带来沮丧或者不快的体验——您发现自己选择的研究领域已经有人涉足，甚至会发现费尽心思选择的研究主题竟然被人捷足先登了。所以，我们在和您详谈有关阅读、总结、综述文献的议题之前，想先和您聊一聊如果发生了这样的事情应该如何处理。

如您所知，体育社会科学领域已经发展多年，因此寻找到一片未经开垦的学术处女地是非常困难的事情。故此，自己所选择的研究领域已经有前人涉猎是司空见惯的事情，甚至已有学者完成了与自己选择的主题非常类似甚至是几乎相同的研究也并不必辽东白豕。所以，您大可不必因此垂头丧气、黯然神伤。毕竟，我们都是要站在巨人的肩膀上，才能够看得更远。

那么，问题来了。既然我们选定的领域已经伫立着一位（甚至是几位）巨人，我们选定的主题也已经有人做过，那么我们又该如何在前人的基础上确保自己研究的原创性与独特性呢？要说明的是，所谓原创性或者独特性并不仅存在于研究领域、主题或者对象层面，很多时候社会科学研究的原创性、独特性存在于研究法层面。这就是说，研究者需要用前人未曾使用过的研究方法或方式，或者选用前人未曾使用的视角或理论对一个既有的领域、主题、对象进行研究。换而言之，研究领域或者主题的重复并不会必然使得研究的原创性、独特性消失，因为社会科学研究的独特性也可以存在于（或者说体现于）研究法层面的不同方面（如研究方法、研究视角、研究理论等）。例如，您可以使用质性方法来进一步研究前人用量化方法剖析了不同要素之间相关性的社会过程或事件，以探讨其中的作用机制，理解行为者在这一社会领域中的意义建构及其与社会结构的关系。您也可以从其他学科的视角，或是使用不同学科的理论，再度剖析一个已有的学术领域或研究对象。

此外，人类社会具有明显的时空特性，所以，于彼时或彼地、以彼方法、对彼人群或者彼事件的研究及其结果并不一定适用于此时、此地、此人群或者此事件；故此，在一定程度上我们可以说，因为世界上并不存在两片完全一样的树叶，因此即便是在同一领域针对同一主题进行的先后两次研究也会（至少在一定程度上）存在必然的独特性。这种独特性产生的原因不仅包括与研究对象的时空特性有关的因素，也包括不同研究者对研究过程和结果的影响。但是，这种针对研究对象层面的论述需要研究者选取恰当的切入点，清晰地说明研究主题或对象的独特性所在。一般来说，您可以考量以下三个切入点来论述您的研究的独特性或原创性。

一是以研究的具体时代作为切入点。即便是类似的（甚至是同样的）社会现象或者事件在不同的时代中也会被赋予不同的意义，故此对于质性研究者来说，研究体育在不同时代中的赋义与特性是常见的切入点之一。您也因此会发现有一些文献在标题中就直接点明了研究具有的时代特性。例如，《改革开放 40 年中国竞技体育发展回顾与展望》《后奥运时代中国竞技体育研究进展及前瞻》和 *Post-Beijing* 2008 *and Confucian Outreach in a New Game：China's Next Move，Discourses of Olympism：From the Sorbonne* 1894 *to London* 2012。

二是以研究的具体地点作为切入点。前文曾经多次谈到，社会科学研究具有非常明显的时空特性，故此我们建议您以研究的具体时代作为切入点后自然会将话题转向您研究的空间特性——研究对象的具体处所。这里的处所可以是针对某个国家的研究，如《日本竞技体育发展方式转型、动力机制与启示》和 *The Politics of Sport Diplomacy and Reunification in Divided Korea*；针对某个城市或乡村的研究，如《乡村治理视域下农村体育赛事的文化价值——以广西万村农民篮球赛为例》和 *Sport，Muslim Identities and Cultures in the UK：Case Studies of Leicester and Birmingham*。顺便说一句，我们可以从地方媒体中得到这一类研究的线索。

三是以研究的具体群体作为切入点。这个切入点指的是您研究对象属于哪一个社会群体。在社会中，每一个群体都有自己的特殊性。在这里，群体的划分或定义既可以采用年龄的标准，也可以采用性别的标准，更可以采用不同的文化、信仰、性取向、社会地位、生活方式等标准。下面例举的几个研究都是以社会群体为切入点进行的，如《我国农村基层群众的体育记忆研究——基于对山东省 Q县赤脚医生的访谈》《体育参与影响青少年社会适应的心理机制》、*Heroines of Sport：The Politics of Difference and Identity，Theorizing Sport as Social Intervention：A View From the Grassroots*，"CEO equals man"：Gender and informal organisational practices in English sport governance。

希望我们以上的提示和例举的文献可以帮您在选定研究领域和主题的过程中找到一些灵感，也可以帮您的研究找到恰当的切入点。如果您顺利地完成了这两个步骤，那么下一步要做的（也是我们在下一个部分中要谈到的）就是充分地阅读与您选定的领域和研究主题相关的文献了。

第二节　文献回顾与文献综述

在进行研究和撰写论文过程中，您会遇到许多与文献有关的工作和读到许多与之相关的名词，如文献回顾、文献考察、文献综述、文献评论等。笼统地说，这些名词说的其实基本是同一件事情——Literature Review。这项工作的作用和目的是将您的研究与学术界现有的、在您所选择的研究领域内的、且与您所研究的研究对象相关的既有学术成果联系起来[15] 23-24。

如果细分起来，我们在上一段说的这四个名词其实又包括两个方面的内容，也就是两个方面的工作内容。前两个词——"文献回顾"和"文献考察"着重于"过程"。在这一过程中，您需要检索在自己选择的研究领域内、与自己研究主题和对象有关的既有文献，并按照一定标准从检索到的文献中筛选出一部分与您的研究有关的文献，在阅读完这些文献以后，您还需要按照不同的类目、内容和标准对文献中的相关内容进行分类。通过这个过程，您可以了解您选择的研究领域的研究现状，掌握与您的研究相似研究的研究方法、研究视角和研究结果等相关信息。说句江湖话，"文献回顾"和"文献考察"就是在学术领域"踩踩盘子""拜拜码头"。

后两个词——"文献综述"和"文献评论"主要指的是您论文中的一个重要组成部分。在这一部分中，您需要依照一定标准和逻辑"综述"或者说"评论"您在此前的"文献回顾"过程中阅读的文献。必须说明的是，"文献综述"的关键内容并不是"您的研究领域的学术进展"——这是时常遭到批评的以"谁研究了什么"为行文方式的流水账，而是"学术界对这一领域是如何进行研究的""学术界针对您的研究对象形成了哪些主要观点"和"现有相关研究的成果和缺陷"。这些内容需要您仔细阅读文献，认真按照不同的类目、内容和标注对文献进行分类与总结后才能得到。

在这一部分中，我们出于论述方便将使用"文献综述"一词来指代整个阅读、分析学界相关文献和整理、汇报既有研究情况的过程；同时，我们也将依照文献综述的作用、步骤和您在文献综述中需要关注的问题这三个方面展开本部分的内容。

一、文献综述的作用

大部分社会科学研究的论文中都会包括一个回顾既有文献的部分。这个一般被命名为"文献综述"或者"文献回顾"的部分会出现在论文比较靠前的位置。但是，想必您已经从我们在刚才这句话中选用的词语里发现了玄机：一是论文中与既有文献有关的部分不止这一处。一般来说，根据文献的不同作用，一篇论文可能会在四个地方出现与既有文献有关的内容。二是学者对文献综述的必要性并没有统一的意见。事实上，有社会科学研究者认为，质性研究者在进行研究前不需要进行文献综述（至少不需要进行大量的文献综述），以免在数据分析中被既有理论或研究所束缚[56]39。

在这一部分中，我们将首先谈一谈在论文的不同位置出现的与文献有关的内容的作用，之后再谈谈，为什么会有学者提出"质性研究者在研究之初要少做或者不做文献综述"。

（一）文献综述的四个功能

无论是否存在争议，文献综述总会出现在大多数的论文中。理由很简单，如果想要看得更远，就要爬得更高，那么最简单的方法就是站在巨人的肩膀上。就学术研究而言，这需要您充分地了解学术界对某个社会现象的研究进展，故此在研究之初进行文献阅读和文献综述已经成为一种必需的"仪式"。

从整体看来，文献综述对您的研究在理论与实务两个方面都具有现实意义。在理论层面，NormanBlaikie[15]24认为，在论文开篇部分的文献综述可以帮助读者了解研究思路和研究的意义所在；同时，研究者也可以通过向读者说明现有的学术空白，论述自己的研究可能带来的学术贡献，或者通过介绍相关研究的研究方法、分析框架和研究结果，论述自己研究方法的合理性并预测研究可能得到的新知识。与此同时，文献综述还可以为您解决一些操作性的问题。例如，通过总结相似研究中的研究方法，您可以了解到前人在研究过程中使用的技巧和积累的经验，同时还能发现他们在此研究领域中曾经遇到过的（或考量过的）学术道德和伦理问题，以及这些关键性的学术伦理与道德问题的意义与解决方法[17]62。

RonaldChenail等学者[57]88-94进一步提出，质性研究者可以从四个方面"开发"文献综述的功能。

第一，概念界定。一般来说，您需要为论文的读者清晰地定义您的研究对象。对社会科学研究者来说，我们的研究对象会与社会生活中的某个现象、某个事物、某种行为相联系。而这些现象、事物、行为虽然存在于社会中，其中一些甚至会经常出现在我们的日常生活中，但是它们的意义却很有可能含混不清，或者说不同的个体可能对其有不同的认知。

例如，什么是体育参与——每周跑步 7 次、每次跑 10 分钟或者每周跑步一次、一次跑 40 分钟哪个算是体育参与？什么叫作竞技体育——青少年体校的内部比赛和社会人的业余联赛哪个算是竞技体育？什么叫作青少年？什么叫作体育博彩？这些概念看似日常，但每个人都有可能对它们有不同的看法。所以，您在研究之初需要对研究对象进行准确的定义。同时，为了能够让您的定义更具有说服力，您需要使用前人的研究为自己的定义进行背书。

第二，领域介绍。我们在前文中已经谈过学术文献在选定研究领域中的重要作用了，在这里不再赘述。但是，我们在这里需要强调的是，如果您通过查找、阅读文献后发现了某个鲜有人涉足的学术领域或者研究对象的时候，请不要着急开心，并且要仔细思考以下两个问题。

一是您使用的搜索关键字是否是学术界常用的名词？因为搜索关键词选用不当而使研究者产生了"鲜有学者涉足这一领域"的印象并不少见，而且在搜索国外文献的时候尤其常见。例如，在搜寻与竞技体育有关的英文文献时，如果您用的关键字是 competitive sport 而不是 elite sport 的话，那么相关文献就不会很多；如果您用 the socialisation of sport 来搜索与"体育社会化发展"有关的英文文献的话，那么很有可能您搜索到的全部都是中文文献的英文摘要。故此，我们建议您不仅需要审慎、准确地选择和使用关键字，而且还要在查找文献（尤其是外文文献）前与导师或相关专家确认一下关键字的选择是否恰当。

二是这个空白的学术领域是不是真的有研究价值？有句俏皮话，叫作"两个老钱买碗兔子血——贵贱不是东西"。这句话的意思是说，兔子血没有什么特别的功用，即便很便宜，您买来也是白糟蹋钱。所以，当您发现了一个空白的学术领域时，千万要仔细思考，并和导师或相关专家讨论这个并未引起前人过多注意的研究领域或是研究对象是否具有学术价值。

如果您选择的领域具有学术价值且少有学者涉足，那么质性研究方法恰好适用于学术空白领域进行探索性研究（Exploratory Research）。如果您选择的领域已经有人涉足，那么既有文献是您介绍研究领域、论证研究价值的重要依据。从另一个角度说，对您选定的研究领域内的相关文献进行翔实综述可以帮助读者更好地了解您研究的重要性。当然，您在梳理既有文献的同时，也根据我们在前文"研究的独特性"的部分中所讲的内容，规划您自己的研究的独特性。

第三，理论说明。我们在上一章节中已经谈过，不同的社会科学研究者（尤其是质性研究者）对理论在质性研究中的地位和意义颇有争议。无论您是认为质性研究应该不设置理论框架，而由数据中"自然涌现"理论与范畴，还是认同质性研究需要以理论为依据，系统性地分析、解读数据进而以数据分析结果批判和反思理论，您都需要以文献为依据，论述您对数据的分析是合理且恰当的[9]56。

有些研究者会把"理论说明"的部分单列为一个与文献综述并列的章节——"理论背景"（Theoretical Context/Background），并在其中重点介绍自己研究使用的理论。这一部分需要包括理论的内容、发展历程，以及在该项研究中的具体使用方法。也会有研究者把这一部分分开，并分别置于文献综述和研究方法（Methodology）的部分。在文献综述中，研究者通过综述理论的内容和发展的历程并介绍相关研究所使用的研究方法、切入视角、数据类型和分析方法；在研究方法中，研究者需要以前人的研究和理论为依据，详细说明选用理论与自身研究的契合度，并论述自身研究的数据分析框架和方法的合理性[15]143。当然，有的时候，您需要根据自身研究的特性对理论进行一定程度的改造和变化。那么，您也需要缜密地论证这些改造和变化的合理性。

第四，理论回顾。"理论回顾"是文献综述的第四个功能。实现"理论回顾"功能的文献综述一般会出现在论文的两个部分。

一是数据分析的部分中您可能会需要进行一些补充性的文献综述以进行"理论回顾"。例如，使用经典扎根理论的研究者会在"外部比较"的过程中将文献作为一种研究数据与其他数据进行不断地比较，以期形成并完善自身研究所建构的理论[58]237。这种使用文献与理论的方法也在一定程度契合于我们将在下文中为您简要介绍的"延迟文献综述"。

二是在论文最后的讨论部分中，您可能也会需要进行一些补充性的文献综述。这一方面是因为，您需要根据数据分析的结果和自身研究的时空特点对您使用的理论进行批判和补完，进而实现您的研究在理论层面或是方法论层面的学术贡献。另一方面，您也需要将数据分析的结果与学术界在您所选定的研究领域的了解与观点进行比较和讨论，进而说明您的研究在知识层面的学术贡献，或者呼应此前在文献综述部分中提出的"对学术空白领域的补充"。

（二）有关文献综述的争论

根据上面的内容，我们不难看出文献综述对一项研究的重要作用，同时也能了解到文献综述在帮助读者理解论文的研究缘起、研究对象、研究方法和学术贡献层面的意义。不过，学者们（尤其是质性研究者）对文献综述的作用并没有统一的观点；甚至有学者认为，这个在进行研究前"踩盘子""拜码头"的过程对质性研究来说并不必要，因为"在以理论为指导的描述性研究中，理论的作用多是'挡路'（get in the way）而不是'指路'（point the way），（它们）会告诉我们看到了什么而不是问我们看到了什么"[59]186。

《孟子·尽心下》有云："尽信书，不如无书。吾于武成，取二三策而已矣。"Juliet Corbin 和 Anselm Strauss 在第四版 *Basics of Qualitative Research* 一书中亦直言："研究者千万不要过分扎入文献中，那样的话就会被文献束缚甚至绞杀。我们经常见到研究生们因为发现自己的研究对象已经有前人涉猎而万分沮丧，甚至不相信自己的研究还能得到新知识。"[60]67而在前一版本的 *Basics of Qualitative Research*，他们两人更是提出，既有文献和理论虽然会让研究思路看起来"披挂整齐"，但有时也会束缚研究者，使他们在研究中陷入理论或者视角的桎梏，甚至形同废人[60]35。

为避免这种情况出现，有学者提出质性研究者不需要过早或者过多地参考既有研究和理论；质性研究的文献综述/回顾应主要放在数据分析的部分，而关于理论在研究中的作用则可以放在最后的讨论部分中进行介绍。这种倡导"延迟文献综述"的观点尤其常见于使用"发现导向"（Findings-driven）研究策略（如经典扎根理论）的研究中；研究者在这类研究中可以根据数据分析得到的结果来选择相关文献进行综述[17]61。

二、文献综述的步骤

我们在前面和您谈了文献综述的作用和学者们对质性研究中的文献综述的不同看法。尽管学界对一些有关文献综述的问题（例如，文献综述在质性研究中的作用和意义，质性研究者应该在什么时候、在哪里、以何种方式进行文献综述）的观点不尽相同，但鲜有人会否认对既有文献的回顾、分析与总结在社会科学研究中的必要性。

我们现在要谈的是文献综述中一个较为操作性的内容——文献综述的步骤。

但在说明操作性的问题前，我们希望您注意以下四个文献综述过程中的关键点。

一是尽早开始阅读文献。作为一名研究生，建议从一入学就开始泛读文献，比如一些体育社会科学、相关研究方法的文献，这个泛读的过程会帮您拓展研究视野、培养研究兴趣、了解研究方法。这对您确定研究领域和主题大有裨益。

二是一定要做详细笔记。这是无数人的血泪教训，是多少研究者在如过江之鲫的文献中寻找一句直接引语的页码时发出的灵魂呼喊。我们强烈建议，如果一句话给了您启发和震撼，无论您多么自信可以铭记这句话的出处，请千万详细地记录下所有的相关信息——出版信息、文献内容和您的思考。

三是不要乱编文献内容。我在论文评审的过程中曾经不止一次发现有研究生把自己需要的内容编进文献综述中，并将上一篇国外文献作为这些编出来的内容来源。这样做的研究生，大多在论文答辩的过程中回答不出自己引用这篇外国文献的内容。这一点涉及学术道德问题，是绝对不能容忍的，所以后果也很严重，请您千万注意。

四是千万注意文献来源。可信可查的数据和缜密可靠的分析是科学研究和学术文献最重要的特点，也是学术界最重视的特质。在数字化生存的自媒体时代，只要鼠标轻轻一点，任何缺乏可靠数据支持、缜密分析论证的个人观点就可以变成具有说服力的"媒体话语"。如果以这样内容作为支撑研究的文献资料，那么研究也就很可能变成"吃进垃圾，吐出垃圾"的可笑作品。所以，尽管我们下文还会详细说明这一要点，但我们还是要在这里先强调一下：千万注意文献来源。

（一）文献综述的结构

文献综述并不是"出版物编年史"或者"学术大佬排排坐"，而是对学术界现有知识体系的系统性梳理，而且最终需要指向您的研究主题。所以，您在开始文献综述以前，需要对文献综述的整体架构进行规划。通过合理地规划文献综述的架构，您可以借由向读者介绍与您研究相关的学术进展与知识体系，帮助读者了解您的研究思路的生发构成，并把读者由既有的研究成果引入您选择的研究领域中。

我会建议自己的研究生使用"漏斗式"的文献综述。它的特点是由较为宽泛的领域或者来自母学科的概念入手，通过逐层细化的文献综述，最终将焦点落在研究者选择的研究对象上。这种"漏斗式"文献综述的优势在于它可以帮助您较好地将自己的研究与母学科的研究成果和相关知识体系联系起来，并帮助读者了解到您研究的设计思路、理论基础及其所针对的学术空白。如果您所选择的领域确实很少有前人涉足，这种方法也可以较好地避免相关文献不足的窘境。

譬如，如果您计划以法团主义的理论来研究中国足球治理的改革，那么我们可以规划出以下三个最终聚焦于您的研究主题的"文献漏斗"（图3-1）。

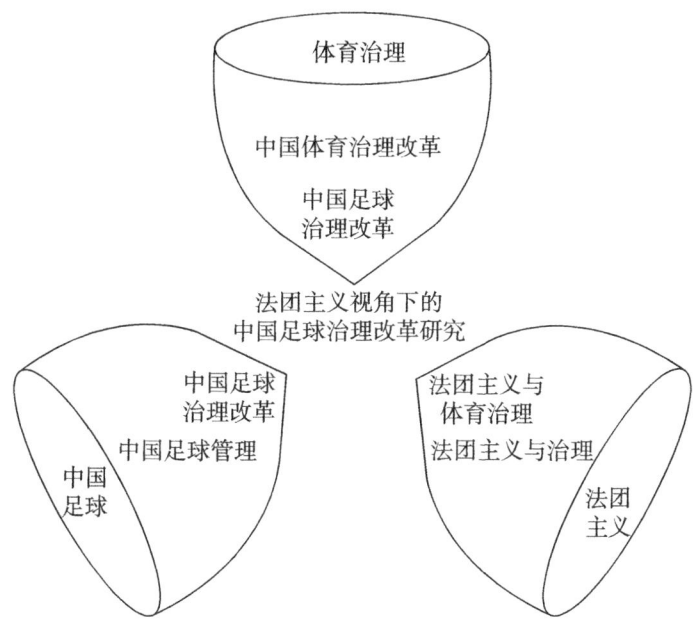

图3-1　漏斗形文献综述图

这三个文献漏斗规划了"体育治理""中国足球"和"法团主义"三条路向。您在这三条路向上可以通过不断地细化文献关注的焦点将文献综述逐层聚焦于您研究的主题——法团主义视角下的中国足球治理改革。而在每一层中您都可以对相关文献的研究视角、方法和结论进行梳理与分析并形成综述。通过这样的结构和过程，即便您的研究确实是一片学术处女地，您也可以得到如下工作成果。

- 了解体育治理、中国体育治理和中国足球改革相关研究的观点、方法、理论和发展方向；
- 掌握中国足球的发展历程、管理架构、治理议题出现其改革进程中的机制和原因，并了解学术界针对此领域的知识体系；

- 了解法团主义理论的理论体系、发展历程，厘清法团主义理论与治理理论的关系与联结，并了解法团主义理论在体育治理领域的应用；

- 阐释既有研究覆盖的领域，说明您的研究思路、理论基础和您的研究所针对的学术空白，并尝试提出研究问题；

- 根据既有知识体系和您对中国足球领域的了解，规划可以使用的研究方法，并预估可能得到的研究结果。

当然，我们之所以提出这种漏斗形的文献综述结构，是为了向您说明结构设计在文献综述中的重要性。您在实际操作的过程中完全可以根据自己研究的特点和需要来进行结构设计，而千万不要机械地、按图索骥地一定去找三个"漏斗"。

一般来说，如果您研究的是一个全新的领域，那么您就要把文献综述的"漏斗口"开的大一点，"长度"延长一些。例如，我的一位研究生正在进行《平昌冬奥会和冬残奥会"国家（地区）奥委会、残奥委会"助理管理研究》，因为此前很少有学者对"国家（地区）奥委会、残奥委会"助理管理进行过专门的研究，所以他的文献综述的起点是"志愿者管理"["国家（地区）奥委会、残奥委会"助理是一类特殊的奥运志愿者]和"人力资源管理"方面的文献。如果您的研究领域已经有不少学者涉足，您是通过前文所说的"时空特性""对象特性""方法特性"来实现研究的独特性的话，那么您文献综述的"漏斗口"就可以小一些，"长度"可以短一些，甚至漏斗的数量也可以少一些。

当您安排好这些漏斗以后，就要开始检索可以放在漏斗里面的内容了。这也是我们在下面要和您聊的话题——可以放进漏斗里的文献包括哪些类型。

（二）文献的不同类型

在开始检索文献前，我们需要了解所谓"学术文献"包括哪几种类型的资料。

第一类资料是以书籍和论文形式出现的学术文献。书籍类学术文献可以为您提供较为广泛和多样的信息与资料，但其对某一细分领域的论述往往不会如期刊文献一般专精。同时书籍的出版时间大多较长，因此与其他类型的学术文献（尤其是互联网资料与学术期刊）相比，这一类学术文献所提供的信息的时效性较差。常见的论文类学术文献包括学术期刊论文、学术会议论文和学位论文。一般来说，学术论文的时效性较强，其中的内容会为您提供相关领域最新的学术进展或知识。缺点是，学术论文（尤其是期刊论文和会议论文）由于篇幅限制而只能专注于某一议题，无法为您提供较为多样的信息与资料。

第二类资料是各类统计资料和档案材料。例如，体育产业白皮书，体育产业发展报告、各类数据踪迹报告和政府的政策文件等。这类文献资料虽然不会像第一类文献一样为您提供学术研究进展、思路、理论和成果方面的相关信息，但却可以帮助您了解到较为翔实、可信的官方数据和政策文件。随着统计资料和档案材料的数字化发展，通过线上资料库搜索第二类文献资料也变得非常方便，当然也有一些档案馆、资料库可以为您提供纸质档案。

第三类资料是您通过互联网查找到的数据资料。请您注意，这里说到的互联网数据并不包括您通过线上学术文献数据库搜索到的学术文献、统计资料和档案材料——这两种属于第一类和第二类文献资料。在现今的社会生活中，搜索引擎已经是社会生活中必不可少的一部分。"知之为知之，不知 google/百度知"也已经成为我们生活的常态。需要特别说明的是，在使用互联网数据的时候，您千万注意要选取来自可信来源的资料。换句话说，如百度百科、Wikipedia、微博、个人博客等开源资料并不能作为可信来源；社交媒体、自媒体、微信公众号的内容也不足采信。即便您做的是媒体研究或是特定领域、特定媒体的话语研究，来自这些媒体的资料也只能作为研究的数据而不是文献综述的内容。当然，如果是某个具有公信力的组织的官方社交媒体账号（如国际奥委会的脸书，紫光阁的微博）所发布的消息，那就另当别论了。

第四类文献资料是经由报纸、杂志、电视台或电台等传统媒体发布的内容。这些媒体内容可以为我们提供非常有用的信息——例如，重要事件的发展历程。但是需要注意的是，这些数据一般来说只能作为您研究的信息来源，而其中的观点和结论并不能作为文献资料使用。这是因为媒体报道往往具有片面性，由于媒体追求实效的特性及其政治倾向所决定的。当然，如果您进行的是媒体研究，或者您使用这些资料的目的是呈现媒体观点的片面性和倾向性，那么当然可以使用。

下面您要做的，就是从以上这四类文献中检索与您的研究领域和研究对象有关的内容了。无论是哪一种类型的文献，您都可以利用网络检索的方式，通过图书馆的数据库，使用书名、作者、主题词、内容、DOI 等搜索选项找到相关文献。同时，图书馆会有关于文献检索技巧的说明或培训，您在网络上搜索"文献检索技巧"也会有很多的经验文章，所以我们在下一部分将重点为您介绍一些体育社会科学文献搜索常常会用到的数据库。

（三）常用文献数据库

就中文的学术文献来说，中国知网（CNKI）是最常使用到的中文学术文献数据库，其中收录了国内绝大部分学术期刊发表的论文和大量的学位论文、会议论文、报纸、年鉴、引文、标准等文献资料。您在中国知网上可以通过"普通搜索"或"高级搜索"等不同方式找到您需要的文献资料。当然，在您的专业领域可能还会有一些更加专业的数据库。有关这些数据库的资讯，您可以请教导师或咨询同学可以了解到。

在英文文献方面，体育社会科学研究常用且质量较高的数据库主要有以下这些。

Applied Social Sciences Index and Abstracts（ASSIA）：ASSIA 是针对社会科学的数据库，其中也包括了许多与体育社会科学相关的文章。

Journal Storage（JSTOR）：是一个对过期期刊进行数字化的非营利性机构。JSTOR 全文数据库中收录了许多人文、社科、艺术类的核心期刊。其中的大部分期刊都是从 1 卷 1 期开始的，回溯年代最早至 1665 年。

ProQuest：该平台提供 60 多个文献数据库。其中涉及商业经济、人文社会、医药学、生命科学等领域，包含学位论文、期刊、报纸等多种类型文献的摘要信息和部分全文。商业、管理、经济、金融方面的资料是 ProQuest 的特色。

PsychInfo：对于体育心理学研究者来说，PsychInfo 是非常重要的数据库，其中最早的文献资料出版于清光绪十三年（1887 年）。

SportDiscuss：SportDiscuss 收录了自 1975 年以来的，与体育科学（如体育社会学、体育心理学、体育教育等学科）有关的各类期刊、书籍、学术会议论文和研究报告。

Sociological Abstracts：Sociological Abstracts 收录了全世界 2600 种社会学期刊论文的摘要，以及 1952 年以来发表的与社会学相关的学位论文。

Zetoc：Zetoc 中的资料包括大英图书馆电子资料、期刊文章与会议论文。

此外，如果您的研究包括体育人文学科的内容，那么 British Humanities Index 和 American Humanities Index 可以为您提供丰富的资料。

除了以上例举的这些外文数据库以外，您还可以通过诸如 Web of Science、Google Scholar、百度学术等平台进行跨数据库搜索。不过这个时候，您就必须对通过这些平台搜索到的文献进行仔细地挑选，以完成"文献的质量管控"。

这里我们想再为您介绍一个看起来有些"剑走偏锋"但也比较好用的方法——"滚雪球"。使用这个方法的时候，您首先需要读一读近一两年发表的期刊文章中的参考文献列表，并从其中挑选较为重要的文献进行阅读；此后再重复这一工作——阅读这些较为重要的文献的参考文献列表中的重要文献，并依此类推。这种方法的好处是可以帮您较快地发现较为重要的文献，并较快地积累一定文献量；而不足在于您阅读的文献的时效性会越来越差，而时效性正是我们挑选文献的重要标准之一。

（四）过滤文献的方法

从检索到的文件中"过滤出"恰当的文献是文献综述过程中的重要环节。这是因为学术搜索引擎会为您检索出成百上千篇"相关"文献，其中很多是和您的研究关系不大甚至是低质量的文献。那么如何从这片文献丛林中找到属于您的那几株兰花草就是关系着您文献综述质量和写作时长的重要问题了。

首先需要说明的是，无论您如何精确地过滤文献，您也必然会在文献综述的过程中阅读到一定数量的（甚至是大量的）"不太营养的"文献。所以，即便您开头阅读的十几篇乃至几十篇文献都不太有用，也请您千万不要气馁，因为这都是必经的过程。当然，在您鼓起勇气、再接再厉地阅读文献的同时，您也需要再次考量、审视您在文献过滤过程中选用的关键词和其他搜索条件是否恰当，并依照我们在下文中例举的一些文献过滤标准，再次检视您的文献过滤工作是否得当。

一般来说，文献综述过程中对文献的过滤工作大致可以分为两个阶段。在第一个阶段中，您需要在全部检索到的文献中过滤出需要进行阅读的文献。这个阶段可以分为两步：第一步，从搜索到的全部文献中，根据文章标题和摘要与您的研究主题的相关性，淘汰掉完全无关的文献；第二步，把剩下的文献根据期刊的重要性、被引用的次数、发表日期等标注，分成详细阅读、大致浏览和摘要阅读三类。在完成上述后，您需要以撰写文献综述为目的再次进行文献过滤。这时，您要根据自己对文献质量的判断，挑选出哪些需要详细介绍的重要文献，而将不太重要的文献或者其中的部分引语作为文献综述中的引证材料。

以上对文献过滤的简要说明中已经包括了一些常用的文献过滤标准。详细来说，这些可以帮助我们过滤文献的常见标准包括以下几点。

- 文献的发表来源：就期刊文章而言，一般来说，来自同行评议期刊的文章质量要好于无同行评议的期刊，来自核心期刊的文章质量要好于来自非核心期刊的文章质量，来自高影响因子的 SSCI 期刊的文章质量是最有保障的。就书籍而言，出版社在学术领域的声誉则是质量的保证。

- 文献的发表时间：一般来说，发表时间离您越近的文章越值得阅读。尤其是那些近期发表于高质量期刊的文章，不仅能够帮助您了解学术界在这一领域的最新成果，还能帮您通过"滚雪球"的方法找到更多的相关文献。但部分经久不衰的或是对某一领域具有开创意义的文献，即使年代久远仍值得借鉴。

- 被引次数与评价：一般来说，被引次数说明了文献在学术界的影响力和重要性——高引用文献在学术界激起的回响自然要高一些。当然，您在以引用次数为标准过滤文献时也需要注意：一方面，引用数量和文献的发表时间有关；另一方面，引用次数高有时候是因为该文献被批得比较狠。

- 文献作者的声望：虽然把这一点这样直白地说出来有些"狗腿"的感觉，而且学术大佬的文章也不一定都是高质量的作品，但是适当引用大佬的著作（尤其是他们在与您研究有关的领域中的代表作）至少可以表明您对该领域的重要文献已经有所把握。例如，在一个使用批判理论分析国际体育场域中西方话语统治/霸权的研究中（这个案例确实有点大杂烩），如果对法兰克福学派、Michel Foucault、Antonio Gramsci 和 Pierre Bourdieu 只字不提，总有些说不过去。

- 与研究的相关性：用研究问题来指引文献过滤工作是非常有用而且重要的。在这一过程中，您需要以研究问题为标准划定文献检索和阅读的边界，并在此后的写作中用文献说明学术界对每个研究问题的现有知识体系。

- 您对文献的评价：您作为文献综述的执行者和研究的操作者，是对所阅读的文献与您的研究之间的相关性最有发言权的人，也是对这些文献在您的研究领域的学术贡献度最有体会的人，因此，您对文献质量的评价是文献过滤工作最重要的标准之一。在这个过程中，您需要秉持批判性阅读的准则，敏于、敢于发现文献的问题，不要盲从于核心期刊，也不要盲从于学术大佬。

以上是我们在文献过滤中较常用的六个标准，其中前四个比较"一目了然"，后两个则需要您在阅读文献后对文献质量作出评价。当然，不同的研究者在过滤文献的过程中会有自己的习惯和重点，所以您也可以选择自己更加认同的标准来过滤文献。无论您惯用的标准如何，只要能够找到恰当的文献向读者说明学术界在与每一个研究问题相关的领域的现有知识水平，就算是达到了文献综述的目的[14] 71。

（五）阅读文献的方法

当您读完以上的四个部分以后，我相信您已经了解如何能够找到自己需要阅读的文献了。那么在这一部分中，我们将针对文献的阅读来谈谈以下两部分的内容。其一是阅读文献过程中的一些操作性的小技巧；其二是有关阅读文献中的一些思路和方法。

首先，我们聊一聊阅读文献的方式。阅读纸版文献是较为传统的阅读文献方式。我们也经常见到有人把电子版文献打印出来再读。这种方法当然有它的好处，例如，贴近我们一般的阅读习惯，读起来更有感觉等。但是，我们在这里强烈推荐您直接阅读电子文档，这是因为阅读电子文档有如下三个纸质文档无法比拟的优势。

第一，导入文献管理软件，便于引用。如果您选择直接阅读电子文档，那么就可以将电子文档导入文献管理软件进行阅读。这样做不仅方便您通过列目录、加标签等方式对电子文档进行图书馆式的管理，同时也便于您在论文写作过程中引用、编列参考文献。现在市面上的文献管理软件有很多，这里我们为您推荐以下五种。

- Endnote：这个软件功能非常强大，各种引文格式和输出格式很全；但其价格都是非常的昂贵。当然，如果您的学校或者您任职的科研机构已经购买了大客户版，您就当我没说。
- Mendeley：这个软件的功能同样非常强大，而且（敲黑板！）这个软件免费！与其他同类产品相比较，此款软件具备如下方便的功能。

①云同步，多平台（PC，Mac，iOS，Android）——电脑上的文献一键同步到云端，下班地铁上拿手机接着读（似乎有点心酸的感觉）；②可以直接在 PDF 文档上做各种颜色的标记和注释，重点突出；③Word，LibreOffice，LaTeX 都有小插件，您可以边写边引用；④自动提取 PDF 文献出版信息（提取中文出版信息时可能会错）；⑤可以自动导入指定文件夹内的文献；⑥可以直接搜索 PDF 文献内的内容。

- Zotero：开源代码软件，可以作为浏览器插件使用。本地文献数据库可以上传到云端，但是上传附件只有 300M 的免费容量。最大的优点在于无限级的目录分类，这个是 Endnote 不能比的。

- JabRef：又是一个开源文献管理软件，主要处理 BibTeX 格式的文献。如果你用 LaTeX 写作，那么 JabRef 会比较好用。
- NoteExpress：国产文献管理软件。对中文文献比较友好。虽然也是收费版，但是学生版只要 198 元即可将这款软件带回家，买不了吃亏，买不了上当！

第二，电子文档标注方便，搜寻内容更方便。要向您坦白的是，我习惯在看书的时候在页边标注，并在书上贴各种颜色便利贴以表示不同类型的信息。但尽管如此，我也会常常遇到死活找不到某句引语和某些信息的情况。不过，这种情况在阅读电子文档的时候就很少出现了——"Ctrl+F" 让问题迎刃而解（OS 系统的 spotlight 功能更是方便）。同时，在屏幕上并列显示电子文档和文字处理软件，边读边做架构型读书笔记也很方便。

第三，多平台云同步，文献随带，读、批两便。上文中例举的 Mendeley 软件可以做到文献资料多平台的云同步。所有文献（以及里面的高亮标记和批注）一键就可以同步到云端，所以您在手机或者平板端也可以做到无缝衔接地阅读和批注。随身带着手机要比随身带一本大部头的著作轻松多了（例如，这本小书中常引用的第四版 *The Sage Handbook of Qualitative Research* 就是一部 1688 页的大部头著作）。所以，我们在这里强烈建议您直接阅读电子版文献，并使用文献管理软件。

其次，我们想要提示您的第二个操作性技巧是对文献信息的记录工作。在这一部分的开头，我们曾特别提示您千万要清晰、详细地记录好文献信息。这里的文献信息包括两部分：一是文献的出版信息；二是文献的学术信息。文献的出版信息是您在引用文献时和您在参考文献列表中需要写出的信息，如文献名、作者、出版年份等。这一部分的信息会根据您发表文献的刊物或您所在的学校对论文的参考文献格式要求而有所区别，所以我们建议您在收集文献前先查询相关要求，以免在记录的过程中遗漏有关内容信息。文献的学术信息不仅包括研究的具体内容（如研究对象、切入点、使用的理论、研究策略、数据类型、研究结论等）；还包括您在阅读文献中得到的启发、产生的思路和您对这篇文献的评价与反思。此外，我们还有一个额外的小建议——如果可能的话，请您根据文献综述的几个主要领域相应地建几个文档，以记录您在阅读该领域文献中发现的有力、精彩的引语。这样当您在针对这几个领域进行文献综述时，就可以方便地将这些点睛之笔应用在论文中了。

当我们完成操作性的准备后，就可以根据此前的文献重要性分级——详细阅读、大致浏览和摘要阅读，开始阅读文献了。如前所述，我们并不会精读所有的文献。而且，从文献的重要性分级中，您可以发现，我们实际上对大部分的文献都只是选择性的阅读——大致浏览或摘要阅读，但尽管如此，我们仍需要充分地掌握文献中的重要信息。这就要求我们要了解文献的各个部分所包含的不同信息，以及它们可以对我们的文献综述写作起到的不同作用。这样不仅能够提升阅读文献的效率，也便于对文献信息分类和文献综述的写作，还能够帮助我们在论文写作过程中更有针对性地进行补充性文献阅读。下面就以学术期刊文献为例为您说明文献各个部分可以为我们提供的不同信息。

学术期刊可能是您在文献阅读过程中接触最多的文献类别。我们可以简单地将期刊文献的应用范围分为文献综述、研究方法、研究发现、讨论与结论四个部分。其中的文献综述部分与该研究相关的学术领域的知识结构、理论体系，也可以帮助我们了解该文作者研究思路、研究问题的产生过程。同时，如果您阅读的这篇文献发表于最近两年，您还能以其中的文献综述部分为基础进行"滚雪球"式的文献搜索，以省掉一些检索文献的气力。

期刊文献的研究方法部分不仅可以为您说明该研究的研究设计，还可以帮您了解到研究范式对研究方法的影响、该领域的相关理论在研究中应用的方法与技巧。同时，我们还能够从这一部分的内容中了解到研究者的数据来源、收集方法、访谈提纲、调查问卷和数据分析框架。另外，部分文献在这一部分中还会涉及研究伦理的讨论与思辨。

研究发现（Finding）部分在有些论文中也被称为数据分析部分。这一部分不仅为您说明了数据分析的结果，更重要的是还可以使您了解到具体的研究方法（如质性、量化）和研究策略（如归纳、演绎、回溯法等）在数据分析过程中的使用方法和技巧。同时，这一部分还可以启发我们思考该研究的研究理论对具体数据分析工作的指导作用和影响。

讨论与结论是期刊论文的最后一部分，同时也会有研究者在这一部分加入一些对于实践的建议。以文献的讨论部分为基础，我们可以了解到该研究与既有研究之间的关系，该研究对既有知识体系的补充，研究结果对研究理论在具体时空环境中的发展及它们之间的辩证关系。但需要特别提出的是，在这里您需要把研究的结论看作是一种研究数据，而不是关于特定领域或者研究对象的"真理"。

在阅读文献之后，您就可以按照我们在上文中建议的格式，记录相关的文献信息并为此后的文献综述写作做准备。不过在此之前我们建议您先对所有的文献记录进行一个整体性的总结和梳理，其中的内容包括（但不限于）以下几点。

- 研究者近期在这个领域主要关注了哪些问题。
- 针对某个问题或者对象的研究有哪些切入点。
- 研究者常使用哪些理论研究这个领域的议题。
- 研究者大多会收集哪种类型的数据进行研究。
- 研究者都形成了哪些基本认知或有什么争论。
- 结论集中在哪些层面，为何其他层面是空白。
- 空白的领域和角度如何能够成为您的切入点。

当您将以上这些内容基本上形成了一个比较丰富的表格，我们就可以开始考虑下一步的工作——文献综述写作。

三、文献综述的疑问

这部分的内容和您的学术产出有直接的关系。随着您文献阅读量的不断增加，您就会越来越了解自己的研究领域和研究对象。这个积累学术信息、梳理既有知识的过程实际上就是一个研究的过程。这个研究过程和您的整个研究相比的最大不同点在于，您在这一过程中的研究对象并不是某个社会过程或者社会事件，而是针对某一领域或者针对某一对象的学术文献。而文献综述写作的过程也就是您用文字来汇报自己整理、分析、反思现有研究的心得体会的过程，所以我们说，文献综述是您此项研究的第一份学术产出。

常有研究生在动笔写作文献综述之前跑来问我问题。这些问题大多可以归纳为这两个：什么时候可以动笔？文献综述的架构和内容该怎么安排？这也就是我们接下来要和您聊的主要话题。

（一）我读的文献足够多了吗？

这个问题的背后往往潜藏着两种截然不同的心情。第一种心情叫作心急如焚——一般来说，怀有这种心情的研究者都迫切地希望早日开始研究，以尽快完成论文。甚至有人只读了十几篇文献，就想开始动笔写作文献综述。但无奈他们却总被自己的导师一盆的冷水迎面泼下，被逼着继续书海泛舟、文山巡径，于是只能一次一次大声疾呼"我读的文献足够多了吗"。第二种心情叫作心惊胆战——一般来说，怀有这种心情的研究者总因为觉得自己文献读得不够而狂啃书本。可是读的文献越多，这些求知若渴的人们就越来越觉得学术前辈高山仰止、妙笔生花层出不穷、高论妙言不胜枚举，也就越来越担心留下遗珠之恨，所以总是踌躇不前，也只能千万次地问"我读的文献足够多了吗"。那么，我们应该怎么判断自己是否读够了呢？

实际上，我们没有办法给您一个确切的数字作为这个问题的标准答案。这是因为，在不同学术领域中、与不同研究对象相关的学术进展情况各不相同。但是，我们建议您根据以下的两个标准来审视您在文献总结表中列出的内容，进而判断自己是否可以开始的文献综述写作。

我们建议您以文献总结表中的信息为基础判断，自己在多大程度上可以说清楚您的研究领域、研究对象，以及近期与其相关的学术研究。换句话说，您需要问自己，在多大程度上可以说清一个"文献漏斗"里面的内容。要回答这个问题，您可以从以下几个方面来考虑。

- 您是否可以清晰地界定出研究对象的概念？
- 您能否例举出这一领域近十年的学术进展？
- 您是否敢说自己的研究就是学术空白领域？
- 您是否可以列举出几个此领域的常用理论？
- 您是否了解此领域常见研究法的理论背景？
- 您是否已经反思了这些研究法的优、缺点？
- 您是否可以说明研究对象的具体时空特征？
- 您是否对自己的研究理论框架已心中有数？

如果您对这些问题的答案基本都是肯定的，那么我们认为您已经可以开始写作文献综述了。当然，您也有可能回答不出其中的几个问题，尤其是如果您选择的领域确实是学术空白，那么这种情况就更可能出现，而您也可以用第二个标准来衡量自己是否已经读的足够多。详细来说，您可以注意一下在您新阅读的文献中，文献作者引用的既有研究是否包括了您已经总结过的大量的文献。如果答案是肯定的，那么这就说明您已经总结了相当数量的这个领域中的重要文献。在这种情况下，即便您不太能够答出以上列表中的所有问题，您也可以开始动笔了。

另外，需要说明的是，文献综述写作的开始并不代表着您已经完成了总结和梳理文献的工作。事实上，我们建议您在整个研究的过程中，持续关注您研究领域中的学术进展和与您的研究对象相关的学术成果。您尤其需要持续关注高质量期刊中的文章，并及时地将较新的学术成果加入您的研究报告中。

（二）文献综述的内容与行文

好！我们终于要动笔了！我们在前面已经例举过一种文献综述的结构，这里也就不再多说了。我们在这里想和您重点聊一聊文献综述需要包含的内容。

如上文所述，文献综述主要有四个功能：概念界定、领域介绍、理论说明和理论回顾。那么，文献综述就必须包含那些可以相应地完成这四个功能的内容。Norman Blaikie 在 *Designing social research：the logic of anticipation* 一书中将这些功能视为文献综述的"任务"，并提出研究者要通过在研究报告的不同部分中综述和总结文献资料完成这些任务[15] 71。其中包括以下几部分。

（1）概念界定部分：提供能界定研究领域与对象的背景信息。

（2）研究方法部分：从概念、本体论与认识论角度阐释理论；从研究法层面解释研究策略选择的逻辑；综述或解释选用的研究与数据收集方法。

（3）文献综述部分：综述与具体的研究对象相关的既有研究；论述针对"Why"开头研究问题的理论，包括解释研究的两重意义；解释研究问题的实质。

如果将 Norman Blaikie 提出的文献资料在论文不同部分中的"任务"与我们在前文提出的文献综述的"功能"相结合，我们可以这样说：您在"概念界定部分"中使用文献资料完成的是文献综述四项功能中的"概念界定"功能（这似乎是废话）；您在"研究方法部分"使用的文献资料需要能够实现"理论说明"的功能；而您在"文献综述部分"中使用的文献资料对应的则是"领域介绍"的功能；与"理论回顾"功能相关的文献，一般来说，会放在论文最后的讨论部分中。

无论在哪一个部分中，您都需要格外注意千万不要将您对文献资料的梳理、总结和论述写成简单描述"研究领域学术进展"的流水账。这种以"谁研究了什么"为行文方式的文献堆砌常被批评为"学界发文编年史"，也为学术界同人所不齿。下面，我们将一个曾经实际出现过的论文题目和研究对象进行了修改，并保持了包括行文风格、遣词造句在内的所有内容，作为反面案例。

某省健身教练职业能力体系研究

1. 文献综述

......

1.2.1 国内研究现状

1.2.1.1 我国健身教练现状的研究

曾超调查发现，我国健身教练员的类型单一，涉及的运动项目较少。对健身教练员的培养没有明确目标，在考取教练员证书后，缺乏相应的就业渠道，培养与就业断层。因此他建议，加强培养体系与就业渠道之间的联系，鼓励群众参与健身教练员的培训与从业，明确培养目标，厘定专业发展方向，以市场为导向，进行多类别、多层次社会健身教练员培养方向，满足人们日益增长的健身要求。

王扶仁研究表明，某省健身教练员数量男多女少，高级和初级多，中级少，健身教练员的专业教学技能、工作时间、教练员数量、职业素养等，无法满足群众体育锻炼的需求，而在指导过程中，最大的障碍是经费短缺、场地匮乏。

李明辉等研究发现，我国健身教练员的培训模式缺乏科学性与有效性，培训内容重复单一，各培训机构与管理机构缺乏沟通，导致资源的浪费与培训效率的低下。他建议我国建设"四位一体"的培训模式，有效提高我国健身教练员的指导能力，从而满足我国大众对健身教练员的需求。

以上引文是一篇学位论文的文献综述部分中的一个小标题所包括的全部内容。在本部分中，作者仅罗列了三篇文献的研究结论与建议，而对文献综述部分需要梳理和总结的其他重要内容只字未提，完全没有完成这一部分中文献综述所需要完成的任务，令人不堪卒读。实际上，这篇论文的整体质量也难以让人满意，最终未能通过评审。

实际上，您在文献综述的部分中需要梳理和展示的内容除了既有研究的研究领域和研究对象之外，还包括（但不限于）"学术界在这一领域针对这一研究对象是如何进行研究的""学术界针对您的研究对象形成了哪些主要观点""现有相关研究在研究方法、视角与成果方面的不足与空白"等。这些内容是需要您仔细阅读文献、认真按照不同的类目和内容对文献进行分析、总结和反思才能得到的。而如果仅是随意地挑选文献，潦草地阅读摘要，流水账式地记录内容，则很难写出高质量的文献综述。

我们在这里也为您提供一些常见的、可以在一定程度上确保文献综述写作质量的小要求。您在写作文献综述的过程中可以将这些要求与前文提到的"需要在写作文献综述前思考的问题"相结合，以评判文献综述的质量。那么，根据这些要求，一篇高质量的文献综述需要满足如下要求。

- 说明既有研究的主题和研究方向；
- 总结既有研究的主要论据与结论；
- 反思研究过程的关键细节与缺陷；
- 厘清不同文献之间的差异与争论；
- 指出有待进一步研究的空白领域。

以上，我们谈了许多与文献综述内容有关的话题，作为这一部分的收尾，我们想谈一谈有关文献综述的行文与写作方面的一些经验。就文献综述的行文逻辑而言，我们在前面已经谈过了"漏斗式"的文献综述整体架构设计。而就每一个"漏斗"的结构而言，我们建议您在介绍各个"漏斗"中的具体内容前，先在文献综述部分的开头，用一个较短的段落说明一下文献综述的结构设计与整体思路。这可以为即将在您描绘的知识丛林中游览的读者提供一份"导览图"。

此后，在阐述每个"漏斗"的具体内容的过程中，我们建议您在每一层次的小标题的开始部分也都用一个较短的段落说明这个小标题中包含的几个主题，以及每个主题与您的研究的相关性，然后再依照我们在前文中提到的文献综述中需要包括的内容分类别地综述相关文献，并进行批判式分析。在每个小标题的最后，您也需要总结这个小标题的内容，评价学术界在该领域已经拥有的知识、取得的共识和研究的空白，并反思学界常用的研究方法和现有研究在研究法层面的不足之处，最终讨论其与您研究的关系。当然，这样的总起与总结您在每个"漏斗"结构的开头和结尾也是需要的。

在具体到不同的段落中，我们建议您使用较短的段落，以中心句引出每个段落的论点或是要说明的内容，再以具体文献为例论证这一段落的论点。这样的行文方式不仅可以帮助读者快速地发现和掌握段落的论点，而且还能够帮助您更轻松地对每个部分进行梳理和总结。具体而言，当您需要总览全文或者需要总结这一部分的时候，您只需要阅读每个段落的中心句（可以在文章未付梓时以高亮标出中心句），就可以迅速地抓住这一部分、章节乃至整个论文的思路走向。

在具体的写作过程中，我们建议您尝试将文献综述想成是一种对研究背景的说明，用一般性的语言书写文献综述、串联相关信息，用前人的成果和知识为您的研究领域和研究对象描绘背景板。在为这块"背景板""配色"的过程中，您还需要对不同的文献进行区别处理。简单来说，对重要的文献，您要详细地介绍它的研究视角、研究方法、结论建议等相关信息；对一般的文献，您可以根据行文的需要，简要地介绍其中最重要的内容。最后，我们要再次提醒您，千万不要把文献综述写成"谁认为什么、谁研究了什么"的"学界发文编年史"。

有关文献综述的内容和您啰唆了这么多，实在是不好意思。在这一部分中，我们先是由文献综述的作用入手，介绍了文献综述的四个功能，又展示了质性研究者对文献综述的不同观点。随后，我们进入了操作性的环节，和您分别聊了聊文献综述的结构、类型、常用的数据库，以及过滤和阅读文献的方法。最后，我们斗胆就"动笔时机"和"具体的内容与行文"两部分内容野人献曝。

正所谓幸福的家庭总是相似的，不幸的家庭却各有各的不幸。高质量的文献综述总是相似的，而低质量的文献综述确是花样繁多、不一而足。所以，我们在这一部分仅为您提供了一个反面案例，以帮助您大致了解一种最需要避免的写作形式；至于正面的案例，我们相信您可以很轻松地在高质量的学术期刊文章（例如，《体育科学》《中国体育科技》，the International Review for the Sociology of Sport，the European Sport Management Quarterly）中找到这些"幸福家庭"。

第三节　研究问题本质与设计

如果现在的您已经完成了文献综述，那么我们相信您一定已经掌握了与自己选定的研究领域和研究主题相关的学术进展；同时，我们也相信，您一定也已经在现有研究中发现了可以作为您的研究切入点的空白领域。那么，现在您就可以根据自己对现有学术进展和学术空白领域的把握，设计研究问题了。

首先要说明的是，我们在这里所说的研究问题并不是您所要研究的社会问题。您要研究的社会问题（或者说，您的研究所针对的社会问题）实际上是我们在前文中所说的"研究主题"。研究主题的选择一般被称为研究的选题；您在确定研究主题的过程中，要注意选题的"重要性""创造性""可行性"和"合适性"[41]47-49。虽然这四种属性对研究问题来说同样适用也同样重要，但研究问题与研究主题并不一样。

具体来说，我们在这一阶段设计的研究问题是您要通过自己的数据分析和讨论来回答的问题。例如，如果您选定"中国足球"作为您的研究领域，进而将"中国足球改革"作为您的研究主题，并决定将"中国足球改革的发展机制"作为您的研究对象，那么您的研究问题可能是"为什么中国足球在职业化22年之后才实现了管办分离"，也可能是"中国足球的利益相关者在足球改革的过程中是如何进行决策的"，也可能是"中国足球改革的发展机制受到了哪些因素的影响"。

相信您已经看出，以上例举的这些研究问题的着眼点并不一样。那么，为了回答这些角度各异的研究问题，您需要从不同的角度收集数据，进而回答这些着眼点不尽相同的研究问题。因此，我们可以说，研究问题实际上影响了您研究的性质、定义了您研究的着眼点、也确定了您收集和分析数据的角度及研究讨论的重心。也正是因为研究问题会产生如此巨大的影响力，所以在体育社会科学研究中，经过深思熟虑提出明确的研究问题是我们在开始研究以前必须要完成的工作，因为"尽管高质量的研究问题并不会必然产生高质量的研究，但是缺乏深思熟虑、草率提出的研究问题却很可能贻害无穷"[61] 431。

不过，我们发现国内一部分学术期刊文章和学位论文中大多缺少明确的研究问题。在这一类文章中，研究者（尤其是研究生）一般会尝试以论述研究意义或者研究目的方式来说明研究的对象和目标。这样做会导致两方面的问题：一方面，研究的意义容易使论文空洞的泛泛而谈；另一方面，同一个研究目的可能由许多且不同的研究路径实现这会导致研究的问题不具体。例如，我们在上文中例举的对中国足球改革的研究，其目的可以被定义为"剖析中国足球改革的发展机制"，但这一目的却可以通过三种不同的路径（对应上文中例举的三个着眼点并不相同的研究问题）来实现。正是因此，研究问题设计潦草的论文常会出现研究数据散乱、分析毫无系统、论述焦点模糊的问题，遑论那些缺乏研究问题引导的研究了。例如，如果一位研究者试图研究高校对学生运动员的培养效果，他既可以由高校学生运动员的就业方向入手进行研究，也可以着眼于高校学生运动员的培养计划、课程设计、他们的学习和运动成绩，还可以通过分析高校对学生运动员的身份定位与学生运动员的自我身份解读之间的差异来完成此项研究。不难看出，以上这三条研究路径会各自衍生出不同的研究问题。如果研究者可以在研究之初明确地提出自己的研究问题，那么就可以通过回答这些具体的研究问题，引导个体的研究路向。相反，如果研究者缺乏清晰的研究问题设计思想，那么就很有可能让自己的研究困足于不同研究路向的描述阶段，而无法深入到对社会过程、发展机制与因果关系的探讨中。

一、研究问题的本质

从本章开头的研究规划内容表中，我们不难看出，许多研究者都把"帮助研究者发现、设计研究问题"视为文献综述的作用。因为通过文献综述，您可以得知学术界已经在您自己感兴趣的研究领域中，针对您选定的对象，已经从哪些角度切入进行了研究；您还可以了解到既有研究和我们当下的时代，以及您能够接触到的社会人群之间的相关性有多少；同时，您更可以发现哪些问题、角度是学术界尚有疑问或者不清楚的。那么，您就可以尝试以学术界的既有学术成果为基础，以特定的时代、人群为对象，以学术界尚有疑问或者并不清楚的角度为切入点，思考、设计并最终确定您的研究问题。例如，如果已经有学者研究了体育服务业消费者对服务质量的评价机制，也有学者研究了体育旅游游客的心理驱动需求，但是体育旅游游客的心理需求的满足过程是学术空白领域，尤其是针对特定赛事来自特定国家或地区的体育旅游游客的心理需求满足机制更是少有人进行针对性深入研究的领域，而您正好刚前往俄罗斯观看了 2018 年的世界杯，那么您当然可以针对这一经历和领域设计自己的研究问题。或者说，如果已经有人对某种社会现象进行了描述性、探索性的研究，那么您可以针对特定时空中的类似社会现象的形式与意义设计比较型研究问题，也可以对这一社会现象发生的过程和机制设计机制型研究问题，还可以针对这一社会现象发生的原因（如其背后的权力利益关系）设计因果型研究问题，角度不一而足。

如果这样的说明还是有些抽象的话，那么我们现在为您举一个实际的研究案例。我的一位研究生将"梳理观众付费观看体育赛事网络直播的购买意愿，从影响要素与影响机制两方面解读观众的购买意愿的形成过程"作为自己硕士学位论文《基于扎根理论的英超网络直播购买意愿研究》的研究目的。在论文开头，他这样解释了自己的研究缘起。

> 研究者在通过国内体育直播平台试看比赛并试图购买观看直播权限时，发现有网友认为购买观看直播权限行为很愚蠢，并公开发布盗版直播网址。此后，研究者在经过观察有关网络论坛、与其他体育赛事观众交流后发现此类行为并不鲜见，且已经成为体育网络媒体版权这一领域的痼疾。

此后，他通过查阅与"网络观赛"和"购买意愿"相关的文献发现以下内容。

> "体育赛事网络直播平台""体育赛事网络直播技术""网络直播的版权保护与开发"都已有国内外学者进行了大量研究……（但是）现有购买意愿理论大多源于西方消费者行为学，且针对传统购物模式；国内学者虽然对网络消费模式进行了研究探索，但大多局限在应用现有理论进行假设检验的定量研究，且鲜有国内学者涉足体育赛事网络直播购买意愿。

故此，这位研究生尝试以扎根理论归纳提炼出以中国社会为背景的体育赛事网络直播购买意愿影响要素与影响机制，并设计了相应的研究问题：国内英超球迷产生体育赛事网络直播的购买意愿受到哪些因素影响？这些因素通过何种路径与机制影响了国内英超球迷购买意愿的产生？

从这个研究案例中，我们不难看出，"研究目的""研究主题""研究对象"和"研究问题"之间的差异与联系。更详细地说，研究问题并不是您的研究所针对的社会问题——这一般来说属于您的研究对象或者研究主题。研究问题的实质是您需要由研究对象处收集研究数据，并通过分析研究数据、讨论数据分析结果回答的、与您的研究主题有关的具体问题。我们可以把研究问题看作指引研究路向，帮助您完成研究目的的指南针和方向标。因此，如果您在研究之初能够以梳理既有文献为基础，精心设计两至三个研究问题，这将对您的研究大有裨益。

同时，需要格外说明的是，质性研究中的研究问题与量化研究者在研究之初提出的"假设"并不一样。详细而言，量化研究中的"假设"是以既有研究或者理论为基础，由既有研究中衍生出来的论述（或者说是以既有研究或理论为基础的推论）。这种"论述"或"推论"大多与要素之间的相关性有关，研究者可以通过分析或检验量化数据之后，以"是""否"或者"一定程度上的是/否"来证明或者推翻这一假设[35]69-71。而质性研究中的"研究问题"虽然也是以现有文献或者既有研究为基础的，但是文献在研究者提出研究问题过程中的主要作用是帮助研究者发现学术界既有研究的空白领域和既有研究的时空特性；在行文中的作用主要是陈述质性研究的研究对象或者目标。研究者回答这些研究问题的目的是，对学术界尚有疑问且在社会生活中发生的现象、过程和关系，进行解释型的理解，而不是证实或者证伪某个假设[1]10,13。

研究者在回答这些研究问题的过程中，需要为不同性质的研究设计不同类型的研究问题（这一点我们在后文中会进行简述），并对研究对象或者目标进行细节的描述或者深入的解释。研究者通过详细描述、深入解释研究数据所得到的研究发现是针对研究问题的，但同时，其具体结果又是无法完全预知的，因此Agee建议"我们可以把研究问题想象成研究过程中的导航软件。这些导航软件在帮助我们规划研究走向的同时，会帮助我们发现那些研究过程中意料之外的结果"[61] 432。

正如上文中的"中国足球改革研究"和"高校学生运动员培养研究"两个案例所呈现的，即便是针对同样的研究对象，不同的研究问题也会使研究的着眼点迥然不同。如果继续用Agee的"导航软件说"来解释的话，这就像是您在向旅行终点前进的过程中使用了不同导航软件，不同的导航软件会根据自己的算法引导您走上不同的路线；即便最终的目标都是一个，您也会因为导航软件指引了不同的路线而看到了不一样的风景。例如，同样是针对某地体育博彩合法化的研究，"当地不同利益相关者在使体育博彩合法化的过程中主要关切的是什么""当地体育博彩的合法化是通过什么路径完成的""体育博彩为什么可以在当地完成合法化"这三个问题的着眼点就截然不同，那么收集的数据、数据分析过程中需要关注的方面也当然不会一样。

如果这三个研究问题的着眼点全都是学术空白领域的话，那么您就需要根据自身的能力、能够找到的数据资源和您研究关注的具体方面来设计研究问题了。一般来说，质性研究的研究问题不仅会关注具体的社会实践与过程，还会专注于行为者对社会的理解与诠释，以及他们对社会的理解与社会结构之间的关系。因此，质性研究者会尝试通过回答研究问题来发现："社会中的事、物是如何（how）发生，是如何被解读的""社会中的事物为何（why）发生，为何被如此解读"，而并不仅是止步于描述"发生了什么（what）"。有关不同类型的研究问题的具体设计方法与要点，我们在下面的部分会和您进一步说明。

二、研究问题的设计

（一）什么才能算是好的研究问题

我们在前文中重点谈了一下研究问题的重要性——研究问题的质量直接关系

到研究的质量，缺少研究问题或者研究问题质量不高的研究会出现研究聚焦不足、讨论泛泛而谈等问题。正因如此，我们建议您在研究之初就精心地设计自己的研究问题。那么，什么样子的研究问题可以较好地引领我们的研究？高质量的研究问题的标准又是什么？以下是 Michele Knobel 和 Colin Lankshear 总结的"好的研究问题"的六点特征：

- 语句清晰、文字精练、问题聚焦。
- 生发于总结文献中获得的启发。
- 具有启发性或对研究者有意义。
- 有可行性，是您能够回答的问题。
- 答案的价值能体现您的工作量。
- 现在还没有针对这个问题的答案。

这六点特征言简意赅、简单易懂。基本上不需要我们过多地解释，您就可以从其中清晰地了解到"好的研究问题"的标准所在。为了更好地说明研究问题设计的关键，我们希望就"问题聚焦"这一点再多说两句。之所以将"问题聚焦"单独提出来，是因为"问题聚焦"不仅关乎研究主题和对象，也会影响到研究的具体方法和研究结果的针对性。

简单来说，研究问题聚焦指的是研究问题的明确化，也就是说您需要在研究问题中清晰、准确地说明研究的对象和主题。您可以采用两种方法实现研究问题的明确化[41]。其一是，缩小研究范围。这里的研究范围指的是研究问题所针对的对象或者主题。例如，我们可以将研究问题由"奥运遗产是如何产生的"，缩小至"奥运遗产是通过何种治理路径产生的"，进而缩小至"奥运遗产治理中，不同利益相关者的互动如何影响了奥运遗产的产生"，再而缩小至"奥运遗产治理中，不同层次政府部门之间的互动如何影响了奥运遗产的治理和开发"。从以上例子中，我们不难看出，随着研究问题范围的一次又一次缩小，您研究的主体和对象越来越明确，那么研究方法也变得更加具体——因为最终的研究问题是政府部门之间的互动，所以研究方法会以"政策学"和"公共管理学"领域的理论为主，而且您通过回答这个问题获得的答案就更可能具有针对性。其二是，明确地陈述研究问题。在这里"明确地陈述"的标准是指研究问题要清楚地落在"什么""如何"和"为何"这三个点上。这样做不仅能够明确地让我们自己和读者了解这项研究可以产生的新知识，还可以在研究的过程中不断提醒我们自己研究的方向和落脚点。当然，问题陈述的方式也和我们研究的属性有关。这一点我们会在下面的部分进行说明。

（二）研究问题的表述与研究类型

不同属性或者说不同类型的社会科学研究总会提出不一样的研究问题。其中部分的研究问题适用于质性研究中，同时也有部分的研究问题只适合以量化研究的方法来回答。在这一部分，我们将针对不同类型的研究与研究问题之间的关系，以及研究问题的类型与质性研究的关系这两方面内容进行说明。

Norman Blaikie 将不同类型的研究中可能出现的研究问题进行了分类（表3-2）[15] 83。在表中列出的"理解型""解释型""评价型"和"预估型"研究都可能提出与"为什么"有关的研究问题。对于"理解型"和"解释型"的研究来说，研究的重点并不仅是了解行为者的意义建构与诠释是什么，更是帮助读者理解行为者的意义建构背后的原因，并为读者解释社会过程中不可见的具体因果机制。而对于"效果评价型"和"结果预估型"研究来说，研究的目的是评价社会行为的效果或者预估其可能产生的效果，而为了完成这一研究目的，研究者必须要了解现有社会行为背后的作用机制与因果关系，所以这两类研究都会涉及与"为什么"有关的研究问题。

表 3-2　研究目标与研究问题

类型	研究问题	研究目的
探索型研究 Exploration	可能发生什么	探索一个鲜有人涉足的领域或者少有人关注的研究对象
	什么人以什么方式参与其中	
描述型研究 Description	正在发生什么	准确地描述某个社会现象、某一社会群体的特点、某类社会关系的特征，以及社会群体、社会现象和社会关系的某种变化
	什么人以什么方式参与其中	
理解型研究 Understanding	为什么正发生这种事	理解社会行为者对自身行为和社会的诠释与解读（研究者处于对象之内，了解主观认知、诠释）
解释型研究 Explanation	为什么正发生这种事	发现原因或规律——导致事物产生的机制（研究者处于对象之外，寻找原因）
预测型研究 Prediction	可能发生什么	指出在特定条件下应该会发生什么
改变型研究 Change	怎么能使这一社会过程变得不同	通过研究本身或者研究的结果来干预社会生活，并为社会带来部分或者重大的改变

续表

类型	研究问题	研究目的
效果评价型研究 Evaluation	发生了什么	评价现有行为的效果预期目标之间的差距，以推进未来决策
	为什么发生了这种事	
结果预估型研究 Assessment	这一社会过程在个体、社会和环境层面已经产生了、可能产生什么结果，为什么发生这些结果	预估现有行动、社会过程可能产生的影响与结果

以干预社会生活并为社会生活带来变革的"改变型研究"会提出与"如何""怎样"有关的研究问题。这一类研究往往通过探究具体社会行为的作用机制帮助我们了解到在特定的时间、空间环境中，有哪些手段以何种方式对某个社会领域或者对象产生了什么样的效果，进而帮助我们更加准确、也更加有针对性地为社会带来变革。上表中列出的其他类型研究所设计的研究问题大多会与"什么"有关。或者说，这些种类的研究的研究问题都可以转化为对"什么"的研究。

那么，在以上这些不同类型的研究问题中，哪些是比较适合用质性研究进行解答的，哪些又是与量化研究更加契合的呢？在这里，我们引用陈向明[1] 80-83对不同类型研究问题的分析，为您解答这个问题。对质性研究来说，具有特殊性、针对性的研究问题要比概括性、一般性的研究问题更合适。这是因为，质性研究重视特定的时空环境、社会情境，以及个体对社会的诠释；质性研究偏重于通过深刻地挖掘来获得研究结果，而非概括地描述研究对象的样貌。从上文例举的"奥运遗产研究问题"中，我们不难发现，随着研究问题一层一层地聚焦，研究对象一步一步地得到明确，研究问题的特殊性和针对性也就得以不断地增加。

同时，正是基于同样的原因，注重特定情境和机制的过程型研究问题要比关注变量之间相关性的研究问题更适合质性研究。过程型研究问题一般可以分为两类：探索行为者如何进行意义建构的研究问题，侧重分析行为者在特定情境下的行为的研究问题。这两类研究问题均适用于质性研究，例如，"青少年如何解读体育参与在提升自身社会适应能力的作用"就属于前者，"前往俄罗斯世界杯现场观赛的中国旅游游客如何使自身的体育旅游需求得到满足"就属于后者。

此外，由于质性研究多以"深描""理解"和"诠释"为特点，因此也适用于解答描述型和解释型这两种研究问题。例如，"平昌郡政府在开发冬奥会遗产过程中是如何与江原道政府进行博弈的"就是典型的描述型研究问题；"死忠球迷如何诠释苏格兰职业足球俱乐部的商业化行为""球迷如何解读现场观赛和球迷身份认同之间的关系"就是典型的解释型问题。需要特别指出的是，这里所说的"解释型研究问题"在上文研究目标与研究问题表中被 Blaikie 归类为"理解型研究"中的研究问题，而 Blaikie 提出的"解释型研究"中的研究问题则被陈向明定位为"因果型研究问题"。我们将在随后的段落中解说有关"因果型研究问题"与质性研究之间的契合度。

除了以上几种较为直白的研究问题类型以外，常见的研究问题还包括"理论型""推论型""评价型""因果型""比较型"五类。其中，有关质性研究在解答前三种类型的研究问题过程中的适用性方面，我们较认同陈向明[1] 81 的看法；但在质性研究在解答后两种类型的研究问题过程中的适用性方面，我们的看法则与陈向明老师略有差异。在下文中，我们将结合实际案例为您——解说。

理论型问题指从理论层面讨论特定社会现象的研究问题，例如，"由法团主义分析，中国足球治理的主要行为者如何展开行动与互动"。对质性研究者而言，回答理论型研究问题时需要特别注意，这是因为没有经验的研究者会出现削足适履地以理论来解释研究现象的问题。为了尽量避免这一问题，首先，您需要广泛地涉猎与您的研究领域有关的理论，并从中找到与您的研究最具有契合度的理论。其次，在数据分析的过程中，您需要反思性地使用理论，进而依据数据分析的结果和您的研究所处的特定社会情境，讨论您所使用的理论在研究中的建设性和不适用性，并尝试以数据分析结果对研究理论进行以特定时空环境为基础的补完。例如，石雪薇在使用内部品牌建设框架（Consolidated Internal Branding Framework）对清华大学代表队队员管理的研究中，根据教育领域的特性与数据分析结果，讨论了常用于企业内部管理领域的"内部品牌建设框架"中的"评估阶段"在高校内部品牌管理研究中的不适用性。

推论型问题关注于讨论某一研究的结果或者某一领域的经验在多大程度上适用于其他类型的情境。例如，"NCAA 品牌战略对 CUBA 联赛具有多大程度的借鉴价值"。回答这一类型研究问题的研究与前文 Blaikie 研究目标与研究问题表中的"预测型"和"结果预估型"研究类似。我们认为，这一类型的研究问题并不适合于质性研究。这是因为质性研究强调对特定情景的研究，而且不同案例在具体情境方面往往存在差异，因此"尝试将在某一时空环境中得出的研究结论推广到其他环境中"的推论型研究问题，无疑是与质性研究的本质存在差异的。这就像我们每个人在成长的过程中常听到家里的亲戚们念叨的"我都是为了你好"

"我当年就是这样的"。面对这样的建议，我们需要思考的是，即便是我们可以用建言者在当年的行为方式来行事，但是这样的行为方式在不一样的时代里，在具有新特性的社会中，由不同的个体使用，并用以处理与当年的案例似是而非的新案例，真的能得到同样的"好"效果么？这也就是我们为什么在前言中提出，这本小册子中的一些经验很有可能并不适用于您的研究（这也是很常见的事情），同时也希望您可以用您的研究经验来反思、补完、丰富质性研究的方法与内涵。

就评价型问题而言，研究者在回答这一类问题的时候需要对研究对象进行价值判断，或就研究对象的某一种特性进行评价。例如，"中国足球推行的管办分离改革在多大程度上是成功的""女排选手穿着紧身衣上场好不好"。诚然，质性研究者不会、也不应该对研究结果进行贸然的价值评价。然而，对女性主义研究、新马克思主义研究等批判理论研究来说，或是对部分属于 Norman Blaikie 研究目标与研究问题表中的改变型研究来说，揭示社会结构中和刻板印象中潜藏的价值观念和权力结构，以及它们带来的不平等正是研究的目的和价值所在。因此，我们认为评价型研究问题同样适用于质性研究，但是研究者在回答评价型研究问题的时候需要注意理解、尊重和解构不同主体对价值的多样性诠释，并分析这些多样性的价值诠释背后的动机与成因，也切忌在缺乏对研究对象具体情况充分了解的情况下作出武断的和绝对化的判断。

因果型研究问题一般与"为什么"有关，研究者在回答这一类研究问题时需要了解现有行为背后的作用机制与因果关系。虽然"过分热衷于寻找事情发生的因果关系，可能会忽略事情的复杂性、动态性和无逻辑性"[1] 82，但是我们认为质性研究在剖析具体情境下的特定社会过程的因果关系方面具有自身的优势。这是因为事物的发生和发展、行为者之间的互动都无法脱离具体的情景与机制。遑论在多样且具体的社会中，即便是在物理世界中也是如此——正如 Ray Pawson[62] 21 常举的"点火药"的例子，虽然引燃火药（X）导致爆炸（Y）是一个可以重复的现象，但是他们之间的因果关系并不是简单的"点火—爆炸"，而是以机制（Mechanism）和环境（Context）为条件的。在这里，"机制"指的是火药的成分配比和火药被加热后所产生的不稳定性；"环境条件"则包括周遭空气中的氧含量和火药的干燥程度。只有在具备了环境条件并且完成了相应作用机制后，"点火—爆炸"才能够完成。也正是因此，早期的火绳手枪才那样的不稳定。

那么，在探究社会过程的因果关系的过程中，我们也同样需要通过分析具体情境中的社会过程，辨析针对个体的作用机制。换而言之，脱离具体情境条件或者假设某种完美情景（例如，像假设木块下滑出的斜坡不存在摩擦力一样假设张三说出的信息可以完全、完美地被李四理解），仅分析不同要素之间相关性的研究大多难以解释特定时空条件下的社会过程中的因果关系。这一类研究所做的通常是，以虚拟环境中的相关性关系替代具体时空条件中的因果关系。而这种对具体情境中的社会过程和个体的剖析与深入解读正是质性研究的特点。

故此，我们认为，剖析具体情境中的因果关系是质性研究的优势所在；当您尝试以质性研究回答因果型研究问题时，您需要做得并不仅是分析某种诱因要素的作用，更需要剖析个体对社会过程的诠释和这种诠释与社会结构之间的辩证互动。进一步来说，质性研究所剖析的因果关系并不是独立的、静止的、"普世的"因果关系，而是在具体时空环境下，针对具体对象的具体因果机制[62] 22。得到能够帮助我们剖析因果机制的质性数据的过程也并不是直接询问研究对象有关行为原因和结果的问题，而是通过分析研究对象对社会过程的描述而获得对机制的了解（有关数据收集与分析的内容我们将在第五章和第六章中进行具体说明）。

比较型研究问题要求我们对多个对象进行比较后进行回答。这里所提出的多个对象既能以空间性或者社会性的特征为标准进行区分（如不同的行为者或者不同的社会过程），也能以时间性特征为标准进行区分（如同一个对象的纵向研究）。

就体育社会科学研究而言，比较研究，尤其是中外之间的比较研究，是国内学界在近年来常见的研究种类。我们在中国知网简单地用"比较研究"和"体育"作为关键字搜索后得到近四年（2016 年至 2019 年）的相关文献数量分别是587 篇、499 篇、425 篇和 488 篇。但遗憾的是，这些比较型研究中的大多数大多止步于描述研究对象之间的相似性与差异，既没有剖析这些相似与差异背后原因，也缺乏从研究法层面对比较研究法的探讨。

然而，国外学界已经有学者对体育社会科学研究中的比较研究法从方法论层面上进行了深入的探讨。例如，针对跨国体育政策比较研究，亨利、艾尔陶琪与李炳昭[63] 24-25提出了四类政策比较研究法，即"寻同法""述异法""跨国概念理论化研究法""话语定义法"。在这四种研究方法中，"述异法""跨国概念理论化研究法"与"话语定义法"都和质性研究存在哲学立场的一致性。详细而言，述异法关注的重点在于解释社会之间的差异及造成差异的原因；跨国概念理论化研究法关注于本地社会对于体育全球化的解读、反馈和两者之间的互动；话语定义研究法则试图通过剖析政策话语中潜藏的社会实在和政策话语建构的社会实在，梳理政策话语对社会问题与社会过程的定义和规范。我们从其中不难发现，使用质性研究法回答比较型研究问题的关键在于把握比较对象的建构性。例如，行为者对"差异"本身的建构性（述异）和在不同情境中的行为者对社会过程的诠释（全球化的本地解读与对政策目标和权力的定义）。

通过分析质性研究与不同类型的研究问题之间的相关性，以及质性研究在回答不同类型研究问题中的适用性，我们不难发现，质性研究者在设计研究问题的过程中的关注重点多是特定时空情境中行为者对社会的理解与诠释。在这里，我们引用 Liv Yoon 在《平昌居民对平昌冬奥会影响的回应研究》一文的前言中对研究问题设计过程的说明，为您详细呈现质性探究者在设计研究问题过程中的思路。

> 首先，我们使用"后政治"（post-politics）与"想象危机"（crisis of imagination）这两个理论视角来研究**为什么（平昌）当地居民可能会感到自己是在强迫下同意进行（与冬奥相关的）场地开发的**。要回答这个问题，我们就需要分析韩国和平昌农村地区特有的历史与文化背景。通过使用这种较少用于奥林匹克研究领域的理论方法，我们试图去理解当地居民认为自己拥有怎样的选择权（如果他们有选择的话）——尤其是在组委会声称他们努力将当地居民利益最大化的前提下。其次，我们探讨了不同"本地居民"群体对平昌冬奥会影响的感受，并论述了这种所谓的"本地体验"并不是千人一面的……通过这种方式，我们希望帮助人们更好地以特定背景为前提理解那些与奥运会负面影响有关的"日常描绘"。
>
> 这项研究的一个中心问题是**"Gariwang 山周围城镇的居民，作为利益相关者，是如何看待与应对由冬奥会而产生的开发与发展的？"**……例如，部门居民是如何同意（或是被说服）在他们的城市里举办大型活动是一个可以产生如他们期待般的"发展"的好方法？组委会、其他奥运承办组织和其他当权者是以何种看似安全无害的方式下利用了居民的这些观念的？[64] 1

在以上的引语中，我们将这项研究的两个研究问题以"加粗+下划线"的方式进行了强调，并用"下划线"的方式强调了 Liv Yoon 在研究问题设计过程中对理解与诠释在研究中的作用的认识。由以上引语中我们可以发现 Liv Yoon 在研究问题设计过程中的关注点：

（1）理论视角"后政治"（post-politics）与"想象危机"（crisis of imagination）对整个研究的引领作用；

（2）具体时空环境为"后冬奥时期""平昌地区""Gariwang 山周围城镇"；

（3）行为对象的理解与诠释，及其多样性；

（4）理论在奥林匹克遗产研究中的启发性。

除此以外，我们再为您列举五个体育社会科学的质性研究中的研究问题实例。

（1）奥运利益相关者在后奥运时期会遇到哪些与政体、政治和政策等治理维度有关的遗产议题？这些议题是如何相互关联的？不同利益相关者对这些议题的认知是否存在差异？

（2）以"培养奥运冠军"为目的的"举国体制"和清华跳水训练体系为什么会不欢而散？

（3）苏格兰各足球俱乐部的董事会成员是如何理解、认知他们的角色的？

（4）大学女子极限飞盘运动的特殊背景是怎样使运动员们可以较为自由地建构自己的性别身份认同的？

（5）我们将通过回答"为什么中国足球改革到了 2015 年才得以进行"的问题来试图解答一些议题，如以多源流政策模型探寻政策变化的原因与动力；分析中国政府发起足球改革的设计与条件。

希望我们在本节中的说明和例证能够帮助您了解到研究问题对体育社会科学研究的重要性，同时也能够帮助您掌握一些为质性研究设计研究问题的方法和技巧。在结束本节的内容之前，我们必须要说明的是，质性研究的研究问题是一个不断发展演进的过程。您在进行研究的过程中，可能发现一开始自己选用的概念或者名词并不精确，也有可能发现这些概念与名词与受访对象的经验、解读并不相符；也有可能在研究过程中发现更有意义的、更值得研究的衍生性问题，这些问题在开始研究之初是无法想到的，所以实际上"质性研究者往往会对研究过程的研究问题修改持开放态度"[65] 159-166。

第四节　具体研究理论的选择

在前面文献综述的部分中，我们引用 Ronald Chenail 等学者的说法，提出质性研究者可以从四个方面"开发"文献综述的功能。在这四个功能中，有两个与理论有关："理论说明"和"理论回顾"。通过这样的表述，您不难发现我们如何看待理论在质性研究中的作用，或者您可以了解到我们对"质性研究者可以如何在研究中使用理论"这一议题的看法。

详细来说，我们一方面认同较为传统的质性研究者对理论的看法——质性研究不必要使用具体的研究理论框架，而应该"自下而上"地由数据中"涌现"出研究理论，例如，传统的人类学研究及其他使用扎根理论的质性研究就是这一类研究的典型代表[66] 9,11。另一方面，我们也认为，质性研究亦可以由理论出发，对质性数据进行系统性的分析和解读。这是因为使用前人的理论框架可以帮助我们对"需要从哪些方面分析研究对象"这个问题有一个基本的了解和设想，并可以使我们的数据分析更加系统。举例来说，如果您想要算出一个立方体的表面积，一般来说，可以采用两个方法——我们可以将六个面的面积相加；可以将顶面、侧面、前面三个面的面积相加，并将相加之和乘以二。我们之所以能够了解计算过程需要考虑六个面（而绝对不是四个面或者五个面）的表面积，或者需要选择特定的（而非任意的）三个面的面积相加，进而乘以二，是因为基本的几何理论告诉我们这样才能全面地了解我们想要研究的对象，进而得到想达到的结果。当然，就社会科学来说，研究绝对不能止步于以理论为框架的数据分析，这样就会使研究陷入理论的桎梏中，研究者还需要以数据分析结果批判、反思和补完理论。

无论是由数据分析中涌现理论，还是以理论为依据系统性地分析和解读数据，我们都无法否认"理论"在质性研究的数据分析过程中起到作用，以及理论在质性研究中多样作用和多种角色——理论既可以作为数据分析的产物成为蕴含研究具体时空特性的结果与发现，也可以作为数据分析的框架"服务""约束"数据分析的过程，还可以作为数据分析的对象（一类研究数据出现在研究中）。就其最后一种作用，Barney Glaser[58] 242曾指出，质性研究者可以通过阐述从现有文献中得到的理论与假设，使其成为研究数据的一部分，然后不断地将其与其他数据资料进行比较，以期形成并完善自身研究所建构的理论。

正是因为理论在质性研究中的具体多样的作用和角色，所以您需要在研究之初确立自己的基本立场（研究范式和相关哲学基础），并充分了解您的基本立场使研究具有的特性（这也是我们在前两章和您聊的内容）。换而言之，社会科学研究需要一定的范式认知、哲学立场和分析逻辑基础才能进行，研究者不可能在毫无知识储备、理论基础、基本逻辑的情况下开始研究，也不可能像一张白纸一样，任由数据在自己的脑中随机地排列组合、随意地印成论文[67] 14。但与此同时，这种认知基础也会给社会科学研究带来天然的局限性。例如，立足于建构主义的研究会面临着"以认识论取代本体论"的风险，而实证主义研究者则会被批评为用自己的想法和标准"强奸"研究对象的思想和认知[68] 25。

故此，我们认为，尽管理论在提升数据分析的系统性的同时，可能会在一定程度上限制研究者数据分析的思路，但是这种"限制"是社会科学研究天然地就会具有的（因为我们并不是"一张白纸"），所以，期待质性研究者"通过抛开理论使自己的研究不再受到先入为主的束缚"无疑是一种"五十步笑百步"的想法。因此，对质性研究者来说，重要的并不是抛弃或者拒绝理论，而是承认理论可能对数据分析思路产生的局限性，思考并说明这种局限性的本体论与认识论根源，并对数据分析过程中涌现的、与既有理论不相符的新概念持开放态度，进而在使用理论的过程中对理论进行批判性的反思。

所以，我们一方面承认由数据中涌现理论是质性研究的重要研究方法；另一方面，我们也主张研究者（尤其是缺乏经验的研究者）需要借助理论来确保数据分析的系统性，并在运用理论的同时注意对理论的反思与批判。我们将在第六章有关数据分析的部分中详细叙述如何"自下而上"地由数据中产生研究理论。在这里我们将用两个实际案例为您说明，质性研究者在体育社会科学研究中是如何以理论为框架分析质性数据并得到结论的。

一、理论的"作用"

李炳昭[69] 118-128在 *Managing a Corrupted Sport System：the Governance of Professional Baseball in Taiwan and the Gambling Scandal of* 1997 一文中，剖析了1997年爆发的台湾"中华职棒"签赌案中，包括职棒联盟、俱乐部、职业棒球选手、黑道分子和不同政党在内的众多利益相关者在决策和互动过程中的策略关系。在这项研究中，李炳昭使用了两个具有互补性的理论，即"治理"（Governance）[70] 25-42与"策略关系理论"（Strategic Relational Approach）[71] 27；[72] 149,275-277。该文以治理理论为框架，剖析了1997年"中华职棒"签赌案中各个利益相关者形成的治理体系与结构，并梳理了该职业联盟中的权力关系的"应然"与"实然"状态；进而借助"策略关系理论"由"策略行为"和"策略选择背景"切入，通过分析利益相关者对策略背景、自我策略行为和他者策略行为的感知与解读，展现了结构与行为者的互动与辩证关系。通过使用这两种互为补充的理论分析访谈数据，作者使读者可以从相对抽象的"策略关系"层面和相对具体的"治理关系和行为"层面理解涉案球员、黑道分子、联盟管理者、政客和其他利益相关者在赌球、"做球"过程中的认知与决策过程，进而以数据分析为依据探讨了东亚社会环境中的政治庇护主义对传统体育治理结构、关系与操作方式的解构与重构。

Lucida Velija 和 Lucinda Hughes[73] 22-37在 *Civilised Female Bodies and Gender Relations in British National Hunt Racing* 一文中，以英国 National Hunt 大赛为案例，探讨了女骑手如何在英国马术运动的权力关系中被持续地边缘化。在这项研究中，两位学者以 Norbert Elias[74] 154的过程社会学（Figurational Sociology）为理论，透过分析来自九位女骑师的访谈数据，着重探讨了受访者在马术生涯中对自我身体、依赖关系和惯习（Habitus）的解读。她们提出，由于赛马产业中的性别惯习，女性骑师自进入赛马领域开始，在整个接受训练的过程中不断内化自身的弱势地位。例如，由于驯马师、马主、男性骑师、马场构成的赛马业长期以男性为主，赛马业培养与挑选赛马的标准也以男性为第一考量，故此使女性骑师"天然地"处于了一种以男性为主的体系中并被置于不利的地位（例如，少有以女性骑师为对象而培养的赛马），而男性骑师看似"自然地"更适应这项赛事实际上是由一个充满了社会性的选择过程决定的。最后，两位学者立足于赛马产业的特点，以女骑师的性别体验为出发点，进一步讨论了过程社会学理论在应用于体育社会学领域中需要进一步关注的两个方向：一是由社会依赖关系入手，剖析性别社会身份；二是理解社会对"身体"与"羞耻"的建构，以及这两个概念在操控、调整男女运动员身体过程中的具体机制。

二、如何挑选理论

希望以上的两个案例可以在一定限度上为您说明了理论在质性研究中的作用，以及研究者可以通过怎样的方式和途径将理论应用于质性研究中。换句话说，我们在以上部分中试图说明的是，您在进行研究设计的过程中，一方面可以选择不使用特定的研究理论框架，而是通过使用扎根理论作为数据的分析框架，尝试透过对数据的层层分析使理论"自然涌现"；另一方面，您也可以选择使用既有研究理论，以此为指导系统性地分析数据，进而通过数据分析的结果批判、审视和反哺理论。

那么，如果您决定要采用后面一种"使用理论"的路径来进行研究的话，挑选理论就是您必须要考虑的问题了。在这里，我们希望为您提供一些在挑选理论方面的小建议。首先，我们建议您在挑选理论前要充分地了解自己的研究对象，并对其进行明确的定义（关于研究对象选择和概念界定，您可以参见本章前文的内容）。其次，您需要设定解释和研究这个对象的切入角度。换而言之，您需要确定您将从哪个学科的视角进行研究，将从哪个层次（宏观、中观、微观）着眼进行研究。最后，您还需要从可行性的角度出发，思考一下自己能够收集到哪些方面的数据。完成了这三个工作后，您基本就可以从自己选定学科中、相应层级内的诸多理论中，挑选与您可能收集到的数据类型与内容相应的理论作为研究的框架了。

例如，如果我们要一起进行一个有关禁药问题的研究，首先我们需要定义什么叫作"禁药问题"（Doping）——是某些药物、某些特定的行为还是某些特定的状态。这里我们可以使用 WADA 的定义，将"禁药问题"定义为"出现……（特定的）违规行为"[75] 18。其次，我们需要确定自己将从哪一个学科的角度来分析这一问题，因为不同的学科会影响到我们研究的主体与对象。如史学学者可能会关注"禁药问题"的发展与演变，哲学学者可能希望去讨论"禁药问题"的定义和道德基础，法学学者可能会探讨"禁药问题"相关罚则的法理依据与适用性，社会学学者则可能想要分析"禁药问题"背后的利益分配和权力关系，政治学学者则可能关注"禁药问题"的管理政策，心理学学者关注的领域则可能是运动员在面对"禁药问题"时的心理变化与机制（当然，很多时候我们自身的学术训练和学术背景早就帮我们确定好了研究的角度）。在确定了学科后，下一步要考虑的就是研究的层级。如果以政策研究为例，您可以选择从跨国层级研究整个世界反兴奋剂体系的治理问题，也可以选择由国家层级入手，分析特定国家的反兴奋剂政策的设计、执行与效果，还可以剖析特定利益相关者（如政策执行者、教练员、运动员、药品提供者或者检验机构）对政策的解读之间的差异及其对政策效果的影响。最后，您还需要思考自己可以收集到哪一个层面的数据。完成了这些工作，您就基本可以确定自己研究的着眼点和层级，此后您要做的，就是在相应领域的书山文海中寻找相应的理论。

正如我们在本章有关文献综述的部分中提到的，阅读并梳理与您的研究有关的既有文献，不仅能够帮您了解到学术界在这个领域已经取得的学术进展，同时也能够帮您看到此领域的学者们在研究中常用的理论与方法，所以我们说阅读与研究领域和研究主题相关的文献是您发现、选择研究理论的基石。

在这个搜寻理论的过程中，参考母学科的研究是非常重要也是非常便利的一个手段。我们在本书的第一章中曾经提出，体育学学科中含有分别与自然科学、人文学科和社会科学相关的不同门类的研究；体育社会科学中包含的也不仅只有体育社会学一个学科，同时还有体育经济学、体育人类学（体育民族志）、体育心理学、体育政治和政策学、体育管理学、体育批判、意识形态研究等学科。在这些学科研究中，有很大的一部分是学者们应用母学科的知识体系与研究方法对体育领域的人类活动与社会关系的剖析与探索。具体来说，您可以用管理学中的容忍区间模型（Zone of Tolerance）分析如何管理体育服务业消费者的满意度，您也可以用政策学中的政策学习理论（Policy Learning）分析中国竞技体育改革的方向和思路，或者从福柯提出的治理性（Governmentality）与权力的角度出发剖析与女孩体育参与有关的话语建构中包含的治理元素与意义，或是从软实力、地缘政治的角度研究综合性体育赛事的遗产。相似的研究案例还有很多，所以我们认为，在寻找理论的过程中回照母学科，而不仅只是把目光局限于体育学领域，这是非常有效且重要的方法。

当然，就像是我们在文献综述部分中提出的漏斗形结构一样，每个宽泛的母学科里面会包含更具体的、关注领域更加专精的、研究视野更加聚焦的子学科或者分支领域，您可以根据您的研究主题与对象进行更有针对性的理论探索与搜寻。例如，权力是社会学家关心的话题之一，也是体育社会学者关注的重点领域之一。Fiona Dowling 尝试使用批判式话语分析（Critical Discourse Analysis）来剖析体育政策话语中隐含的社会权力关系，以及不同行为者对社会权力关系的解读与建构。那么，对这项研究来说，母学科是"社会学"，Fiona Dowling 选用的研究范式是我们在第一章曾经介绍过的批判理论，其研究理论是与 Gramsci 的霸权理论（Hegemony）相关的英国学者诺曼·费尔克拉夫（Norman Fairclough）提出的批判式话语分析[76] 2；在具体的数据分析过程中，研究者使用了由 Markula and Silk[77] 118-120提出的概念模型。

详细而言，Norman Fairclough [76] 3,24,206-207;[78] 921认为，话语中含有一种相对稳定的、社会性的语言架构。这种架构亦是型构社会行为的要素①，并被他称为"话语秩序（Order of Discourse）"；在他看来，批判式话语分析就是要通过剖析

---

① 简单来说，我们的话语虽然会因人而异的变化，但其中亦包含结构性的规律，如语法，惯用语等。那么这些结构性的规律、架构则是话语建构社会的基础。例如，我们可以通过语句中的动词（谓语），建构主语与宾语之间的关系。如"您命令我"和"您拜托我"，这两句话中，您和我的权力关系就迥然不同。

话语和"话语秩序"之间关系，调查话语如何通过发挥其在意识形态层面的作用，创造或重塑社会权力关系。更具体地说，语言是社会行为者建构社会的基础，社会行为者通过语言建构了不同行为者的身份（掌权者或是弱势群体）、他们之间的关系，以及社会知识和意义体系，与此同时，社会知识和意义体系又被用来维系既有的社会权力关系。故此，Fiona Downling 尝试用批判式话语分析回答以下三个研究问题：（1）挪威国内体育俱乐部如何理解和诠释为年轻难民提供的、意在帮助他们融入本地社会的体育服务政策？（2）这些话语如何将相关的政策和行为在本地社会中常态化？（3）这些社会现实和行为背后含有哪些意识形态层面的动因？

这一节的内容比较简单，论述的要点也比较集中。我们希望通过这一节的内容从理论和实操两个方面说明一种观点——质性研究者可以（甚至是需要）由理论为出发点进行研究。当然，我们在完成了理论挑选后，也还要检验理论乃至整个研究的信效度。由于这个问题与质性研究的质量检验有关，而且我们也不想把这冗长的第四章变得更加庞大，所以将这部分内容放在第七章进行说明。

总　结

之所以这一章的体量如此庞大，是因为我们在着手进行一项研究前需要进行大量的理论准备工作——从研究领域和选题的确定，到文献阅读与综述，进而还需要在这两者的基础上设计研究问题、选择研究理论。这其中的每一个步骤都需要您投入大量的精力，进行深入、细致地思考，所以我们在这一章中，把这四个步骤各列为一节进行叙述。

在选定研究领域和主题的过程中，您可以从学术领域和社会领域两个路向入手进行设计；即便您的选题是和别人重复了，我们也为您提供了一些处理的方法，当然大不了重来便是。有关文献综述的说明是本章的重点，我们先是从务虚的方面入手介绍了文献综述的作用及质性研究者对文献综述的学术争论，随后我们进入操作性的内容，对文献综述的步骤和写作两方面进行了说明。在我们看来，第三节的内容研究问题的设计是非常关键的一个环节，好的研究问题虽然不一定能带您"上天堂"，但是不好的研究问题很有可能让您的论文"凉凉"。在最后的第四节，我们针对理论在质性研究中的地位及选择理论的方法进行了说明，这实际上也是我们（以及其他一些质性研究者）的一种看法——质性研究者可以（甚至是需要）由理论为出发点进行研究，虽然这种看法与传统的"涌现派"并不相同。

以此为基础，我们将在下一章的内容中和您聊一聊开始质性研究前我们需要在操作层面做的准备。如果用军事方面的例子来说明的话，我们在这一章中完成了战略规划，下一章就要厉兵秣马了。

第四章
CHAPTER 04

操作层面的准备

　　无论您是否看过了上一章的内容，我们希望您在准备开始阅读这一章之前，已经完成了以下这些准备工作：确定好了自己的研究领域和研究主题；通过回顾现有的学术文献，不仅设计好了自己的研究问题，也已经选定了准备使用的研究理论。如果您现在的情况如我们以上的这些猜想一样，那么我们就可以开始这一章的内容了——您在开始研究前需要在具体的研究操作层面完成的一系列准备工作（在上一章中我们说明的是您在研究的理论层面需要完成的准备工作）。

　　需要特别说明的是，虽然我们在本章中提及的每一项工作都需要您给予同样的重视并逐一完成，但是我们在行文过程中，将"抽样"（Sampling）工作列为单独的一节进行介绍。一方面是因为质性研究的"抽样"工作是介于理论层面的准备工作和操作层面的准备工作之间的内容。详细而言，质性研究的"抽样"（或者说研究数据采集的具体对象选择工作）并不仅是简单的"随机抓壮丁""蒙面抛绣球""街头撞大运"，而是需要研究者通过审慎地思考自己研究的目的，借助特定的方法，以符合自己研究特性作为样本选择标准而进行的工作。因此，我们说质性研究的"抽样"是基于研究者此前在理论方面的积淀和准备的操作层面准备工作。

　　另一方面，我们之所以把质性研究的"抽样"工作单独列为一节，是因为质性研究的"抽样"工作会受到比较多的质疑和关注——质性研究和量化研究在范式和哲学基础层面的不同，使得它们的"抽样"工作在基本的思路上迥然不同。这就使得，质性研究者常会在样本数量、选择标准、代表性等方面受到种种质疑与批评（如果您读了我们在前文中有关如何回应来自量化研究者的质询的内容，相信您一定明白我们现在说的是什么）。所以，我们将质性研究的"抽样"工作单独列为一节，以期能够为您详细地说明质性研究的"抽样"工作的内在逻辑、哲学基础、自身特点，并向您介绍一些常用的方法。

第一节　"抽样"或样本选择

在《现代汉语词典》中，"抽样"和"取样"均被解释为"从大量物品或材料中抽取少数做样品"[79] 865。由这一释义中，我们可以看出，"抽样"一词本身就具有的"实证性""代表性"和"推论性"的引申义——从总体中"抽"出一个"样本"，进而由研究这个"样本"获得的结果推论到总体。但正如我们在前文中提出，从建构主义的角度来看，研究者这种以个例"代表"总体的追求暗示着研究者对不同时空环境中的行为者特性的漠视与抹杀。同时，这种尝试由"个案"研究结果推论到整体进而得到"一般性结论"的行为，与质性研究的根本价值——"提供一种对可以被视为特别情况和案例的生活场景和人群的阐释"也是南辕北辙[43] 163。因此，"抽样"这一词因其本身具有的"实证性""代表性"和"推论性"的引申义，而在一定程度上与质性研究的精神并不相符[1] 112-113。

Chris Gratton 与 Ian Jones[9] 112 指出，抽样环节是质性研究与量化研究在研究操作中差别最大的一个环节——质性研究者大多带有目的性地主动选择具体调研对象。这种常被称为"目的性抽样"的研究对象选择方法（或者说研究数据获取方法）与量化研究者常使用的通过随机抽样的方式获取研究数据的方法迥然不同。因此，我们为了能够从话语符号层面就尽量地凸显质性研究在这一阶段的特点——研究者带有目的地、主动地"挑选"研究对象，所以斗胆在本部分中并没有（或者说尽量少地）使用"抽样"一词来代表质性研究中的"Sampling"的过程与行为，而大胆地选用了"数据收集对象选择"这个能够强调研究者主体选择的词，来凸显质性研究者在这一阶段工作特点。

正如样本选择工作承上（理论）启下（操作）的特点一样，这一节的内容也可以分为两个部分。我们首先在第一部分中为您简要说明了质性研究在样本选择方面的特点——这可以视为样本选择与理论层面的衔接。在第二部分中，我们为您介绍了一些质性研究中常见的样本选择的类型及其具体操作方法，以承接理论准备与实际操作准备两部分。

一、选择数据收集对象

（一）目的性抽样及其特征

与在一定限度上随机地选择大量样本的量化研究不同，质性研究数据收集对象选择的工作主要通过"非概率抽样"的方式完成。这是因为，量化研究一般关注于社会中会以一定概率出现的一般性结果，而质性研究则尝试通过深度分析来自较小数量样本的丰富资料，理解和诠释社会行为者对某个社会过程具有时空特性的意义与价值建构，并剖析上述意义建构与社会结构之间的相互影响和作用关系。正是因为对个体的尊重、对时空环境特点的承认和对不同社会过程的特殊性的认知，质性研究强调不同时空环境之间的、具体数据收集对象之间的差异性。故此，质性研究者不会（也不应该）以数据收集对象在某些人口统计学指标方面（例如，收入、受教育程度、是否独生子女）的相似性为借口，忽视他们在认知方法、价值取向、道德观念和意识形态方面的差异，进而将他们视为如社会生产线上的同一批次产品一般的同质性存在，并通过"概率抽样"将其"平等化"，而无视其在诠释社会意义与建构自身价值等方面的多样性[80]8,17-19。

质性研究者（如后实证主义者、建构主义者与批判理论质性研究者）在使用"非概率抽样"进行数据收集对象选择的过程中，常采用目的性抽样（Purposeful Sampling 或称 Purposive Sampling）的方法选择具体的数据收集对象。详细而言，质性研究者会以收集尽可能丰富的信息为目的来选择数据收集的对象。换而言之，质性研究者在数据收集的过程中需要选择能够为研究提供丰富信息（Information-rich）的对象作为具体研究对象，或是选择自己所关注的社会过程最有可能发生的场域、族群或个体作为研究对象[8] 545。

如果说，量化研究常使用的概率抽样的科学性与合理性来自量化研究的研究目的，即获得会以一定概率出现的一般性研究结果，那么质性研究者所使用的"目的性抽样"的科学性与合理性也来自质性研究的目的，即对研究对象的深度理解和认知[81]1634-1635。譬如说，如果您想要减少某大学某一项体育课的退课率，那么您就可以有目的地选择一小部分曾经在中途退出了该项目体育课的同学，并深入了解他们在什么情境下或者是因为什么原因推掉了体育课。

同时，质性研究者进行数据收集和分析的过程中，也需要不断地比较已获得的访谈数据、从数据中得到的概念，并反思自己的数据收集工作和此前选取的具体数据收集对象，以完善自己的数据收集工作，使自己能够收集到更丰富的研究数据，更深入地理解研究主题，并使自己对该研究主题的理解能够涵盖在特定时空环境内的、某一社会过程中的、尽量多的可能性[82] 545。

看到这里，您有可能会问，这种对尽量多的可能性的理解的追求难道不就是在追求研究对象的代表性么？我们想要说的是，任何的研究对象当然都会具有它所属的类属的一般性特征（至少是一部分的一般性特征），那么该研究对象也就具有了一定代表性。但同时，任何的研究对象和数据收集对象也具有它自身独特的特点。如果以相似性非常高的标准 400 米田径场为例，这就像是任何的标准田径场都和其他的标准田径场有相似之处，但是世界上也找不到两个完全一样的田径场——就像找不到两片完全一样的树叶。

正如 Jean Paul Sartre 在 *The family idiot*：*Gustave Flaubert* 第一卷中所说，任何人从来都不曾是个体，而是普世社会经验和社会过程的单个范例。在这位法国哲学家看来，个体"由其所在的时代而总和，故此也由其时代而得到普遍化；继而，个体通过在自己的时代之中再造自我来延续这一时代"[83]ix。故此，从这一论断的角度看来，对特殊对象和案例的研究具有了对一般对象和案例的研究意义，因为个案之中含有与普世规律相关的联系；那么研究者也就可以通过将研究的案例与自身经验联系得到具有主体特性的"一般性"知识[84]443-466。所以，质性研究的对象虽然必然具有一定代表性，但质性研究者试图追求的重点并不在于研究对象（或者数据收集对象）能够代表整个社会中与他们具有相似人口统计学特征的人群（用两个并不完全相同的田径场互相代表），而在于研究数据可以显现（或者说"帮助研究者理解"）研究对象自身在特定时间与空间条件下对社会的解读和诠释。

质性研究者在分析这种带有具体时空环境特点的数据的过程中，需要重新重视（而不是忽视）数据中的时空环境因素，才能够得到具有"分析层面的一般性"的结论——一种可以去理解、诠释具有时空特性的意义与价值的理论[80]31-33，进而以这种理论为基础，理解自己所研究的社会过程之所以产生的诱因及其最有可能发生的社会领域。正如人们所说，幸福的家庭总是相似的，不幸的家庭却各有各的不幸。那么，如果我们希望改变不幸家庭的处境，与其给他们发放一本以对一万个幸福家庭的量化调查为基础编写出来的《幸福家庭特征手册》，不如通过与几个特定不幸家庭进行访谈（如何挑选不幸家庭，我们会在下文中详细说明），了解使他们陷入窘境的原因，进而发现最有可能产生这些问题的领域或者环境，最终提出具有指向性的方案。同样，如果您是某地体育局中群众体育事业的负责人，并且希望有效地提升一个效果不佳的全民健身项目的吸引力。那么，我们建议您与其通过标准化的量化数据了解整个项目的运营窘境的表现，不如通过针对特定的几类人群进行深度访谈，了解在不同角度对这种窘境的成因的理解，进而发现最有可能导致问题产生的因素，最终提出针对性的解决方案。

（二）目的性抽样一般过程

说到这里，想必您已经了解了质性研究"抽样"的基本特点——研究者带有目的性地以非概率的方式选择数据收集对象。或者，我们可以简略地将其称为"目的性抽样"。当然，在选择数据收集对象的操作过程中，您可以依据您研究的具体特点而选择不同的策略和方法。

我们将在本节后面的部分为您介绍 10 种不同的样本选择策略和方法。不过，在说明这些常见的样本选择策略的具体操作过程前，我们必须得卖个关子，先和您简略地谈一谈目的性抽样的一般过程。这是因为，尽管后文介绍的 10 种样本选择策略和方法在思路和切入点上存在差异，但无论您选择哪一种，您都要完成这样两个相互依托的任务：了解自己希望通过所选数据收集对象实现的目的；了解数据收集对象选择的一般性过程和选择标准。

如前所述，质性研究者使用目的性抽样方法选择数据收集对象的根本目的是尽可能多地获得与研究有关的丰富信息。在这一目的指导下，质性研究者选取特定场域（或案例）中社会行为者的"某种具体行为"作为研究对象，或者选取特定场域（或案例）中的"某个社会过程"作为研究对象，进而选择可以提供尽可能多的、与研究对象有关的信息的特定场域中的社会行为者作为数据收集对象[9]110;[17]68-71。故此，我们可以将上一段中提出的"任务一"——"清晰地了解自己希望通过所选数据收集对象实现的目的"，转化为"清晰地了解自己能够通过所选择的社会行为者或特定场域收集的数据的丰富程度，以及这些数据的主题与您的研究主题之间的一致性"。

您在完成了这一任务后，就可以进入选择数据收集对象的过程了——这也是我们在前面提到的"任务二"。在这一过程中，您首先需要根据研究的主题选定自己进行数据收集的场域。例如，如果您希望研究某市专业体校与青少年体育培训机构决定在青少年竞技体育人才培养领域开展合作的决策过程，那么您可以选择的研究场域包括：该市专业体育管理部门、体校决策层、青少年体育培训机构

（含已经合作的、未进行合作的，以及尚未合作但有意愿合作的）乃至促成他们之间合作的"推手"。您在挑选研究场域时，主要可以参考以下三个标准：在该场域进行数据收集的可行性；研究数据在该场域中的可获得性；由该场域得到的数据的学术价值。

前两条标准与数据收集的实际操作联系比较紧密，也比较容易理解。最后一条标准数据的学术价值则主要取决于这个场域的"重要性""独特性"和"创新性"。重要性是指该场域中的人类行为与社会过程对理解、测试或解读与这一社会过程有关的理论和概念……具有重要意义；独特性是指该场域中的人类行为和社会过程与其他场域中的人类行为和社会过程相比是独特的，或是极端的或反常的；创新性是指与其他场域相比，该场域或案例与研究的相关性更强，或者之前的研究者都没有机会涉足这一场域中[13] 270。

选择这些具有独特性和创新性的重要研究场域和研究对象，质性研究者可以通过分析其中的数据，发现相同的核心概念在不同场域中的不同意义，或是了解到不同行为者对社会行为的定义和理解之间的差异与相似性，进而讨论这些概念在案例中的适用性和实用性[63] 28。例如，虽然欧盟各国都尝试在本国的体育政策中涵盖"多文化主义"的内容，但是由于各国政治、社会和文化不同，欧盟各国对"多文化主义"的诠释方向和接受程度也迥然有别，进而呈现五个迥异的政策方向，而这五个不同的政策方向又都在各自不同的国家中体现了"多文化主义"的内涵。

您确定了进行数据收集的场域后，就要在这个场域内选择具体的数据收集对象了。我们在前文中也曾经提到过，由于质性研究在具体的数据分析过程中需要耗费研究者大量的时间与精力，因此质性研究数据收集对象的数量一般会控制在4~40 人[17]69。当然，特殊案例也并不少见。例如，David Carless 和 Andrew Sparkes 通过对三名罹患严重精神疾病患者的研究，探讨了身体活动在他们生命中的意义和作用；Angela Pickard 和 Richard Bailey 则通过分析 63 名少年芭蕾舞者的访谈数据，剖析了他们对自己历时未久的艺术生涯中的重要事件的重构与意义诠释。

随着您收集数据的不断增加，您对研究领域、研究主题、研究内容及数据收集对象的了解程度也在不断丰富。在这一过程中，您也会发现更多的线索和可能进行拓展的、可以为您带来更加丰富信息的场域和对象。因此，Andrew Sparkes 和 Brett Smith [17]70指出，以"目的性抽样"为指导选择数据收集对象的过程并不是一个按图索骥式的、完全依照事先计划进行的过程，而是一个会随着研究的进展而不断发展的过程。不过您必须要注意的是，尽管您可能会根据研究的进展调整自己的数据收集对象名单，但这种调整必须围绕着一条主线——您所选择的数据收集对象有助于您从数据中发现最终所得到的理论，或者有助于您检验这些理论。

希望我们以上的文字可以帮助您了解质性研究者选取研究对象的基本特点与一般过程。最后必须要再多说一句的是，您在使用目的性抽样的时候，不仅要在研究报告中清晰地说明使用这种数据收集对象选择策略的理由和它可能为您的研究产生的正面作用；更重要的是，您还需要了解并承认这一策略的天然短板——缺乏"普遍性"（Generalisability），进而论述质性研究者如何看待、解决有关普遍性问题的视角和方法（有关质性研究与普遍性之间的关系我们将在第七章有关质性研究的质量评估的部分中进行说明）[81]1635-1636。而正如我们在前文中所说，由于各自哲学立场不同，任何一种社会科学研究方法（无论是质性或是量化）都存在其天然短板，作为社会科学研究者都必须了解、正视、承认社会科学研究方法的这一特点。

二、样本选择法的分类

在"目的性抽样"的具体操作过程中，可供质性研究者选择数据收集对象的策略（或者说标准）有很多种。例如，Michael Patton 以政策质性研究与评估的实践经验为基础，在 *Qualitative Research & Evaluation Methods* 中提出了 16 种数据收集对象选择策略，而在 2015 年版中数据收集对象选择策略更是超四十种之多。陈向明[1]104-111在分析与整合 Michael Patton 在第二版 *Qualitative Research & Evaluation Methods* 一书提出的 16 种样本选择策略的基础上，总结出 14 种数据收集对象的选择策略。袁方和王汉生[85]164-166则根据非概率抽样的操作方式，提出了 5 种样本选择策略。具体到体育社会科学领域，Andrew Sparkes 和 Brett Smith[17]70-71为我们提供了 8 种常用在这一领域的质性研究中的数据收集对象选择策略。

不过需要额外说明的是，虽然这些策略的关注点不同、能够实现的目的也存在差异，但是研究者使用其中任何一种策略的出发点都是相同的——帮助自己能够找到可以为研究提供丰富信息（Information-rich）的数据。换而言之，质性研究者在选择数据收集对象的过程中并不会拘泥于"案例是否'典型'或者'具有代表性'"这一类量化研究思路的标准。

我们在下文中借鉴了陈向明在分析 Michael Patton 提出的质性数据收集对象选择策略过程中使用的整合思路，在 Andrew Sparkes 和 Brett Smith 提出的 8 种体育社会科学质性数据收集对象选择策略的基础上进行了补充，从"根据样本的特征选择数据收集对象的策略"和"选择具体数据收集样本的策略"两个层面，为您介绍了十种常见的基本原则相同、操作方法各异的策略。同时，出于行文便利考虑，我们在下文中仍然会以"某某抽样"为名称介绍这些质性数据收集对象的选择策略。

（一）选择数据收集对象的策略

首先，我们谈谈五种根据样本的特征来选择数据收集对象的策略。在这部分中，我们论述的重点是选择数据收集对象的哪种特征作为选取样本的标准，以及选取数据收集对象的某个特征作为选取样本标准能够帮您完成哪些研究任务。

1. 效标抽样（Criterion-based Sampling）

效标抽样是目的性抽样的常见策略。如果从英文直译的话，效标抽样是一种以特定标准为基础选择数据收集对象的策略。在这里，选择数据收集对象的标准是由研究者自己设定的。研究者设定标准的依据一般来说有三条：（1）以研究者此前的文献积累和理论研究为基础；（2）以能够使研究者获得尽量丰富的信息为目的；（3）以研究关注的社会过程最可能发生的场域、族群或个体为对象。

换而言之，使用效标抽样的质性研究者需要根据此前的知识积累，以自己对研究领域的了解为基础，设定一系列"效标"作为选择样本的基本标准，然后再以符合这个标准的场域、族群或个体为对象收集研究数据。

具体来说，这些效标可能是研究对象参与体育的年限、运动水平、参与的具体项目，也可能是访谈对象的职业、职称、收入水平，也可能是研究者进行观察的场所、景观或者其背后的具体含义，也可能是政策或其他文献资料的发布机关、年份或者特定内容。当然，就体育领域来说，与某一类事件（某个赛事）相关的经历也可以成为研究者设定选择数据收集对象的标准。例如，曾经在大学四年中体育课成绩不及格的学生、在 1997 年现场观看过北京国安和上海申花那场 9：1 大战的球迷。当然，采用混合方法（Mix-method）的研究者也可以使用量化数据的结果，作为自己在后续质性研究部分中设定效标的标准，如以某健身房的顾客中对服务最不满意的 5% 作为效标选择访谈对象，进而通过与这些顾客进行访谈以了解他们产生负面服务体验的具体原因。

陈向明[1]104将 Michael Patton 提出的"以理论为基础的抽样或操作理论抽样"（Operational Construct Sampling or Theoretical Sampling）视为一种特殊的效标抽

样。根据 Glaser 和 Strauss 最初的定义，理论抽样（Theoretical Sampling）是一种以能够由数据中涌现理论或概念为目的来选择数据收集对象的策略[86]45-77。根据这种策略，研究者需要首先确定两个问题：（1）哪种数据可能支持自己的理论设想；（2）如何和在哪里能够发现这种数据，进而确定数据收集对象的标准。换而言之，"理论性抽样"（Theoretical Sampling）会试图通过抽样的过程建构具有理论意义的样本，所以在抽样过程中会以"具有发展或验证理论的性质、标准"为效标选择数据收集对象[45]。

安塞尔姆·施特劳斯（Anselm Strauss）和朱丽叶·科尔宾（Juliet Corbin）[56]164由扎根理论的语境出发，如是阐释以理论为基础挑选数据收集对象的两个目的：（1）探索自研究中涌现的概念包含哪些维度；（2）发现哪些具体条件可能使这一概念出现。

故此，研究者在以特定理论为效标选择数据收集样本之前，需要首先选择可以说明或展示事先设定的理论的实例、场域，并根据研究的具体结果说明、修订、批判事先设定的理论。也正是因为有了特定理论作为样本选择的效标，所以这种策略可以防止使用扎根理论的研究者漫无边际地收集、分析数据，并帮助他们在分析和编码的过程中专注于特定的概念和理论。

2. 典型案例抽样（Typical Case Sampling）

使用典型案例抽样策略的研究者一般会选择研究对象中的常规样本作为收集研究数据的对象。当然，如果您选用这种策略的话，您也可以选择能够反映研究对象的"平均状态"的个体、情景、案例作为收集研究数据的对象。

需要说明的是，我们选择这类样本的目的是向并不熟悉研究对象的读者，从质性资料的角度，描述与研究对象有关的典型案例。换而言之，质性研究者选择这种典型案例，仅是为了详细地描述这些案例的外部表象和内部机制，而不是为了通过把这些"常规样本"或者"平均状态个体"作为"代表性"的个案，进而由此及彼地将我们由分析这些案例得到的知识推论到其他研究对象之中[17]70。

例如，您正准备进行一项有关北京市大学生身体活动情况的研究。您通过分析北京市各高校学生体质测试和课内外身体活动情况的数据后发现，首都科学外交艺术学院（为了避免任何不必要的麻烦，我们在这里随便编了个学校的名字）的同学们无论是在身体活动时长还是身体活动强度方面都在北京市各高校中居于平均水平。那么，您就可以通过与首都科学外交艺术学院的同学们进行访谈，或是观察该学院的同学们在一定时间内的身体活动与锻炼的情况，来了解一个平均水平或者说"典型"的北京市高校学生身体活动的内容、方式、状态及驱动力等相关信息。

正如我们在上文中特别提出的一样，我们对首都科学外交艺术学院的同学们的研究并不是为了说明北京市大学生的身体活动情况都是如此，而是为了探究一个身体活动处于平均水平的、典型的北京市大学生的身体活动状况及其背后的驱动力等相关信息。这也就是所谓"平均状态"和"代表性"之间的差别——质性研究者并不会尝试通过研究典型案例来说明研究对象的整体情况[87]236。

从操作性的层面来讲，您可以通过和那些比较了解研究对象或研究领域情况的专家、朋友沟通来找到这些具有典型性的个案，也可以通过分析研究对象的人口统计学数据或其他可以描述研究对象平均情况的数据，来寻找符合平均情况的案例。

3. 差异最大化抽样（Maximum Variation Sampling）

"差异最大化抽样"策略，您读起来可能有点拗口。您在使用这种策略选择研究样本前，需要先确定一些可以在最大限度上展现不同的样本之间差异的特点或维度（当然，这些特点或维度要和您的研究相关且要对您的研究有意义）。进而，您需要以这些特点或维度为标准，选择在这些维度上差异最大的样本进行研究。

这种策略最主要的作用（或者说，您使用这种策略的目的）是帮助您发现差别迥异的不同样本对某一主题的核心解读或体验。您在选择样本和分析数据的过程中，尤其需要关注在这些差别迥异的样本中出现的相似性元素。因为，这些在属性截然不同的样本中出现的相似元素（或是这些样本出现的共同特征）概率是您的研究对象的核心体验或者是您研究的社会过程的中心维度。

同时，您通过这种策略得到的研究结果还可以最大限度地覆盖您所研究的社会过程的各种不同情况，并可以说明在差异分布状况下事物的某一个特点具体有哪种同质性或异质性的表现[1]106。您还需要关注不同样本之间的差异，以及这种差异如何影响了他们对相同对象的解读。

例如说，如果您想研究我国体育协会实体化改革对不同类型项目的影响。根据您的研究设计，不同项目对公民社会的依赖程度或者说不同项目的市场化程度是一个关键维度。那么您就可以以此为标准，将中国体育协会分为"已深度市场化的项目协会"（如男足、男篮）、"市场化进程一般的项目协会"（如女排、羽毛球）和"市场化程度较少的项目协会"（如举重、体操），然后从不同类型的项目中各抽取一定的样本进行研究。您还可以依照不同项目运动员的奥运会成绩，以这些项目对我国"奥运争光计划"的影响力或者是将这些项目对整个竞技体育体系的重要性作为标准，将这些项目协会分为"优势项目协会"（如乒乓球、跳水）、"潜优势项目协会"（如拳击、柔道）、"一般项目协会"（如水球、手球）和"非奥运项目协会"（如健美、台球）。

通过使用"差异最大化抽样法"选择研究样本，您一方面可以尽可能多地了解到中国体育协会实体化改革对不同类型项目协会的具体影响，以及这种具体影响的产生机制；另一方面您也可以最大限度地了解到不同项目对协会实体化改革的不同反应，以及这些不同反应与项目本身特征之间的联系。

4. 极端案例抽样（Extreme Case Sampling）

如果您要使用"极端案例抽样"策略挑选研究样本，那么您要以研究的目的为出发点，选择一些在一般情况下会被看作是非常（甚至是过度）极端的，乃至"不正常的"案例进行研究。如图 4-1 所示，这些极端案例对于量化研究来说，往往是研究报告中那些被忽略的"异常值"（outlier）（图中圈内"※"符号所表示数值由于不在 Q1-Q2 的区间内，而往往会因被视为异常值而被忽略）。但是，这样的极端案例对质性研究来说却具有独特的研究价值。

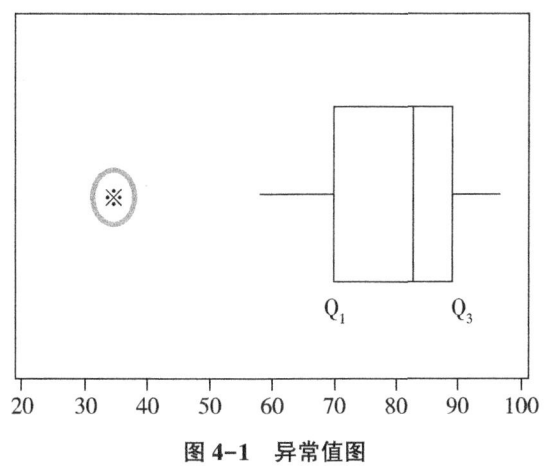

图 4-1　异常值图

极端案例对质性研究者乃至对我们的社会生活的重要价值主要表现在两个方

面。一方面，我们从内涵信息丰富的极端案例中能够了解到的信息要比我们从对常规案例的数据性描述中了解到的信息多得多，而且这些来自极端案例的信息会让人印象更加深刻，并促使我们进行反思[87]232。例如，UCLA 传奇篮球教练 John Wooden 曾在 1964—1975 年的 11 个赛季中拿下了 10 次全国冠军，但是他在这期间印象最深且进行过最多反思的比赛是 1974 年输给北卡州立大学的那场比赛。那么，从质性研究的角度来说，这场比赛就是一个典型的"极端案例"。我们可以针对这一场比赛对 John Wooden 教练进行访谈，以了解这场比赛对这位常胜将军的特殊意义和影响。

另一方面，虽然这些极端案例是非常规的，但是我们从其中得到的经验与教训却可以成为我们处理生活中常见情况时的"前车之鉴"。使用极端案例作为样本，您还可以有效地避免为切合理论而"量身定制"地选择案例的可能性，因为这些极端案例是不符合理论的"反面教材"[17]20。例如，您刚接手了一项横向课题，需要调查全国青少年足球项目的开展情况，同时，您对极端案例抽样法非常感兴趣，那么您应该如何使用这一策略选择抽样对象呢？我们假设您通过分析先期资料发现，在全国范围内，有些青少年足球项目开展得不错，同时也有一部分项目效果一般。那么，如果您希望精确地了解到全国所有青少年足球项目之间的全部差异，那么以大样本随机抽样为基础的访谈在理论层面来说，无疑是可选项之一。但是，由于研究者往往面临着时间和资源有限的窘境，而且我们也不可能对所有的情况全部掌握，因此，我们需要挑选"最具有启发性的案例"。为了实现这一目的，您就可以从效果最好的和效果最差的青少年足球项目中各挑选一两个，并对这些项目进行深入的调查、观察并进行访谈，进而通过总结与剖析能够带来最佳结果的"神操作"来获取"最佳实践"（Best Practice）。同时，您也可以通过改革那些效果最差的负面案例，发现那些即便在最极端环境下都会生效的"回春妙手"，进而通过调整、推进这些改革措施推动青少年足球发展。

需要特别指出的是，在您分析这些极端的青少年足球项目在运行环境、管理机制等方面差异的同时，您还要特别关注人们对"效果好"和"效果差"的认知和定义。换而言之，您需要了解在您调查的社会领域，人们在通常状态下认为的效果"好"和"差"的具体表现是什么？通过理解人们对"效果好"与"效果差"的诠释，我们就能从"正面"和"侧面"两个角度剖析社会中有关青少年足球项目的知识建构与规范[1] 105-106。在这里，所谓"正面"的角度是指，您可以直接分析受访者和观察对象对"好"的直接建构；所谓"侧面"的角度则是指，您可以通过分析受访者和观察对象对"差"的解读，了解受访者在直接诠释"什么是'好'"的时候，往往会遗忘或无法直接说明的对"好"的规范与定义，或者了解他们无意识地对"好的规范和定义"。

此外 Michael Patton[87]232-233认为，质性研究者通过了解社会对极端案例的知识规范，分析极端案例的运行环境和管理机制，不仅能够掌握到研究对象在社会情境中的内涵，也能够发现那些在实际运行当中使案例出现变异的要素与机制——使得研究对象产生极端化变化的"模式"和"诱因"。

5. 重点案例抽样（Critical Case Sampling）

和前面说的极端案例抽样策略相似，重点案例抽样策略要求您在选择案例的时候把关注点放在那些对您所使用的理论具有重要意义的案例，或是那些可能在数据中涌现的理论具有决定性影响的案例。通常情况下，质性研究者选择重点案例作为数据收集对象的目的有二：其一是检验既有理论在具体时空环境中的作用（这种作用可能是正效果和反效果）；其二是更详细、更具体地说明理论在实际状况中的运作方式与影响路径。

质性研究者寻找重点案例的关键在于确定"关键维度"。例如，您自己经营的健身房里有一个业绩非常好的健身教练，不仅私教课卖得好，而且带的免费操课也会满坑满谷的人，就连不喜欢锻炼的人也喜欢跟着锻炼。如果我们要使用"重点案例抽样"的策略选择研究样本了解这位健身教练的营销手段及其作用机制的话，那么我们就要找到健身房中曾经非常抵触操课但是现在也开始跟着这位明星教练跳操的会员，通过访谈和观察去了解这位健身教练是如何吸引和改变这些会员的。

我们之所以能够这样做的原因是"重点案例抽样"策略选择案例的基本指导思想是希望将个案研究的结果逻辑推论至其他案例。而这种推论的基本逻辑是"如果这个案例在这里发生了，那么它在其他地方也一定会发生"[87]236。换而言之，如果这位教练的吸引力作用路径（或者说营销话术和技巧）中的"关键点"对某些关键案例（曾经抵触操课的会员）都起了作用的话，那么这些作用路径和关键点对其他会员来说也很有可能是有效的。

与此同时，我们也可以从相反的方向把"重点案例抽样"策略选择案例的指导思想的基本逻辑理解为"如果这个案例在这里没有发生，那么它在其他地方也一定不会发生"[87]236。假设您是一位中超俱乐部的营销经理，在新的赛季之初您针对男性球迷推出了一项极具创意的营销项目。但不幸的是，这个项目不仅没有获得男性球迷群体的青睐，反而使得购票入场的男性球迷数产生了下滑。那么，如果我们要使用"重点案例抽样"的策略选择研究样本了解这个营销项目最关键的问题所在的话，您就可以在购票数量减少的男性球迷群体中选择那些对球队最死忠的球迷，进而询问他们对您的营销创意的看法，并了解他们对其中的关键点的解读方式与机制。因为，如果您的营销创意连这些死忠球迷都不能"保全"的话，那么对于其他球迷群体来说就更难以发挥作用了。

从以上的说明中不难看出，虽然您在使用"极端案例抽样"和"重点案例抽样"时都需要选择那些对理论具有重要意义的案例，但是两者之间是有所差别的。这种差别主要体现在，"极端案例抽样"策略需要您选择那些在一般状态下的"反常案例"，而"重点案例抽样"策略则需要您选择那些即便在"理想状态"也会受到您的研究对象影响的重点案例[1]108。例如，在健身房的例子中，您想研究的对象是健身教练的营销手段及其作用机制，那么您的重点案例就是那些即便是在自身的"理想状态"中也会受到这些营销手段（您的研究对象）影响的重点案例——曾经非常抵触操课的，但是现在还是会在这位明星教练的吸引下进行体育锻炼的会员。那么在另一个例子中，我们需要选出的重点案例则是那些受到效果不佳的营销创意影响的死忠球迷，因为我们想要了解到的是这些营销创意为什么即便是针对"最理想"的球迷，也会产生反效果。

（二）接触数据收集样本的策略

我们在第一部分中为您介绍的主要内容是，您可以选取数据收集对象的哪些特征作为选取研究样本标准。在这一部分中我们要说明的重点是，您可以通过哪种行为方式在确定的研究样本群体中如何接触到具体的数据收集对象（研究样本）。

1. 滚雪球抽样（Snowball/Chain/Network/Nominated Sampling）

滚雪球抽样策略也被称为"链条抽样"（Chain Sampling）、"关系网抽样"（Network sampling）、"指名抽样"（Nominated sampling）。使用这种策略选择研究样本的研究者会拜托研究的既有参与者建议或者介绍其他符合研究要求的研究对象作为自己新的数据收集对象，进而实现"一而十，十而百"的效果（当然，实际操作层面上，一般来说是"一而二，二而四"甚至更低的比例）。

就具体操作方法而言，您最初能够联系到的访谈对象或者能够前往进行实地观察的场景和您的人脉关系网有比较紧密的联系。那么，如果以访谈为例，您可以在访谈结束时拜托访谈对象为您介绍其他还可以和您进行访谈的知情人士。比如说，您可以向他询问，"您觉得，我们还可以和谁就这件事情进行访谈""据您了解，比较了解这件事情的人还有哪位"，或者直接询问"在您看来，我们还可以向谁了解与这件事情有关的信息"。通过这样的方式，您就可以像滚雪球一样，不断地接触到更多的受访者，或者前往越来越多的场景中进行实地观察。

文少保诗云："万物皆有尽"。我们收集资料的过程当然也有终点。在您不会被时间、经费等外部条件约束而可以自主决定资料收集过程终点的情况下，如果您所有访谈对象为您推荐的其他知情人士已经都被您拜访过了，或者说您在滚雪球式的访谈中已经很难再得到新的信息了，那么这种通过局内人接触到新的知情人士的方法也就差不多完成自己的使命了。

当然，这种研究策略也存在短板。首先，正所谓"道不同，不相为谋"。因为，一般来说，某位知情人士介绍的其他受访者会是他的好朋友或者旧相识，那么他们之间在价值取向或观念上常常会比较接近。如果您的研究对象全部由同一位（或者持有同一类观点的）研究对象介绍而来，那么您由此收集来的数据就会有可能陷入千人一面的窘境。其次，如果为您介绍后续访谈对象的第一位知情人士位高权重，那么后续的受访者也会"就其所好"地为您送上与前者观点相近或相同的信息。而且，因为通过这样的手段找到的访谈对象也会形成一张与您所研究的社会过程紧密相关的关系网，因此他们也有可能碍于情面或者担心影响到其他朋友而有选择地向您透露信息。所以，我们不建议您将这一策略作为您挑选研究对象的唯一方法。

2. 机遇式抽样（Opportunity Sampling）

与滚雪球抽样不同的是，采取机遇式抽样的研究者在前往某地进行数据收集以前不会有具体的访谈对象名单，而会以自己对当地情况的先期了解为基础，为即将进行的数据收集工作准备一份计划表。计划表中的内容大致包括预计进行观察的地点和时间，预计进行访谈的人群。此后，当您到达进行数据收集的具体地点以后，一边根据这份计划表进入数据收集的场景中进行观察，一边寻找可能出现的机会和相关人群进行访谈或者进行进一步的观察。

例如，假设我曾经是一位高唱着"No One Likes Us, We Don't Care"的英国臭名昭著的支持 Millwall 足球俱乐部足球流氓团体的成员，现在正在莱斯特大学跟随在足球流氓研究中建树颇丰的 Eric Dunning 教授攻读体育社会学的硕士学位。在和导师讨论以后，我决定对名为 Millwall Bushwackers 的足球流氓团体进行一些社会学研究。根据我此前对 Bushwackers 的了解，我知道他们都会在哪家酒吧聚会，团队成员大概分成几类。但是，由于我之前的伙伴们都离开团体了，所以我没有办法通过他们联系到现在 Bushwackers，所以我决定先去几个酒吧进行观察，再伺机而动，在不同的类型中找几位访谈对象来收集数据。这就是典型的机遇式抽样。

3. 目的性随机抽样（Purposeful Random Sampling）

与量化研究中常使用的随机抽样不同，目的性随机抽样的最大特征在于其随机抽样过程是以目的性地选择为基础的；与此同时，与其他质性研究样本选择策略不同的是，目的性随机抽样的特点在于其样本选择存在随机性。看到这样的表述，估计您可能会觉得我们在故弄玄虚。那么，请让我们用一个例子来为您解释这件事情。

例如，我们现在想要研究某大学体育文化如何影响了该校同学们对体育的认知。一方面，由于我们研究的重点在于了解"如何影响""为何影响"，而不是"影响了没有""有什么影响"，因此量化研究并不适用于这项研究。另一方面，由于某大学拥有数以万计的在校生，故此即便是抽取 200 人进行访谈，也很容易被批评为"样本选择过于随意"。故此，我们首先将该校的同学们依照一定的标准，分成不一样的群体。如不同级别的体育代表队队员、此前没有锻炼习惯但入学后开始体育锻炼的人、一直不锻炼的人、一直喜欢运动的人等不一而足。我们在每一个群体中随机抽取几个样本进行访谈来收取质性数据。如是便完成了目的性随机抽样的过程。

尽管这些案例仍然不具有代表性（因为数量少），但是这样的策略无疑会让很多相信数字和"随机抽样"的人认为更加"科学"。同时，选取样本的过程中包括了随机选择的过程，因此也不太会被怼成"刻意选择样本"。随机选取小样本的目的在于增加"信度"（虽然我们在此前的第二章中已经讨论过有关自然科学中强调的信度在社会科学研究中的不适用性）和操作性（例如，帮助读者理解选取特定样本的理由）。换而言之，目的性随机抽样的目标并不是实现样本的代表性，因为数量较少的质性数据样本仍不足以实现量化数据寻求的普遍化推论。

4. 全体抽样（Total Population Sampling）

"全体抽样"指的是质性研究者以所有与研究对象有关的样本为对象进行数

据收集工作的策略。这种策略仅适用于数据收集对象总体数量不太多，而且您也比较容易接触到他们的条件下[17]71。

例如，这种策略可以用在对某个小部落的特殊宗教性体育仪式的研究中。您也可以把这种策略用于对某位著名运动员的个人品牌经营、管理团队的内部管理机制的研究中。或者说，当您在研究来自一个人口非常有限的国家或地区的奥运代表团中初次参加奥运会的运动员的个体经验时，就可以选择这种策略进行全面的数据收集工作。

这种策略的优点在于可以帮助您获得比较全面的数据，但是它仅适用于数据收集对象的数量较少的情况。同时由于使用这种策略的研究仅能针对少量的研究对象，因此您需要认真思考和论述研究意义和影响。

5. 方便抽样（Convenience Sampling）

虽然我们把方便抽样列在这里，但是我们非常强烈地不建议（甚至可以说反对）您使用这种策略。这不仅因为它是可信度最低的一种研究样本选择策略[1]111，而且使用这种策略的研究还会授人以柄，使您的研究被批评者认为是"凑合事""和稀泥"的灌水之作。但是，我们之所以把这种研究样本选择策略列在此处，是为了向您说明它的缺陷所在。

方便抽样是研究者"根据是否接触的到数据收集对象作为选择研究样本标准的一种研究样本选择策略"[88]124。一般来说，研究者只有在因为各种严苛的条件限制，完全无法接触到理想的研究样本的时候，才会使用这种"聊胜于无"的策略——随自己的方便来发现、接触研究样本并进行数据收集工作。换句话说，方便抽样可以被视为是，研究者在重重条件束缚下，无法以任何其他数据收集策略选择数据收集对象时使用的策略。这种如同"随机抓壮丁""蒙面抛绣球""街头撞大运"的策略，会比较明显地影响到研究质量，并给您的研究带来一系列的问题——例如，由于数据松散缺乏系统性，所以难以得出高质量的理论。

MichaelPatton[87]241-242在第三版的 *Qualitative Research & Evaluation Methods* 一书中如是评价，方便抽样"是一种依省时、省钱、省力为原则收集数据的策略；也是理论性最低、可信度最差的策略。这种策略一般只能得到质量很差的信息"，但他仍然将这种方法列为 16 种质性研究样本选择方法之一。然而，在第四版的 *Qualitative Research & Evaluation Methods* 中，他明确表示，"方便抽样既不具有策略性也不具有目的性，而且是一种偷懒且基本上没用的方法"[89]467。同时，他还提出了方便抽样会导致的五种问题:"数据质量差""存在削弱抽样的目的性、降低结果效度的危险""实际用处有限""本质上是一种偷懒行为""信度低、容易被怼"。正因如此,Michael Patton 将方便抽样从目的性抽样总结表中移出,并明确提出"方便抽样并不是目的性抽样"。

到此为止,我们为您介绍了 10 种在质性研究中常会用到的选择数据收集对象的策略。当然,这并不是说质性研究中有且只有这 10 种策略,如我们前文所述,Michael Patton[89] 404-410 总结出了 40 种策略无疑令人叹为观止。但是在这里,出于对这本小册子的体量考虑,我们只能止笔于此,并用这样一张表格做一下总结。

从表 4-1 您可以看出,这 10 种策略能帮您实现不同的目的。您可以根据自己研究的特定目的,选择与其相对应的工具。如果您的研究具有多个目的,您当然也可以综合使用几种策略选择数据收集的样本。例如,在上述对足球流氓的研究中,我们可以用效标抽样的策略选取足球流氓团体中的特定一类成员及处理特定足球流氓事件的警察和特工;进而用目的性随机抽样策略选取当地在处理足球流氓问题中承担不同任务的警员与社工;或用机遇式抽样策略进入赛场,观察暴力行为出现时的赛场环境,并在当时或赛后进行机遇式访谈以了解当时观众和足球流氓们的经验和感受。

表 4-1 抽样方法与功能表

抽样方法 功能	抽样方法名称与出处		
	本书	陈向明	**Michael Patton**
根据样本特征进行抽样	效标抽样	效标抽样	Criterion sampling
	极端案例抽样	极端案例抽样	Extreme or deviant case (outlier) sampling
	典型案例抽样	典型个案抽样	Typical case sampling
	差异最大化抽样	最大差异抽样	Maximum variationsampling
	重点案例抽样	关键个案抽样	Critical case sampling
		同质型抽样	Homogeneous sampling
		强度抽样	Intensity sampling
		证实和证伪个案抽样	Confirming and disconfirming cases
		分层目的型抽样	Stratified purposeful sampling

续表

抽样方法功能	抽样方法名称与出处		
	本书	**陈向明**	**Michael Patton**
数据收集样本的选择策略	滚雪球抽样	滚雪球或链锁式抽样	Snowball or chain sampling
	机遇式抽样	机遇式抽样	Opportunistic or emergent sampling
	目的性随机抽样	目的性随机抽样	Purposeful random sampling（still small sample size）
	全体抽样		
	方便抽样	方便抽样	Convenience sampling
		综合性抽样	Combination or mixed purposeful sampling
			Sampling politically important cases
			Theory-based sampling, operational construct sampling or theoretical sampling

与此同时，在整个数据收集样本的选取过程中，您需要把握四个基本的重点。第一，在确定数据收集样本选择策略时，您需要清楚地了解自己研究的目的，也要能够将研究目的和数据收集样本选择策略准确地联系在一起，只有这样，您才能明确定义数据收集对象的选取标准。例如，您需要样本在哪个维度上是极端的、您重点关注的是样本在什么特点上存在最大差异，进而确定清楚的抽样策略[1] 112。第二，无论使用哪一种数据收集样本的选择策略，您都要以获得丰富的信息作为挑选具体样本的根本原则。第三，请牢记，数据收集对象的选择方法具有开放性。换而言之，数据收集对象也可能随着研究的进展而发生变化。例如，从机遇式抽样变为滚雪球抽样。当然，这样体现了质性研究的一个内在矛盾——既追求动态的研究过程又讲究严谨的筛选标准。故此，您需要将数据收集对象的选择视为一个动态变化的过程，把研究目的看作形成性过程的产物，所以您在研究中的任务就是在这两个不断演进的过程性工作中寻找磨合点——自变化中寻找规律，完成研究[1]112-113。第四，您还要清楚地了解自己使用的研究方法的不足之处，并在研究报告中明确指出这些不足之处及其会为您的研究带来的局限性和相关的批评。

第二节　一些操作性的准备

在结束了前面的内容后，您大概已经开始规划要去什么地方进行观察，同时也对未来的受访对象有了一定的想法。虽然您距离收集数据已经越来越近了，但请千万不要着急，因为仍然有一些工作要提前准备好。在这一节中，我们将以准备工作的操作性为标准，依照操作性由弱到强的顺序，为您介绍另外六个您需要在收集数据前进行的规划和准备。其中，有两项与研究者的定位与身份有关，两项与研究伦理问题相关，最后两个更加操作性的准备工作则各成体系。

一、研究者的定位与身份

（一）研究者的定位

使用质性方法进行社会科学研究，您需要在开始收集数据之前，对自己在研究中的定位（或者说，您在研究中的身份）有所规划和想法。这是因为社会科学研究者无法同自然科学研究者那样，以一个完全的外部旁观者的角色参与到研究中。无论是采用质性方法还是量化方法，社会科学研究的主体和对象都是活生生的、具有思想的人（即便是对某个社会过程的研究，其基础也是人的行为与人对他者或自我的认知），社会科学研究收集数据的过程也是一个有思想的人和另外一个或者一群有思想的人的互动过程。

那么，您收集的数据之中就不可避免地会带有您的影响，或者说带有您对研究对象（可能是人也可能是社会现象）的诠释与过滤。比如说，您在数据收集的场景中，观察并记录事件与行为。这时候，您不仅会影响到自己记录下的内容（例如，您会记录下您认为比较重要的信息，那么这就是您对信息的重要性的诠释和评价），单是您在场景中的"出现"就可能会影响到研究对象的行为（例如，有其他老师旁听时，学生们的行为很容易受到影响）。更不用说，以访谈方式收集数据的过程了。例如，您和我都试图通过访谈了解健身房顾客对服务质量的评价。您不仅情商很高，而且还非常善于和人互动，我则常自以为是，特长就是一句话把天聊死了。那么，当我们分别和受访者进行访谈的时候，不太擅长和人互动的我很有可能会碰到更多的问题与麻烦，我所收集的数据的丰富程度和质量当然也很有可能比较差。所以，我们说，社会学研究者，尤其是质性研究者，不仅是一个对研究对象与数据毫无影响的外部人士，而是研究的主体，也是重要的研究工具。换而言之，质性研究者收集数据的过程，从本质上来看，是一个和研究对象互动的过程。研究者与研究对象通过彼此的互动，共同"生产"了数据。

因此，质性研究者在研究中的角色并不仅是一个旁观者（这是量化研究者常自我标榜的角色），更是一位通过与研究对象互动收集数据（研究对象的解读与建构）、并通过自己的理解和诠释进行数据分析（这种理解和诠释是在理论的指导下、以规范的步骤进行）以获得研究结果的参与者。如果我们用数轴比喻质性研究者在数据收集过程中的身份，数轴的一端是完全的、置身事外的旁观者，另一端是完全的、设身其中的参与者，那么质性研究者（实际上，所有社会科学研究者）的身份往往处于这两个顶点之间的某一个位置[17] 73。

故此，作为一位质性研究者，您在研究中的定位和行为会影响您收集到的数据。假如，您希望了解来自不同国家的世界杯观众在赛场的互动方式如何影响了他们的观赛行为，那么您可以进入球场观众席观察周遭的球迷，并记录他们互动时的神情、动作、语言等信息。这个时候，由于您仅是在现场记录相关信息，并未与现场的观众进行访谈或其他方式的交流了解他们如何感受和开解自己和其他球迷的互动。那么，您这时的角色在我们上一段举例的"数轴"上，当然更加靠近"旁观者"的一端。但即便如此，您仍然参与了数据生产的过程。首先，您所记录的内容是您认为重要的内容，这是一个主观选择的过程；其次，即便您记录了所有内容，这些内容完全由您的观察所得，您并没有记录您没有看到的观众互动（假设您在记录过程中因某些原因数次离开现场）；最后，如果有观众发现您在进行观察与记录，那么他们在现场的反应很有可能因此受到影响。

当然，您也可以完全以一个球迷的身份，沉浸在世界杯现场的观赛环境里，跟随球迷一起做"人浪"，一起歌唱、跳舞、狂欢；也可以和周围的球迷进行一些短暂的、即时性的访谈，以了解他们的心情与感受。等到一切都结束的时候，您再回到驻地依靠回忆记录下今天的这一切。显而易见，这个时候您记录下的内容是更加贴近球迷的、更加由参与者角度出发的主观体验。当然，无论是您对场景与感受的回忆，还是您对访谈材料的记录，都是经过您的理解、解读和加工的信息。

此外，如果这个项目开始时，上一届世界杯已经结束，新一届世界杯还没有开始，您也可以通过与有现场观赛经验的观众进行访谈，了解他们对自己在观赛过程中与其他球迷的互动回忆，进而分析他们如何重构当时与他人互动的意义。

这个时候，就像是我们前文中提及的访谈健身房顾客的例子，研究者（至少他们的访谈技巧是不同的）对受访者和访谈数据当然也会产生影响。由以上的几个例子中，我们可以看到，无论研究者在数据收集过程中处于哪种"位置"，都会影响收集到的数据。

必须要说明的是，您在数据收集过程中对数据的影响并非是恒定的，而很有可能是会不断变化的，这是因为您在数据收集过程中的参与程度和身份很有可能会产生变化。例如，我们在进行足球流氓行为研究中，首先采取现场观察并返回驻地记录的方式，了解足球流氓团体对待不同客队球迷的态度和行为。一段时间后，因为我们常出现在观众席，也就逐渐和一些足球流氓团体成员成了朋友。于是，我们和朋友们开始约着在赛前或赛后去酒吧喝一杯，进而邀请他们作为受访者参与到我们的研究之中。那么在这个过程中，我们收集研究数据的方式逐渐由观察法转变为访谈法，我们在数据收集（或者说数据生产）过程中的参与程度和身份也产生了变化，那么我们对数据的影响也变得不同。

在数据收集的过程中，有两个和身份定位有关的问题需要您给予格外的重视。其一，您可能已经发现了，我们例举的足球流氓研究的数据收集过程与"机遇式抽样"非常相似。事实确实如此，我们在进行这项研究前，已经根据先期的基础性工作，准备了数据收集工作计划表，也设定了需要访谈的人群和访谈问题。这就是说，质性研究者不仅需要了解且接受自己在数据过程中身份和参与程度的转变，同时也需要针对自己不同的身份和参与程度进行相应的准备工作，而不能因为自己的身份和位置可能发生变化，所以就采取听天由命、船到桥头自然直的策略。其二，您是否需要公开自己研究者的身份。有学者认为，在部分研究中，研究者公开自己的身份会使研究对象隐瞒重要的信息，从而影响数据的准确性[17] 75-76。这种情况在研究对象比较敏感或者研究领域比较有争议的时候比较常见。例如，研究对象是在一般的社会价值观中被打上"非主流"或者"亚文化"标签的人群，如 LGBT 群体、弱势群体或受到歧视的群体等；研究领域在特定社会中带有"见不得光"的属性，如假球、黑哨、赌球；我们研究可能会给研究对象带来痛苦回忆，如性骚扰受害者等。

看到这里，您可能会问，研究者可以为了确保数据的准确性而在数据收集的过程中隐瞒自己的身份么？我们觉得，这件事情需要您自己判断。如果研究者不公开自己的身份，那么在研究伦理和研究操作层面会存在两个问题。在研究伦理层面，研究者在数据收集的过程中故意隐瞒自己的身份会被认为是一种欺骗行为。由此产生的伦理和道德层面的争议与记者隐性采访引起的讨论有相似之处。因为我们会在下文"伦理问题与知情同意"的部分中展开谈，所以在这里就不过多阐述了。在研究的操作层面，在数据收集过程中隐藏自己身份的研究者没有办法对数据收集过程进行足够的引导，这是因为询问具有针对性的问题、进行特定的情景假设很有可能引起研究对象的怀疑，所以不公开身份的研究者只能顺从事态发展，任由研究对象天马行空、漫无边际地聊一些与研究无关的话题。这自然会影响到数据的质量。

如果研究者公开自己的身份，就可以比较好地克服上述的问题。在研究对象同意参与研究后，研究者就可以在充分尊重研究对象的前提下，进行更有针对性的数据收集工作，从而在一定限度上提升获得数据的质量。例如，研究者通过半结构性访谈引导受访者在一定的框架内自由地谈论与研究有关的内容。潘绥铭教授与他的学生们长期进行的性社会学研究就属于这一方面典型的案例。又如，研究者可以在获得同意后，在进行观察时比较自由地进行记录。当然，如前所述，研究者公开身份也会增加研究对象隐瞒重要信息的可能性[90]56-71。

（二）研究者的身份

我们在前面所说的研究者作为"旁观者"或"参与者"的定位，是研究者主动选择的结果。与此同时，研究者也具有一些与过往的经历和背景相联系的、并非"选择"而是"具有"的、也会影响数据质量和内容的身份（或者说，特征）。作为社会科学研究者，我们需要了解并承认它们对研究数据的影响，同时提醒自己不要盲目地认为研究数据是脱离于自己之外的"客观存在"。

其一，是研究者"局内人"或"局外人"的身份。一般来说，具有"局内人"身份的研究者与研究对象具有相似的生活经历和文化背景，或者具有相近的价值观和行为方式。这样的研究者会与研究对象有更多的共同语言，能够比较清楚地了解研究对象的思维模式，也可以更加明了他们行为或者语言背后的深层含义。在访谈过程中，"局内人"研究者会更熟悉受访者的表达方式，也更容易与受访者产生共情效应，从而更好地理解受访者。

其二，"局内人"的身份也会给研究者设下一些"陷阱"。例如，相似的生活经历可能会降低研究者的信息敏感度，从而使局内人研究者在不经意间忽略自己和研究对象的生活背景中的一些重要的结构性要素，或者使"局内人"研究者将一些独特的话语或动作背后的引申义和价值视为习以为常、不言自明的"自然而然"。然而，这些结构性要素或者已经内化的语义和价值，不仅对那些生活背景不同的读者来说是难以理解的，而且这些已经被"局内人"研究者和研究对象"内化"的要素，往往是在他们的生活环境中潜藏着巨大的结构性权力，而且通过不可见的方式规范着社会行为者的行为与意识形态[91]132,140-141。这就要求研究者在数据收集和分析的过程中时刻提醒自己跳出来，并且以批判的视角不断反思自己和受访者在共同的生活经历中内化的知识、建构知识的话语以及控制话语的权力[92]382-398——例如，皮埃尔·布尔迪厄（Pierre Bourdieu）口中的"符号暴力"[93]12,14,15。

例如，我的一位硕士研究生曾经是清华大学 A 类体育代表队（由运动水平最高的体育特招生组成的代表队）的成员，她研究的领域是清华大学体育代表队的管理制度。由于她过去的高水平学生运动员生活经历，所以她在和特招生同学进行访谈时可以谈得非常深入，也可以获得一些很深刻的信息；但在数据收集的最初阶段，她也会忽略追问受访者对有关诸如"集中班""成绩系数"等概念的理解与感受。这些概念对 A 类代表队学生运动员来说是生活中最常见的部分，但也是缺少这种生活背景的读者不太容易了解到的。她后来通过追问发现，实际上不同受访者对于"集中班""成绩系数"的理解与感受不仅千差万别，甚至存在极大的差异。

其三，具有"局外人"身份的研究者一般与研究对象的生活经历和文化背景差异较大。这样的研究者总会关注到一些被研究对象忽视的、被他们视为习以为常的信息，有时也会帮助研究对象发现一些意料之外的、思考日常生活的角度。然而，如果"局外人"研究者在开始数据收集工作前毫无准备，或者说在开始访谈前对数据收集对象的生活背景和经历缺乏了解，那么就很可能使自己收集到的数据缺乏系统性和深度，甚至可能在不经意间冒犯或伤害到受访对象，进而严重地影响研究工作。所以，"局外人"研究者必须在研究前做好充分的准备工作，了解研究对象的生活环境与过往背景，尽量贴近和理解对方的经历、视角和价值观。

这也就是说，您在数据收集的过程中，一方面要熟悉、贴近对方的生活背景与经验，充分地理解对方，与他们共情、互动；另一方面，您还需要时刻承认并提醒自己作为研究者的双重身份，与对方保持距离以确保自己的理论敏感性，使自己能够冷静、敏锐地发现其中被访谈对象一语带过的、甚至是内化的要素。

除了"局内人"或"局外人"的身份以外，研究者的其他一些特征也会影响研究数据的收集过程。其中包括：

- 性别。能够影响研究数据的性别特征不单包括生理上的差异与吸引力，也包括不同性别在社会中的权力、地位与关系；
- 年龄。年龄不仅会影响个体的观念、价值取向，而且不同年龄段的社会权力属性和惯用语也会影响研究数据；
- 种族与文化。种族与文化特征背后大多隐含着"主流、非主流""强势、弱势""话语体系"等层面的差异，进而影响研究数据；
- 社会地位与背景。研究者与受访者之间在社会身份和背景方面的差异会因为其中隐含的社会资源与权力差异而影响受访者。

族繁不及备载，会对数据收集过程和研究数据产生影响的研究者特征还有很多。所以，社会学研究者不能自我麻痹，自己可以效太上之忘情，居于数据和研究对象之外，而需要了解并承认自己在数据收集的过程中的多重身份，把持"学习者"（了解对方、理解对方——陈述性地记录数据）和"研究者"（挖掘对方、分析对方——以理论框架引导数据）的角色，与研究对象共同"创造"研究。

如果社会科学是一门寻找普世真理的行为，那么（社会科学研究中）并不存在所谓的"他者"（Others），因为"他者"正是"我们"的一部分——既是"我们"在被研究，也是"我们"正在做研究[94] 57。

二、伦理问题与知情同意

（一）研究常见的伦理问题

我们生活在社会中，伦理和道德是社会生活必不可少的部分。诚然，具体的伦理和道德议题会因具体的时间和空间环境而变化，但是无论这些伦理和道德议题中的内容如何变化，它们总是会影响（或者说约束）我们的行为。当然，我们在受到约束的同时，也在一定限度上处于一种"被保护"的状态。这即是说，我们可以通过自觉（或者无意识地）依照自身所处的时间和空间环境内的伦理和道德为标准来行动，而避免受到社会（或者说所处环境）的惩罚。

科学研究同样需要考量伦理和道德问题。例如，我们常被耳提面命的一些常识，有关抄袭、剽窃、一文多发、伪造数据等学术不端行为。同时，一些研究领域（不仅是社会科学领域，其中也包括自然科学中的部分领域）也会涉及比较敏感的道德问题。例如，克隆技术——我们是否可以克隆人；转基因——这是否是一种社会性人体试验；脑机接口——个人的隐私安全和思维控制问题。

在数据收集的过程中，研究者也会面临伦理问题。例如，体育自然科学研究者有时候会需要采集人体肌肉纤维、血液等样本进行分析。因为这样的实验可能影响人的健康和权益，所以，世界医学大会在 2000 年起草了被称为赫尔辛基宣言的《人体医学研究的伦理准则》，我国卫生和计划生育委员会于 2016 年也发布了《涉及人的生物医学研究伦理审查办法》。

质性数据的收集过程同样会涉及伦理问题。这其中不仅包括我们在上文中提到的有关研究者在数据收集过程中是否需要公开身份的问题。例如，当我们的访谈和观察的对象属于弱势群体或者是常被视为"非主流"的群体时，又或者当我们的研究对象涉及敏感议题时，如果我们没能保护好受访对象的个人信息，那么我们的研究就可能会给他们的生活造成不必要的影响。同时，伦理问题还可能对研究者产生影响。例如，当我们的研究对象是 18 岁以下的青少年或者其他敏感人群时，如果我们的访谈过程没有他们的监护人在场，那么他们有可能会不知道如何去回答或者应对我们的问题，也有可能会因我们的一些不经意的问题而受到伤害，进而使研究者陷入不必要的麻烦中。不仅如此，如果我们可以在进行数据收集工作前对这些伦理问题有所准备，就更容易在数据收集的过程中获得受访者的信任，使他们更加安心也更有信心地接受访谈，进而能够帮助我们获得更丰富和深入的信息，也能够在受访者的帮助下找到更多的受访者。在此我们将为您说明质性研究者在数据收集过程中常会遇到的四个伦理问题[95]，以及您可以在收集数据前进行的针对性准备工作。

1. 研究本身的"危险"因素

与项目本身有关的危险因素，主要体现在学术论理层面。例如，研究者是否会因为自身的价值取向或利益问题，而在数据收集和分析的过程中受到影响。如研究者被为研究提供经费的出资方影响（出资方可能希望研究得到某一种结果），而选择性地进行数据收集工作；因为研究者本人的多重身份（研究要评估的对象与研究者本人有关）而在数据收集工作中有了倾向性。

2. 研究中存在的不平等关系

虽然研究者和研究对象（如受访者）都是数据收集过程的参与者，但是这两者之间的关系并不平等。例如，研究者可能会故意隐瞒自己的身份，并利用自己和受访者之间的信息不对等关系获取研究数据。即便是在研究者公开身份进行数据收集的过程中，以结构性或者半结构性访谈为例，也可能会出现研究者通过自己主导访谈方向的权力，强迫或者诱导受访者回忆过去的痛苦经历，而给受访者带来再度创伤的情况。

3. 研究的参与者具有敏感性

体育社会科学研究有时会涉及比较敏感的研究对象。例如，未满 18 岁的青少年（对小学课余体育活动情况的调查）、残疾人士（残疾人士体育参与权力与保障体系研究、特教学校体育课程研究）、罹患精神疾病的人群（体育锻炼对精神疾病恢复的影响）等。因为这些研究对象可能会对一些特定的事物或者问题比较敏感，所以研究者在数据收集的过程中需要格外注意伦理问题。

4. 研究数据具有敏感性

研究数据的敏感性可能会因多种原因所导致。例如，研究领域比较敏感（竞技体育政策、大赛备战策略研究有时可能会涉及不宜对外公开的内容），研究对象比较敏感（在对赌球问题或者足球流氓的研究中，可能会有受访者曾经有过违法、犯罪的经历，访谈数据中的部分细节信息会导致他们的身份曝光）。这时，我们不仅要在数据收集的过程中考量伦理问题，而且还要非常谨慎地使用和分析数据。

（二）伦理问题的处理原则

当然，您在数据收集过程中需要注意的伦理问题并不仅局限于这四个方面。不过万变不离其宗，我们只要掌握以下几条基本原则，就可以处理大部分可能会在数据收集过程遇到的伦理问题。

其一，我们相信，您对基本的学术伦理一定已经烂熟于胸。不过，我们还是建议您在开始收集数据前，咨询一下您所任职的科研机构和您的研究经费提供者，针对马上要进行的这项研究有什么特定的学术伦理要求，以确保您的研究不会成为无用功，甚至为您带来麻烦。

其二，您可以试着去寻找并咨询一些可以为您提供研究伦理指导的人。例如，您的导师、有关方面的专家，以及您所求学或者供职的科研机构的学术道德委员会。您和他们谈一谈您的研究设计，并听取他们的建议将会对您的研究（至少在研究伦理层面）大有裨益。

其三，在确保您的研究设计符合相关学术伦理要求后，您在着手收集数据前还需要准备一份知情同意书（Consent Form）。一般来说，大学或其他科研机构都会有知情同意书的模板。您在这份文件中需要清晰地列出以下内容：

（1）研究基本背景信息。研究的背景、性质、目的；研究的道德伦理审查结果。

（2）研究者与机构信息。研究主持人与数据收集人；研究管理机构与投诉渠道。

（3）研究数据相关信息。收集数据的内容及用途；数据的记录及保密方式；可能会接触到数据的人员。

（4）参与者的相关须知。参与研究可能遇到的风险，以及参与者的相关权力：如随时可以终止参与研究，并不需说明理由；可以要求自己提供的数据不被研究者使用；对研究者违背研究伦理的情况有追责权力。

其四，我们强烈建议您在收集数据前，向研究参与者（尤其是可能会因为研究结果而受到负面影响的研究参与者）公开自己的身份，并为他们介绍他们的权力和其他列在知情同意书上的内容。在给他们一段时间考虑是否参与研究后，您还需要在开始访谈或者进行观察前，邀请他们在知情同意书上签字。同时，如果有未成年人参与您的研究，您还需要取得他们监护人的同意，要求他们的监护人在知情同意书上签字，并邀请监护人陪同未成年人参与到数据收集（如访谈）的过程中。

其五，您在收集数据的过程中，要对研究参与者给予充分的尊重，了解并尊重他们的背景、语言、宗教和政治信仰、风俗习惯与传统。尤其是当您的研究参与者中包括可能会遭到社会歧视和偏见的人群、需要别人辅助的人群或社会弱势群体时，请您一定仔细斟酌自己在访谈中的用词，随时注意观察研究参与者表情、神态与话语的细微变化，以避免对他们的无心伤害。

其六，您在整个研究过程中，不仅要严格遵守伦理准则，保持中立的态度与立场，还要对数据严格保密，尽一切可能保护研究参与者，以避免研究对他们的伤害（例如，因为研究参与者信息曝光而给他们带来的压力或负面影响）。有些研究生会在自己论文的最后，详细列出参与研究者的姓名与头衔（尤其是其中包括某领导时），以期为自己的研究从"政治高度"上提供保证。这非但是幼稚的行为，而且也是违反研究伦理的。

其七，您在撰写研究报告或论文的时候，还需要如实地公开资助者的信息（如基金项目、特定的组织和企业）、研究者的信息，以及他们与研究参与者之间的利益关系。例如，在学校教师对本校学生的研究中，研究者与研究参与者之间就会有明显的利益关系。同样的例子还包括：健身房老板的孩子对自家健身房教练的调查、由某一级体育管理部门授权的调查机构对该体育管理部门下属的各个事业单位的评估。通过信息公开，您可以帮助读者清晰地了解到研究参与者的立场及可能受到的影响。虽然这样的举动可能会在某些人看来无异于自曝其短，但是正如您在介绍自己使用的研究范式和研究方法时需要直面社会学研究会因范式自身的局限性而带有的"天然缺陷"一样，您坦诚地公开研究可能存在的瑕疵，会使读者理解您为保持研究的中立性、提升研究质量而作出的努力，并为未来的研究指明方向。

以上这些原则和操作针对的是，质性研究在一般情况下可能会面临的伦理问题。在具体研究的操作过程中，不同学科的学者根据各个研究领域的特点，还提出了研究者在特定领域的研究中需要考量的伦理和道德问题。由于篇幅所限，我们没有办法在这里为您逐一说明这些具体的问题，但您可以依照我们前文提出的前两条原则，咨询您的导师或相关专家，以了解在您选择的特定领域中可能会遇到的伦理问题，并做好相应准备。

三、研究时间方面的准备

从收集资料开始，质性研究的趣味性就开始逐渐增加了；而与之相伴的是研究的难度也从此时逐渐上升。常有人说，质性研究的数据收集和分析过程是一个费时、费力、费脑的过程。同时，无论是以学位论文为目标的研究还是课题项目的研究，我们的身后总有一个截止日期在追赶。因此，我们有必要在开始收集数据前（甚至是开始研究前），认真地规划数据收集和分析所需的时间，以免最后搞得自己措手不及。

与数据分析所需时间相比，您在收集数据过程中所需要花费的时间存在的变数更大，这是因为数据收集过程中会有更多的不可控因素。例如，我们很难确定需要多久时间才能够联络到足够多的访谈对象。在联络到访谈对象后，我们也不确定他们需要多长时间来考虑是否接受访谈。即便是在访谈对象确定接受访谈后，我们往往也需要等待一到两周的时间才能进行访谈。当然，这里面还不包括研究对象最后决定不接受访谈，或者拒绝自己提供的信息被您使用的情况。

同时，数据收集过程的长短还与数据收集内容的多少有关。以访谈为例，一般来说，本科阶段的质性研究需要有 5~10 个访谈对象；硕士研究生的研究大约需要 15 个高质量访谈对象来保证充足的数据量；博士研究生则需要 25 个以上的高质量访谈对象。当然，这些数字只是为了给您一个大致的范围，请您千万不要按图索骥地完全依照这些数字设计自己的研究。具体的访谈数量，您还要依照具体情况和访谈质量而定。例如，如果您完成了 15 个访谈，但其中只有 5 个访谈质量比较高。那么，增加访谈对象就是必然的了。当然，您也可以考虑对同一个对象再次进行访谈，但是需要考虑质量和可行性。

然而，没有经验的研究者常忽视这些不可控因素，进而以自己的时间为标准预估访谈对象的时间，比如说，盲目地认为只要自己联系了访谈对象，对方就会很快答应，然后马上接受访谈。但实际上，如果我们必须给受访对象充足的时间考虑和准备，同时也要尽量考虑到受访者的便利性安排访谈时间和地点。因为，这不仅可以表达我们对受访对象的充分尊重，而且受访者在自己熟悉的环境会比较放松和安全。我们在茶馆、酒吧或者住所这种放松的环境下和朋友聊天会比较自然和愉快，但如果把地点换成在下班以后的领导办公室，感觉就会怪怪的了。所以，我们强烈建议您首先要充分了解受访对象的生活和工作的环境，以及其中的行为规范，还要考量研究议题对受访对象的敏感程度和获得访谈机会所必需的手续，进而以此为基础为数据收集安排充裕的时间。

具体到一次访谈需要的时间，在通常的情况下，一次质量比较有保障的访谈至少需要一小时。这是因为，您在访谈开始阶段需要一定的时间（一般是 10 分钟左右）用来寒暄、暖场，帮助访谈对象逐步了解、信任您，并且逐步放松下来。

当然，这并不是说访谈的时间越长越好。一是因为您的访谈对方也有自己的事情要忙，二是因为长时间的谈话会让人精神疲惫（这一点相比上过大课的老师都知道）。一般来说，我们不建议访谈的时间超过两小时，尤其是在访谈的后半段，您要高度关注对方的神情和反应。如果您发现话题已经聊得差不多了，那么即便对方并未疲惫，您也要及时地主动终止访谈，以免给对方留下不好的印象，不利于以后的追访和未来的合作。当然，如果您和受访对象聊得非常开心，大有相见恨晚之势，也可以继续访谈。不过，我们建议您在合适的机会明确表示，访谈的时间已经足够，对方可以在任何时间结束访谈。

访谈的结束并不代表着您数据收集工作的结束。因为这时候，您需要将访谈录音转为逐字稿。一般来说，这项工作需要的时间是访谈时间的六倍。也就是说，如果您手头的访谈录音是一小时，那么您需要大约六小时的时间把这份录音转为文字形式，以进行下一步的分析。

虽然现在有很多语音识别的软件可以帮您把录音转化为文字，但是我们还是强烈建议您，在结束访谈的当天或者第二天，自己一边听着访谈时的录音一边录入逐字稿。这是因为，文字录入的过程不仅是一个机械地重复工作，同时也是您对访谈数据进行初步分析的过程。在这个过程中，您可以根据研究中使用的分析方法直接对一些明显无关的内容进行删减，还可以一边录入文字一边对数据进行最初步的编码和分析，并对访谈提纲进行及时的反思与调整。

与录入逐字稿所需要的时间相比，分析质性数据需要花费的时间更长。虽然现在市面上已经出现了一些质性数据"分析"软件，但是借助 SPSS 等软件分析数据、得到结果的量化研究不一样，质性研究使用的数据"分析"软件，实际上更接近于质性数据储存管理工具或是数据分析结果的呈现工具。而整个质性数据分析的过程则完全是研究者自己抽丝剥茧、披沙拣金的过程。所以，这个过程需要较长的时间。例如，我在拉夫堡大学进行的博士研究，数据分析加论文写作，一共用了将近一年半的时间。所以，我们强烈建议您在开始研究前就要注意时间管理的问题。

四、敲门砖及其他准备

"讲故事"的重要性在现代社会中变得越来越高。这项技术已经逐渐从说书先生们安身立命的本事，变成了创业者吸引融资的敲门砖。对质性研究者来说，讲故事的本事同样重要。因为我们不仅需要在论文和研究报告中讲出一个吸引人的故事，而且要在数据收集前，准备好一份自我陈述，以回答来自访谈对象和"看门人"（Gatekeeper）的问题，让他们为我们的研究"开绿灯"。

所谓"看门人"，是指那些可以决定或左右数据收集对象是否参与我们研究的人。他们是除了数据收集对象之外，最能影响到您数据收集工作的因素。部分运动员在接受访谈前，可能还会需要教练、领队甚至更高层的领导审批。与中、小学生进行访谈则需要他们监护人的同意，而且如果我们要在校园内进行访谈，那么还要经由老师和校领导的批准。例如，我在一次针对国际体育组织奥运遗产愿景的研究中，需要去访谈一些国际体育组织的管理人员。通过电子邮件联络后，一部分受访者欣然同意接受访谈，同时也有一些国际体育组织的管理人员提出，需要国际奥委会或者该届奥运会组委会通过官方渠道进行引荐或者提供背书函件才能够接受访谈。

一般来说，如果您的研究是一项长期的跟踪调查，研究对象并不是简单的个体而是一个组织的行为与发展，那么取得组织领导的同意就非常重要。同时，如果您的研究对象存在具有合法身份的看门人，如未成年人的家长，那么您在进行数据收集前就必须取得看门人的同意。与此相对的是，如果您的研究并不是一项长期的跟踪调查，研究内容也只针对个人，那么您大可直接与访谈对象进行联系，或者通过他的朋友进行引荐。无论您是否会遇到看门人，Andrew Sparkes 和 Brett Smith 建议体育社会科学的质性研究者在开始数据收集前，都要准备好回答以下这些问题[17] 81。

- 你是谁？
- 你准备要做什么？
- 我凭什么信任你？
- 你为什么要进行这项研究？
- 你要用收集的数据做什么？
- 你的研究结果要做什么用？
- 研究的场景和访谈对象是如何选择的？
- 参与者有哪些风险，能得到哪些好处？
- 你怎么为参与者进行保密工作？
- 你准备进行多少次观察或访谈？
- 观察或访谈大约需要多长时间？
- 你怎么记录收集到的研究数据？

研究经费也是您在开始研究前必须准备的重要条件。质性研究的主要经费支出包括交通费、数据收集中的食宿费用、资料费（尤其是一些电子资料费用）、设备费用，以及为受访对象和其他研究参与者准备的纪念品或者酬劳。这些您都需要在研究前进行充分准备，并清晰地汇报给您的导师或者为您的研究提供经费的组织。

与此同时，您还需要准备好一些简单的数据记录设备。例如，录音笔、笔记本、笔和电脑。如果可能的话，我们建议您每一份都准备双份。从个人的经验来讲，科技含量越低的设备出现的错误越容易弥补。

总　结

在这一章中，我们和您谈了在研究前，您需要在操作层面完成的准备。其中既包括承接上一章"理论准备"的抽样工作，也包括非常具体的操作性准备。

就抽样工作来说，"目的"是质性数据收集工作中必需的要素——即便是"不进行任何预设"也要以明确的目的为基础。那么以不同的研究目的为基础，我们又为您介绍了"选择数据收集对象"和"接触数据收集样本"的两种居于不同层次的策略。

此后，我们又谈了五方面具体的准备工作，这些都相当于您在出发旅行前应装到行囊里的必需品。或者说，您在参加环法大赛前，要往水瓶里装满水，给车胎打满气。从下一章节开始，我们就要进入更加具体的数据收集工作了。请您收拾好行囊，跟我们出发吧。

第三部分　PART 03

质性研究操作

如果说，"行百里者半九十"，那么我们现在想对已经完成了前两部分相关工作的您说："咱们现在才刚刚上路呢。"当然，之所以这样说并不仅是因为前路漫漫，而真的是因为，我们从这部分的内容开始，才真正接触到质性数据和相关的实操性内容。也正是从这一部分开始，质性研究的特点才越来越深刻地展现在我们的研究中。

第三部分的重点是质性研究的操作部分。从研究整体流程来看，这部分的内容就是将前一部分中的"理论层面的规划"与"操作层面的准备"逐步实施的过程。有意思的是，实施的过程正好与第三章和第四章的顺序相反——我们先按照已经做好的操作性准备与原则进入实地（或者说"田野"，如果您进行的是与人类学有关的研究的话），然后再根据此前设定的样本选择标准和方法选定数据收集对象。完成数据收集工作后，我们在数据分析过程中，首先要根据选定的研究理论整理数据，再以研究问题为指向分析数据，然后通过补充文献综述更新我们对学术界最新研究进展的了解（如果是一篇博士论文的话，从您开始文献综述到您完成数据分析时，可能已经相隔两年多的时间了），再联系学术界现有的研究进展完成最后的研究讨论工作——这时我们的研究主题也就宣告实现。

以上这一大套理论内容，可能会使这部分看起来意义非凡、内容庞杂，但实际上和您在家做饭也没什么区别——数据收集就是按照购物清单买菜，数据整理就是洗菜和择菜，以理论为依据分析数据就是照菜谱炒菜，而最后的讨论和质量评估就是点评菜品的过程。

那么，咱们拿上菜篮子，出发吧。

第五章 ■————————————
CHAPTER 05

质性数据的收集方法

　　从现在开始，咱们要开始进入实战阶段了。我们将在这一章中为您介绍几种常见的收集质性数据的方法。需要提前说明的是，虽然我们在这一章（以及后面的内容）里不断地使用"数据"（Data）一词来指代我们在体育社会科学研究中分析和讨论的材料，但是这些"数据"和数字之间并没有什么紧密的联系。换句话说，我们在这里使用"数"这个词仅是处于行文方便的考量。

　　如同内涵丰富的质性研究，质性数据的内容同样丰富多彩，其中既包括以文字方式呈现的政策、文献和档案，也包括视音频资料乃至绘画作品[17]44,98，而且Alan Bairner 还曾特别论述了以小说为代表的文艺作品作为体育社会科学研究的数据资料的独到价值。用陈向明的话来说，"任何东西只要是可以为研究的目的服务都可以成为（质性研究的）'资料'"[1]163。

　　由于质性研究数据类型如此内容丰富，所以质性数据的收集方法也是多种多样的。但遗憾的是，我们因篇幅的限制，只能为您详细说明两种最常见的质性数据收集方法——访谈法和观察法，并在本章的最后一节简要介绍其他的数据收集方法。

第一节　访　谈

　　访谈是什么？从最宽泛的角度讲，访谈是一种发生在研究者与研究参与者之间的对话，更学术一点来讲，访谈是社会行为者之间的一种信息交流关系，虽然这种信息交流可能会引发一些关于"建构"与"真实"的讨论[96]125-140。不过不可否认的是，信息交流是社会生活中不可或缺的一部分，也是社会关系建构的基础。无论是街头巷尾的家长里短，还是学校教师的恳切谈心，或者是谈话节目中的一问一答，都和访谈有相似之处——它们都是以对话为形式的信息交流，但同时这些信息交流的方式与"访谈"仍存在一些不同之处。

首先，访谈和日常对话最重要的区别在于访谈具有明确的目的性。访谈最根本的目的性在于访谈者试图通过与受访者的对话，收集第一手的研究数据，进而理解受访者对于社会过程和关系的建构和解读。

其次，在目的性的指引下，访谈需要有相对确定的主题。同时，访谈过程中的信息和情感流向也相对单一：研究者在访谈过程中主要通过不断提问的方式接受来自受访者的信息（信息流向），也需要不断地通过鼓励、认可、共情等方式激励受访者尽量多地表达自己（信息流向），以获得丰富的数据。换而言之，在访谈中，信息主要由受访者流向信息收集者，情感则由信息收集者流向受访者，而这两种流向在日常的对话中，往往是双向的。

最后，与日常对话相比，访谈中还包括了更多追问。这是为了避免数据收集者想当然地用自己习以为常的概念来"脑补"受访者使用的一些概念（例如，"自由""公平""尊重""健康"），进而帮助数据收集者更深入地理解受访者所传达的意义。

量化研究中收集的数据是人们对某种社会经验的回忆，访谈则可以帮助我们获得受访者回忆的过程、他们的行为过程和社会的意义建构，还能够帮助我们从多重角度探寻社会行为者对社会关系多样建构，发现那些难以通过数字传达的细腻感情与具体经验；使我们可以通过深入地互动与受访者相互熟悉，建立信任的关系，并帮助受访者发出在日常生活中可能难以被听到的声音。故此，我们可以说，访谈不仅是社会科学研究中一种重要的数据收集手段，也是社会科学研究者进行社会批判，铺设通向"解放"（Emancipation）与理解之路的重要方法[97]114。

访谈可以依照不同的标准分为多种类型。例如，按照结构为标准，访谈可以分为"结构式访谈"（Structured Interview）、"半结构式访谈"（Semi-structured Interview）、"无结构式访谈"（Unstructured Interview）三种类型；按照同时受访人数为标准，访谈可以分为"个人访谈"（Individual Interview）和"小组访谈"（Group Interview）两种类型。此外，我们不仅可以进行面对面的直接访谈，还可以通过电话和网络或者线上等方式进行"间接访谈"（Indirect Interview）。

在这一节的内容里，我们将在第一部分为您简单介绍四种常见访谈类型，以期帮助您了解各种不同类型的访谈的基本特点；在第二部分，以"半结构式访谈"为例，梳理访谈的操作性程序，并为您介绍在不同的步骤中需要注意的关键问题。

一、访谈的分类

在不同类型的访谈中，访谈者与受访者面对面、一对一的访谈是较为常见的一种访谈类型。如果就访谈结构而言，"半结构"和"无结构"访谈则是研究者常采用的访谈类型。故此，出于实用性和篇幅的考量，我们在这里主要谈谈"半结构访谈""无结构访谈""焦点组访谈"和"间接式访谈"的特征。

（一）半结构访谈

所谓访谈的结构是指研究者在进行访谈前，预先设计的访谈问题与访谈架构所形成的体系。访谈的结构性越强，访谈者对访谈的架构的控制程度就越强。例如，在结构性访谈过程中，研究者会要求受访者依照标准化的流程，严格按照访谈提纲（Interview Guide）的顺序，依次回答所有问题。不难看出，使用结构性访谈收集数据的研究者对访谈架构的控制性非常强，因此，这种访谈方法也被称为"标准化访谈"（Standardised Interview）。例如，Katarzyna Sterkowicz-Przybycień 与 Paula Fundament 两位学者在对艺术体操运动员的年龄、成绩与体型之间的联系的研究中就使用了这种方法来收集研究数据。

以"结构性访谈"为基础，"半结构访谈"和"无结构访谈"就不难理解了。首先，就"半结构访谈"来说，这种类型的访谈方法同样需要您在访谈前准备一份提纲作为访谈的脚本，这个特点和"结构性访谈"一样。和"结构性访谈"不一样的是，使用"半结构访谈"收集数据时，您并不需要亦步亦趋地按照提纲中列出的问题和受访者进行访谈，而可以根据访谈进行的情况调整问题的顺序，还可以对访谈过程中偶然出现的、您认为重要的信息点进行追问。

尽管"半结构访谈"会在一定限度上削弱您对整个访谈流程的控制力，但是只要您能够问完访谈提纲中列出的问题，那么您仍然可以得到自己需要收集的所有信息。同时，"半结构访谈"还会给予受访者一定的自由度，让他们可以就自己认为重要的关键所在进行更进一步的解释和说明。Andrew Sparkes 和 Brett Smith 认为，"半结构访谈"在体育社会科学质性研究的数据收集中主要有三个优势，同时也存在四个不足且需要访谈者格外注意之处[17]84。

这些优势在于：

- "半结构访谈"使受访者在访谈中拥有更多的自由度；
- 受访者能更清晰、深入地解释自己所感、所想；
- 研究者可以从中获得更清晰、更深入、更丰富的信息。

"半结构访谈"的一些不足之处在于：

- 访谈者和受访者可能会因知识背景和生活经验方面的差异而产生对彼此的误解。访谈者如果在访谈过程中无法及时且充分地理解受访者，那么追问的问题很有可能会将访谈的方向导入歧途，并影响访谈数据质量。
- 由半结构访谈收集的数据可能会限制研究者的数据分析方法。例如，"结构分析"或者以计算词频、字频来进行文本分析的研究方法都不太适用于分析半结构访谈的内容，因为半结构访谈的结构和内容并不完全由受访者控制。
- 和无结构访谈相比，半结构访谈仍然需要访谈者在一定限度上控制受访者谈论的内容和走向，因此可能会使我们无法完全了解受访者复杂的思想、体验与他们对社会的理解和建构。
- 和结构性访谈相比，由半结构访谈收集的数据更"松散"，因此分析过程可能会更复杂。例如，受访者可能会在不同的访谈中问出不同的问题，得到的数据自然不同，那么分析起来就更加困难。

（二）无结构访谈

"无结构访谈"较之"半结构访谈"就更加松散了。这种访谈往往不预设访谈问题，而是通过一个较为宽泛的、开放性的问题（例如，"请您谈谈您在这个健身俱乐部里面的经历""您对中国足球协会实体化改革的看法是什么呢"）作为正式访谈的开场。此后，访谈者不断鼓励受访者就问题所涉及的社会领域进行深入地说明，进而以此了解：

- 受访者的看法和他们使用的概念的意义；
- 他们认为在某个社会领域中的重要问题；
- 他们看待某社会领域及其中问题的角度；
- 他们的表达方式及内化的观念和价值。

在"无结构访谈"的过程中，您的角色并不是"控制者"或者"引导者"（这分别是您在"结构性"和"半结构性"访谈中的角色），而是一位"辅助者"。您在访谈的过程中需要尽量让受访者打开思路、自由联想。访谈的相关问题和形式也需要您根据当时的情况相机而动、"具体问题具体分析"。

这种访谈方法有时能帮您通过和受访者不断地对话与思维碰撞,产生意料之外的灵感与想法,并充分了解社会关系(在这里,社会关系是一种意义建构的对象和结果)的复杂程度。同时有得必有失,"无结构访谈"也因为松散的架构而天然地具有如下一些缺点[17]86:

- 由"无结构访谈"收集的数据内容往往天马行空,其中的信息虽然有趣,但也会包含着很多与研究无关的内容;
- 即便是其中与研究有关的内容,也可能会因为数据结构松散、思路线索凌乱,而让研究者在分析的过程中无从下手;
- 在受访者谈到兴起的情况下,"无结构访谈"可能会耗时很久;
- "学术新人"往往难以驾驭"无结构访谈"。

(三)焦点组访谈

在焦点组访谈中,研究者会带领一组受访者讨论某一特定话题或特定事件。一般来说,焦点组访谈多是以线下方式进行的半结构式访谈。当然,您也可以通过网络会议平台的方式,或者以无结构的方式进行焦点组访谈。

在通常的情况下,研究者需要在开始访谈时,为参与者进行破冰。例如,以主持人的身份介绍参与讨论的成员,帮助他们尽快地熟悉彼此。需要特别提出的是,研究者要向参与者强调保密要求——所有人在焦点组讨论中谈到内容仅留在讨论现场。

随后,研究者将引入并说明讨论的主题——焦点,并鼓励参与者充分表达自己的看法和观点。需要说明的是,焦点组访谈的参与者有时并不会形成一致的观点,有的时候甚至还会发生冲突。如果参与者之间出现了观点差异。您的任务并不是让小组成员就讨论的"焦点"达成共识,而是要(在一定限度上)"鼓动群众斗群众"——您要尝试在一定限度上归纳双方的共识和"异见",并引导小组成员对其他人发起或引出的话题进行进一步的讨论。

有时,焦点组中的讨论会走得太远,所以当讨论已经与您预设的主题无关的时候,您需要提醒参与者讨论的主题。当然,您千万不要生硬地将讨论起始的问题直接"扔到"参与者的面前——这样会打断受访者的思路,甚至导致冷场,因为这样容易让刚才的发言者以为自己说的话"不对",而实际上,在这个过程中并没有正确或者错误的答案。那么，为了避免"冷场"的发生我们建议您一方面要多次向参与者强调，访谈过程中并没有所谓的正确或者错误的答案；另一方面，您需要随着讨论的进行，准确地记录参与者的思维路向，然后在离题太远时，把讨论引回离题的那个"岔路口"。

您根据自己研究的具体情况，一般来说，需要组织四到十五个焦点组访谈。我们建议每次小组访谈的成员不要超过 10 人，以确保每个人都可以充分发出声音。另外，需要提示您的是，每次参与小组访谈的成员之间需要有一定共性，但不一定完全相同。比如说，您可以选择对某件事情经验相似，但是背景各不相同的受访者。例如，将观看足球比赛作为受访者的相似经验，在足球专业术科生、非足球专业术科生和学科生混合编为小组进行访谈，来研究大学生对足球赛事电视直播的收视需求。或者，您也可以将某一事件的某一类型利益相关者编为一个小组进行访谈，如将奥运会运动员编为一个焦点组，将教练组成另外一个小组，分别针对他们的奥运会经验进行访谈。

简单来说，焦点组访谈有这样一些优点：

- 帮助研究者节省时间，使您可以在短时间内收集较为丰富的信息。尤其是在针对空白领域进行的拓展性研究中，焦点组访谈可以帮您高效地发现受访者共同关注的话题或共有的经验。

- 帮助受访者获得更多自由表达的空间。在焦点组访谈中，研究者的控制较少，研究者与参与者之间的权力不平等会在一定限度上得到改善，故此参与者的表达自由度更大。

- 丰富研究者的数据内容。在焦点组访谈中，不同参与者之间（受访者之间及研究者与受访者之间）的互动和交流方式（例如，动作、表情和对话中的举止行为）也是使研究者观察、记录的重要内容。这些内容是访谈文本之外的重要研究材料。

- 提升研究数据质量。焦点组访谈不仅是受访和访谈者的交流，而且更多的是受访者和受访者之间的交流。受访者可以通过讨论、相互刺激，进而拓展视角、产生新的想法，或者借由在讨论中形成的集体力量，发出长期被压抑的声音——也使研究者更容易发现社会生活中的"政治性"。

- 帮助研究者通过获取集体智慧修改研究设计。焦点组访谈中，众多与研究对象相关的"知情人士"（例如，亲身参与广场舞一线的阿姨们）往往可以帮助研究者修改访谈提纲或者研究设计中与实际情况差距较大或者缺乏可行性的内容。

当然，焦点组访谈也有一些您必须要了解并且避开的"雷区"：

- 焦点组访谈的操作难度比较高。首先，在同一时间聚齐许多受访者不太容易。您需要多次确认和提醒受访者访谈的时间和地点。其次，访谈的记录和听打逐字稿更困难，因为有多人在场进行讨论，而且受访者如果面对摄像头时往往难以畅所欲言，所以您要通过声音分辨不同受访者，而且我们建议您要尽量马上听打文字稿，以免遗忘。最后，焦点组访谈人多嘴杂，访谈内容保密非常不容易。

- 焦点组访谈中可能会出现沉默的大多数。在焦点组访谈中，有时会出现健谈的受访者一直在聊自己的感受，而有些受访者则少言寡语。这时，作为主持人的研究者不仅需要鼓励沉默的受访者参与讨论，而且更重要的是要分析产生这种现象的原因——如果只是受访者的习惯问题，那么积极地进行鼓励就可以，如果是下面两种情况的原因，您就需要强势介入了。

其一是焦点组访谈中可能会出现"话题领导者"。有时在焦点组访谈中会出现一个控制欲强、强行控住全场、不自觉地压制不同声音的受访者。这种情况不仅可能会使部分参与者越来越不愿发表自己的意见，也可能会影响您数据的质量——使研究数据成为"一言堂"。那么，这时您就需要介入其中，对"少数派观点"进行支持。

其二是焦点组访谈中的受访者可能会比一对一更拘谨。由于焦点组访谈是个人造的环境，受访者之间彼此不熟悉，很有可能会比在一对一访谈中顾虑更多，故此会选择安全话语进行陈述，而放弃"真实的声音"。因此，访谈之前的破冰活动和对访谈内容保密的要求不仅是焦点组访谈的重要过程和要求，也是会影响到最终数据质量的、不可或缺的关键因素。

（四）间接式访谈

最后要为您简单介绍两种间接访谈的方式——电话访谈和网络访谈。这两种访谈都可以视为改变交流形式的一对一访谈，因此我们主要说明一下这两种方法的优缺点。

就电话访谈来说，节约路程时间、便于安排档期是它最明显的优点。如果您在访谈后发现有什么问题需要补充、追问的话，电话访谈也比较容易安排。同时，有时受访者在面对面的情况下可能会对部分话题感到难以启齿，而在双方见不到面的情况下受访者的压力就会小一些。此外，电话访谈也比较便于访谈者进行录音。

但与此同时，由于见不到受访者，所以研究者在电话访谈中无法记录受访者的动作和细节，也有可能因为难以通过受访者的表情变化而可能失掉继续追问背景信息的机会。此外，电话访谈（尤其是用手机的时候）有可能会受到干扰。比如说，正在用即时通信软件进行语音通话时，一个电话进来，双方的对话就会被中断。

网络访谈是另外一种间接访谈的方式。这种访谈方法可以分为异时（通过电子邮件）与共时（通过及时通信软件，如微信、skype 文字聊天）两种。无论是哪一种，网络访谈都可以帮助研究者直接收集到文字资料，并且也可以给受访者更多地思考和斟酌的空间和时间，而且如果是通过网络论坛等平台进行的网络访谈，由于受访者往往是匿名的，因此研究者更有可能收集到更加真实和敏感的内容。

不过，网络访谈需要耗费的时间更长。同时，研究者和受访者也可能因为年龄、性别、教育经历等不同的生活背景而对网络文字和符号出现解读差异。例如，"呵呵"一词在网络聊天中的不同功能就已经出现了明显的代际差异。此外，网络访谈中也常会出现受访者懒得打字而敷衍了事的情况。

如同社会科学研究中的各种研究范式，上述各种类型的访谈都各有其优劣，您需要根据自己研究的具体特征，选择最适用的访谈类型，并在设计访谈的过程中根据这种访谈类型的不足，设计相应的解决方式，还需要在撰写研究报告中为读者进行说明。

二、访谈的程序与步骤

在前面的章节里，我们为您介绍了收集数据前的准备工作和不同类型访谈的特点。我们在这部分中将以较为常见的"半结构访谈"作为例子，依照"设计访谈提纲""访谈前的准备""访谈过程中""访谈结束后"的顺序说明在一次访谈的全过程中您需要完成的工作。

（一）设计访谈提纲

对于不同类型的访谈，访谈提纲的意义并不完全相同。就结构性访谈而言，访谈提纲是一份明确规定了镜头景别、构图、配乐等内容的分镜脚本，您需要亦步亦趋地"照本宣科"。对无结构访谈来说，访谈提纲则是几张写有主题的空白画布，受访者需要根据主题在上面绘制属于自己的图案。在半结构访谈中，访谈提纲就像是电影剧本或者话剧的舞台提示——研究者如同导演，先通过剧本了解主要情节和叙事结构，再以此为基础激发演员的灵感、引导他们的表演。不过，导演在拍摄的过程中并不需要完全依照剧本的顺序进行拍摄，在保证重要内容无所遗漏的基础上，导演可以根据实际情况，灵活安排各场的拍摄顺序，也可以根据"演员（访谈对象）"的特点对剧本进行一定限度的修改。但无论对哪一类访谈来说，准备访谈提纲都是您在访谈前最重要的准备工作。

您在设计访谈提纲之初，需要以文献综述和研究设计为基础，规划访谈的基本逻辑路线。这部分工作要求您将整个访谈分为具有内在逻辑联系的 N 个主题。在划分主题的过程中，您首先需要确保这几个主题间具有紧密逻辑联系，其次还需要确认自己可以通过分析来自这几个主题的数据回答所有的研究问题。这样做的目的一是确保访谈提纲的整体性和系统性；二是确定来自这些主题的数据足以帮助您完成研究。

确定了访谈的几个主题后，就要在每一个主题之下设计具体的访谈问题。在设计访谈问题的最初阶段，您往往需要根据自己的经验和对相关文献的掌握来设计第一版的访谈问题，也可以邀请专家、老师或同行进行头脑风暴完成这一工作。此时，设计访谈问题的原则是多多益善，并需要确定可以通过这些问题了解到受访者的背景信息、他们参与社会事件的动因或者与该事件产生联系的背景、他们在其中的具体经验和行为，以及他们对整个社会过程的赋义和价值解读。

随后，我们要筛选最有价值的访谈问题。筛选的标准是访谈问题与研究问题之间的相关度及访谈问题可能收集到的信息价值。我们建议您不要把访谈提纲设计得太满，一般来说，一小时的访谈只需要准备十到十五个主要问题（因为每个主要问题还需要搭配有追问的问题，这个在后面会谈到）。

与访谈问题的方向和内容同样重要的是访谈问题的排序。一般来说，我们会把访谈问题的顺序作为规划访谈问题的逻辑线。清晰的访谈问题逻辑不仅可以帮您更好地掌握访谈的架构，还可以使受访者在回答问题时思路更加清晰，进而为您的研究提供更丰富的信息。一般来说，我们给访谈问题排序时需要参考以下三点原则。

第一，访谈问题要由浅入深。一般来说，访谈时切忌让受访者产生"开幕雷击"的感觉。如果您可以用 5 分钟左右的时间和受访者彼此熟悉，使受访者逐步和您建立信任感，那么受访者会在访谈的过程中更加放松，谈话的内容往往也会更加深入。鉴于此点，您可以设计一些简单的"破冰"问题，例如"您可以简单说明一下您负责的具体工作吗""您能简单谈谈您的职业生涯吗""您是怎样开始健身、打球的"。通过这些问题使受访者从讲述自己的故事和经历开始逐步放松下来。

第二，准备好过渡性问题。过渡性问题可以帮助缓和冷场的尴尬，也可以帮助受访者接续思路。访谈中有两种情况可能产生冷场局面：其一，访谈主题之间的逻辑联系不太紧密，转换的过于生硬。这时，受访者常需要重新开启另一段思路，进而导致冷场。因此，我们需要在不同主题之间准备好过渡性问题，以使不同主题之间可以"无缝衔接"。其二，与敏感问题有关。一般来说，我们建议您把比较敏感的问题放在访谈的中后阶段。这时您和访谈者已经熟悉了彼此，也建立了相互之间的信任感，访谈对象也就更有可能敞开心扉，和您谈论一些敏感话题。不过，即便如此，敏感问题也有可能使访谈对象紧张、犹豫，进而拒绝回答访谈问题甚至对您产生敌意。这时您要为这些敏感问题准备一些可以岔开话题的过渡性问题，以缓解对方的紧张、犹豫和抗拒的情绪，并在合适的时候，委婉地询问对方是否愿意讨论一下紧张、犹豫或者拒绝回答问题的原因。

第三，设计自然的收尾问题。如果我们在访谈最后的阶段突然进入一种无话可说、无问题可问的境地是非常尴尬的事情。这会让受访者产生一种不被尊重的感觉，进而影响您此后与受访者之间的交流。因此，我们需要根据访谈的内容设计最后的收尾问题。例如，您可以询问受访者，"关于在俱乐部与球迷交流方面的内容您还有什么想要补充的"或者"您觉得在奥运体育遗产开发方面我的研究遗漏了哪些环节"。

除了以上三个小建议之外，我们还想再次提醒您，因为您在半结构访谈中并不一定要完全按照设计好的问题顺序进行提问，所以可能会打乱设计好的访谈提纲逻辑线，但您仍然需要在设计访谈提纲时规划一条清晰的逻辑线统领整个访谈提纲，因为只有这样才能够保证您的访谈可以覆盖所有与您研究有关的内容，进而避免遗漏掉某些重要的方面。

您下面需要做的工作是根据各个问题可能得到的回答来修改问题的表述。更直白地说，您需要设计问题的具体问法。因为提问的方法和口径会影响受访者的思路，甚至会使他们不自觉地掩饰自己的真实感受，进而影响到所收集的研究数据。针对这一问题，我们再为您提供三条建议。

第一，设计开放性的问题。简单来说，开放性的问题是访谈者无法用"能"或"不能"、"是"或"不是"、"有"或"没有"回答的问题。那么能够用这些词回答的问题，我们将它们称为封闭性问题。开放性问题通常以"什么""怎么样"和"为什么"开头（也就是英文中的 what、how 和 why 问句）。因为受访者在回答开放性问题时需要回忆自己在具体场景中的经历和感受，所以，开放性问题有利于收集更多的信息。与此相对，封闭性问题往往难以激发受访者深刻的回忆，而且如果您想由封闭性问题进一步了解受访者切身感受的话，就必须追问另一个问题——这样您的前一个问题的意义和作用就大打折扣了。例如，与其先询问受访者"您打球时有没有过开心或不开心的经历"，然后再进行追问；不如直接询问"您打球时会因为什么样的事情开心或不开心"。此外，我们也不建议您通过给受访者选择的方式提问。例如，"您觉得之前的带队教练是严格的，还是亲切的""您觉得俱乐部高层的决策流程是民主一些比较好，还是集中一些比较好"。这样的提问方式一方面会限制受访者的思路；另一方面，由于研究者和受访者对"严格""亲切""民主""集中"这些概念的定义不一定相同，所以这种提问方式所取得的信息很有可能是片面且存在偏差的。

第二，设计针对细节的问题。针对细节的问题是需要受访者通过描述具体细节和经历才能够回答的问题。例如，"当时在球场上都发生了什么事情""在设计场馆运营方案的过程中，您是怎样理解国际奥委会提出的可持续发展概念的"。因为质性研究试图通过分析访谈资料了解受访者在社会过程中的具体经历、想法，以及在他们眼中的某个社会事件的始末缘由，所以我们希望受访者可以详细地描述社会过程和事件的具体细节。这样在数据分析的过程中，便可以借由分析他们对社会的建构和诠释剖析潜藏在话语细节中的不可见的权力关系与价值体系。与这种针对细节的问题相对的是需要受访者对自身经历进行总结、分析或者进行价值判断的问题。例如，"您在什么情况下会组织村民体育活动""可持续发展概念对北京冬奥会场馆建设有什么指导意义"。受访者在回答这一类问题时，往往需要总结（而不是描述）过往经历或者对某一社会过程进行抽象分析或提炼。我们虽然能够通过这种问题直接了解受访者的想法，但难以得到他们对社会过程的描述，也很有可能就错失了那些与行为者之间的互动方式和作用机制相关的重要信息。换而言之，您收集到的质性材料（如访谈数据）应该是您数据分析的对象——您需要通过分析这些材料论证您的观点，而不是将这些材料直接当成论据使用。故此，与其询问受访者"你为什么认为篮球是有教育意义的"，不如转而询问"您是如何开始打球的""您在打球时的状态是怎样的""您能详细描述一下您的篮球生涯中印象最深的事情吗",再通过分析质性材料剖析受访者的篮球运动经历,以及他们对其中的教育意义的理解与诠释。

第三,设计简洁、口语化的问题。简洁是您在提问时需要遵循的第一原则。要想使自己的访谈问题比较简洁,您首先要做到"一次就问一个问题",这样可以让受访者专注于回忆某一方面的信息。与此相反,如果您连珠炮地问出一连串问题(例如,"您是怎么买到俄罗斯世界杯门票的?您是跟谁一起买的票?每个人都对买到的场次感到满意吗")。即便这些问题之间存在关联,受访者也会觉得无所适从,不知回答哪一个问题才好。在这种情况下,受访者往往答一丢二,只能回答自己记住的那个问题。其次,语句精炼、表述清晰是设计访谈问题的另一个关键所在。我们建议您尽量减少在问题前对背景和条件进行过多描述,在问题的主干中设定明确的主谓宾结构,并且尽量少地使用代词(如"这个、那个、这些、那些、他、他们")。除了使问题简洁以外,您的访谈问题还要尽可能地口语化。一般来说,我们在设计访谈提纲前都已经完成了大量的文献综述,因此我们的思考方式和表达方式中都不免习惯性地带有相当比例的"学术黑话"(例如,"场域""惯习""越轨""符号互动""话语系统""精英运动员""竞技体育表现"等)。但俗话说"隔行如隔山",这些"学术黑话"常会使我们的访谈对象(尤其是和学术领域关联和接触较少的访谈对象)丈二和尚摸不着头脑。这种情况不仅容易造成受访者误解访谈问题,还有可能让他们与您产生距离感,从而影响访谈质量。

当您根据以上的建议设计好访谈提纲的整体结构,并列出了主要问题后,您还需要为每一个主要问题准备一到两个追问问题。追问问题的作用是邀请受访者进一步补充与主要问题有关的细节信息,或者更深入地说明其中的某些要点。因此,您在设计追问问题前,需要预估一下受访者在回答主要问题时可能涉及的内容,并根据这些内容设计追问问题。一般来说,追问问题可以分为以下三类。

第一,邀请受访者补充信息、描述事件内容的细节追问:

○ 您当时身边还有谁?这件事情是什么时候发生的?

○ 您当时的感受是什么样的?您后来感觉怎么样?

○ 这让您产生了什么想法?您的情绪是怎样变化的?

第二,邀请受访者进行进一步阐释和表达的解说追问:

○ 您在当时是怎么样做出这个决定的呢?

○ 麻烦您举个例子说明一下这种情况吧。

○ 麻烦您解释一下这个"××"的意思吧。

第三，邀请受访者确定某些信息或者含义的确认追问：

○ 请问一下，您刚才说的"××"具体是什么意思呢？

○ 不好意思，关于"××"的意思您能再多说一点吗？

○ 我没有太明白，能请您从另一个角度解释一下吗？

设计好追问问题，您就完成了访谈提纲的设计工作。在为您介绍后面的准备工作前，我们想再谈两个比较细节的内容。首先，半结构访谈具有一定的灵活性。您在访谈过程中不必完全按照顺序提问，可以灵活地运用访谈提纲，而且还可以根据受访者的特征对问题进行一些修改（例如，在与学术先进、专家们的访谈中夹带一些常见的或者流行的"学术黑话"）。您也可以灵活地运用我们在前面提出的建议，如用封闭式的问题（"喜欢或不喜欢"）引出话题，再邀请受访者进一步解释这种态度产生的原因和过程。

其次，我们强烈建议您在正式访谈前进行两次实验访谈（Pilot Interview）。实验访谈的对象可以是您的同学、朋友或是您可以很方便再次访谈到的人。通过实验访谈，您可以直观地了解到访谈提纲和访谈问题中的设计瑕疵，而且还可以邀请受访者对访谈提纲和问题提出建议。例如，您可以询问受访者，他觉得哪些问题比较合适，哪些问题让他感觉没话聊，哪些问题让他觉得难以理解，哪些问题让他觉得不知道应该回答什么？同时，您也要通过听录音来评判访谈问题的质量，因为有时造成问题效果不佳的原因并不在问题本身，而在于您提问的方式。

（二）访谈前的准备

我们现在要做的是访谈之前一些简单但烦琐的操作性准备。

首先，您需要和访谈对象再次确认时间和地点。如果您要做的是一对一访谈，我们建议您提前一天和受访者再联系一下；如果是小组访谈的话，那么您最好分别在约定访谈日期的前三天和前一天，和每一位受访者确认访谈的时间和地点。

其次，我们要准备、检查所有的电子设备，尤其是要确认笔记本电脑和录音笔的电池状态和内存容量。虽然现在很多的智能手机都可以录音，但是我们非常不建议您把手机当成录音笔。这不仅是因为手机可能会没电，而且在访谈过程中突然弹出的通知栏、来电信息都会干扰您的访谈。除此以外，因为我们在受访者谈及重要信息时需要记录下当时的时间码，所以我们在访谈过程中需要不时的瞟一眼录音笔来确认录音的时刻，但如果您需要看手机屏幕来确认时间码，这个动作很容易让受访者以为您是在分心看手机，进而影响他们的访谈状态。

再次，您还要检查非电子设备和器材。例如，几根随时能用的笔、笔记本（最好是上下翻的）、所有打印的纸质材料（访谈提纲、知情同意书、访谈说明等）、身份证、名片（虽然现在大家一般都用微信，但名片仍然会有一种正式感）。

这些准备就绪后，您可以再过一遍访谈提纲，确保自己对所有内容都了然于胸。如果您为不同的受访者设计了特定的问题，那么您千万要拿对访谈提纲（最简单的方法是带上所有访谈提纲）。另外，如果您这次要完成的是补充访谈，您可以再过一遍之前和这位受访者的访谈记录，以确保自己记下了所有的重要追问。

您在访谈时衣着自然得体就可以了。简单来说，衣着要和场合相适应，既表示对受访者的尊重，同时也别过度正式，以免让受访者感到紧张。对男士来说，您在非正式的场合采用 Smart Casual 的风格就可以了——合身的西装外套、干净且平整的衬衫、纯色斜纹布裤或深色牛仔裤、皮鞋或皮靴，再随身带一条可以和您的穿搭颜色搭配的领带或者领结（是否戴上，要取决于当时的环境）。对女士来说，配色简单的"连衣裙加坡跟鞋"或者"长裤、衬衫加小外套"的搭配就非常得体，色彩过度花哨穿着是大忌。

最后，计算交通时间。如果访谈时的交通状况不会很糟糕的话，我们建议您留出 20 分钟的富裕时间；如果交通状况难以预测的话，那么您可能需要留出半小时的富裕时间。提前到达访谈地点后，您可以确认一下附近的便利店和公共卫生间的位置，或者找个咖啡店坐一坐、再看看访谈提纲。之后，您可以提前 10 分钟和对方联系一下，然后提前 5 分钟到达指定地点。

现在，我们终于可以开始访谈了。

（三）访谈中的技巧

1. 基本的事项

咱们的访谈并不是由第一个问题开始的，而是始于您和访谈对象说的第一句话。如果受访者不是您的朋友，我们建议您用比较正式的称呼开场，再根据对方的习惯来改变称呼。例如，有的受访者可能不太习惯被称呼老师，也有人不喜欢听自己头衔前面的"副"字。

和受访者寒暄的同时，您需要观察访谈环境，并找到一个放录音笔的地方。

您胸前的口袋里或者受访者坐的椅子并不是好的选择，因为衣服摩擦麦克风的声音或者在椅子挪动身体产生的摩擦声会增加您转录访谈逐字稿的难度。

需要特别强调的是，您使用录音笔前一定要取得受访者的同意——一般来说这都是没问题的。当然，如果受访者不同意录音，您绝对不能偷偷录音，一定要在征得对方同意后，开始笔录，并在访谈中找到合适的时机，询问对方会犹豫或产生顾虑的原因。当然，"一样米养百样人"，也有受访者会因为您不录音，而感到被轻视或者被冒犯，所以我们建议您主动询问对方是否可以使用录音笔，并做好两种准备。

您在确认录音笔开始工作后，就可以开始访谈了。您需要详细说明研究的目的、过程、信息储存方式、数据保密期限等一系列问题，还要为受访者解释知情同意书，并邀请对方在上面签字。再次提示您，这一系列的工作都要在确认录音笔开始工作之后再做，以备此后的学术道德和伦理审查。

2. 交流的技巧

我们在前面曾提到，质性数据是研究者和数据收集对象互动的产物。在访谈中，这种互动主要表现为访谈者和受访者之间的信息交流。因为这种信息交流是需要一定技巧的，所以有经验的访谈者往往可以比新人研究者收集到更丰富的信息，在此为您介绍一些交流的技巧。

第一，我们先说一说听的技巧。聆听是您在访谈中最重要的信息获取手段。从整体而言，您在访谈过程中，既要有研究者的敏感——积极关注谈话中的关键信息；也要保持人性的温度——认真感受受访者感情的变化与心情的波动。

就访谈内容本身而言，我们建议您在认真聆听受访者谈话的同时，略分出一些心思来，即时地将对方谈话的信息与研究主题、研究目的和访谈提纲进行比对，并在手头的访谈提纲纸稿上记录下那些有趣的、重要的或者是需要受访者进一步说明的信息，以及这些信息出现的具体时间（看录音笔的时间码）。这样做，不仅能够避免您在后面重复问起受访者已经谈过的内容，同时也便于您在转录逐字稿的过程中直接找到最重要的内容。

同时，需要指出的是，访谈不仅是信息的交流，更是情感的互动，所以如果您在访谈的过程中能很好地体会受访者通过描述自身体验和社会过程来表达的情感，您就能更好地掌握受访者想要表达的信息。体会受访者感情的一个小窍门是在聆听的过程中，认真观察受访者的动作和微表情。例如，当受访者突然蹙眉，或者将上半身逐渐后退，并开始在胸前交叉小臂时，您就需要集中注意力了。请您注意，这时您并不需要过于紧张，也不需要为了对方放松下来而立刻微调访谈内容，而需要思考是否是访谈问题让受访者不快，再分析如何进行调整，因为受访者蹙眉有可能并不是因为烦躁情绪，而是因为您的问题引起了他的思考。

同时，我们想要提醒您，尽量不要在聆听的过程中对受访者提及的内容（尤其是含义模糊或者是看似习以为常的概念）作出价值判断。例如，当受访者提及自己曾经遇到过的一位"好老师"时，我们可能会下意识地将这位老师与认真负责、待人亲切、要求严格等人格特质联系起来，但很有可能对于受访者来说，"好老师"其实是要求不严格、上课不负责、对学生不做要求。所以，当受访者作出带有价值判断表达的时候，我们需要主动发现其中的价值要素，并邀请受访者进行解说，而不是主动脑补其中的含义和价值。

第二，我们来谈一谈与受访者互动的技巧。我们在访谈过程中与受访者的互动一般都是通过回应受访者完成的，其目的是使访谈能够更顺畅，帮助和鼓励受访者讲述出更多与研究相关的信息。

表达认可是与受访者互动的重要内容。通过表达对受访者的认可，您可以获得他们的信任，也可以鼓励其讲述更多的细节。在表达认可的时候，您不仅要使用"是""好""对"等带有肯定意味的词语回应受访者，还需要通过一些非语言符号（如动作和表情）表达对访谈内容的关注和对受访者的共情，以鼓励受访者。例如，前倾的上半身、积极的眼神交流、认真聆听的神情、适度且适时的微笑、邀请对方回答的手势，以及对受访者的价值判断的开放态度，都是能使受访者感受到您对访谈内容的关注和认可及您对他产生情感共鸣的有效非语言符号。

使用受访者熟悉的语言也是可以让受访者感到您的关注和认可，并对您产生信任感的有效手段。例如，您在和小朋友或者受教育程度不是很高的受访者进行访谈时，尽量不要文绉绉地掉书袋。如果受访者是您的同乡，用家乡话进行访谈会极大地拉近受访者和您之间的距离感。此外，使用受访者曾提到过的概念或事件来提问和回应受访者往往可以让受访者感到您对访谈的关注和投入程度，如"这种感受和您之前说到的在世锦赛决赛中的感受有哪些方面的不同呢"。同时，帮助受访者对一部分内容进行总结也是表达关注的手段之一，如"如果把您前面说的内容总结成以下三个方面，您看还有什么是需要补充的"。

当然，我们有时也需要主动地打断受访者的思路。当受访者跑题时，您可以随机应变地利用相关问题把访谈引回正轨。例如，在一次针对教练员和运动员之间关系的访谈中，一位参与访谈的运动员慢慢地开始聊起了和家长有关的内容，这时我找到了一个时机，通过问受访者"他的家长对这位教练员的态度"把访谈拉回了正规。当然，您也可以直接但礼貌地打断对方说"不好意思，您说的这些经历非常有意思，但是因为时间的限制，所以我们只能换下一个话题了"。当一位原本紧张且害羞的受访者刚放松下来，突然又紧张时。那么，您在这个时候转换一个轻松点的话题就是非常恰当的选择了。而且，当您的访谈对象比较紧张或者害羞的时候，您可以在访谈之后和对方聊一些与访谈无关的轻松内容。这会让对方感觉到您把他视为朋友，也可以提升对方对您的信任感，以免让受访者产生"用后即抛"的冷落感受。

另外需要特别说明的是，您在访谈中需要避免以下三种常见的错误回应：

一是理论总结性回应。这一类回应方式往往表现为研究者主动或者强行把受访者谈及的内容进行理论性总结。例如，"您这样做正切合了体育管理领域某理论……""您这样做是不是因为某框架中的……"

二是居高临下式回应。这一类回应方式往往表现为研究者自觉或不自觉地在回应中表现出知识优越感和知识霸权。这会让受访者感到自己暴露在研究者面前，变成了一个被分析的对象。这样的感觉会让受访者感到很不舒服，进而对访谈产生抵触情绪。例如，"依照某专家的观点，您其实还有另外一种处理方式""您这样做很有可能会带来成本压力。这个您考虑过吗"。

三是评价式回应。这一类回应方式往往表现为研究者对受访者讲述的内容进行价值、意识形态等方面的评价。这会使受访者感觉自己的经历和体验变成了被评判的对象，进而使他们有意识或者无意识地顺着研究者希望或认可的方向进行表述并隐瞒自己的真实感受与想法。例如，"你这样做又何必呢？""如果是我，当时就不会这样做""你这样真的是太解气了（受访者可能当时并没有这样的想法）"。

与此同时，您也需要注意，不要在与受访者互动中过分投入。因为过分投入有可能会产生适得其反的效果，进而引发三重危险。其一，过分投入可能会使您情不自禁地多话，或者作出价值判断。这会干扰受访者表达自己的经历，甚至会使受访者不自觉地依照您的偏好发言。其二，您可能会因为过分投入而忘记访谈提纲。其三，您可能会不自觉地接受"局中人"的身份，进而产生相关的问题（有关局中人身份和相关问题，请见前文第四章）。

3. 特殊的技巧

追问是一种特殊的回应受访者的方式，也是您和受访者之间非常重要的互动方式。我们在访谈提纲的部分中已经介绍了追问问题的分类、形式和数量，那么在这里我们重点谈一谈您在进行追问时需要注意的一些关键所在。

首先，您在进行追问时，需要根据访谈的具体情况，把握简洁的原则，挑选最重要、最有价值的追问问题，一次一个地进行追问——等到受访者完全解释清楚了前面的问题，再继续追问。

同时，因为您在半结构访谈中并不需要照本宣科地进行提问和追问，所以您很有可能在受访者回答问题的过程中突然发现了有价值的线索，进而开始即兴的追问。这时，我们建议您根据当时的情况，在提出问题之前或之后，记录好这个追问问题的内容及其产生思路，同时在访谈提纲上标记好受访者已经回答完的问题，以免在追问的过程中因为顺着一条线索走得太久，而忘记了在其他方面的线索、伏笔或思路。

在这种灵光一闪式的追问中，尝试提出另外一种声音往往会帮助您发现有价值的信息。例如，在对单项体育协会实体化改革的研究中，我们向支持体育管理体制改革的受访者提出这样的问题——"从既得利益者看来，竞技体育管理体制的改革可能会影响整个举国体制的根基与利益链条，对于这样的情况，您是怎么看的呢"，获得了许多受访者对既得利益者、举国体制、中国竞技体育的传统管理体制与机制的解读，以及对其中利益关系的诠释。这样的信息有时是很难通过直接地提问得到的。

特别需要提出的是，受访者有时会在您提出问题后陷入沉默。这种情况在您从另外一个角度提出追问问题时尤其常见。这时，没有经验的访谈者往往会担心自己的问题使对方产生了抵触情绪，进而手足无措地想要进行挽回。实际上，沉默也是一种表达。在沉默的背后往往是受访者激烈的内心冲突或是受访者深刻地思考您提出的问题的过程，而沉默过后受访者就很有可能会讲出很有价值的内容。因此在出现这种情况时，您首先要认真观察受访者的神情，只要确定对方不是无话可说或者拒绝回答您的问题，那么您就可以大胆地允许受访者陷入沉默。尤其是在开放性访谈中，除了受访者出现严重跑题的情况以外，我们建议您记录下所有的问题、回答及沉默的时间，并且在记录的同时思考对方表达的是哪方面的内容？对方眼中的社会过程与经验是什么样的？当时这种体验是如何在他心中留下痕迹的？

当然，有可能您不太能确定是不是您的问题让对方无话可说，或者说对方拒绝回答您的问题。这个时候，您可以直接询问对方"请问您在思考什么"或是

"这个问题让您想到了什么"。不过，即便是这样试探性的询问，我们也建议您稍等一段时间再提出。

作为一名成熟的访问者，要具备容忍沉默的能力，不要一看到受访者陷入沉默，就马上开始焦虑，进而不断地想各种办法打破僵局。心态平和的访问者往往可以帮助受访者轻松下来，您也可以利用受访者沉默的时间更好地观察受访者，思考访谈问题的效果，并深入反思、分析自己与受访者的互动。

4. 记录的技巧

无论您在访谈中能不能用录音笔，访谈过程中的实时记录都非常重要。在不能录音时，要记录下受访者所有的谈话内容；在能录音时，需要记下受访者谈及重要信息时的时间码（一般会在录音笔的屏幕上显示。所以，您需要将录音笔的显示屏调整成录音时常亮的状态）。关键信息的时间码可以使您在整理逐字稿时更加有的放矢，也会使您总结受访者的主要观点与思绪的过程更加高效。

同时，您在访谈中还要实时地将记下的重要内容与访谈问题相联系。尤其是当受访者在回答前面问题的过程中谈到和后面问题有关的内容时，您可以记录下受访者谈及的相关内容，并在问到后面的问题时，根据对方已经回答的内容进行延续性的追问。如果受访者谈到的内容很重要或是很有趣，那么您完全可以跳脱问题的顺序，直接进行追问。不过您在这时需要清晰地标注好受访者已经答完的问题，等到完成追问后，再回到访谈提纲的逻辑顺序中。

我们还建议您在访谈中记录下受访者的惯用语、使用的特殊名词或概念，以及重要的事件和时间。这些信息不仅有利于您对受访者进行追问（如邀请对方解释特别的名词或概念），而且能够帮助您更好地在访谈中使用对方的语言、为对方总结谈及的信息和概念或是熟记对受访者来说重要的事件，这些行为都可以帮您更好地获得受访者信任。

如果用一句话概括我们在记录方面的建议，那就是在时间允许的情况下，记录一切可能记下的内容。例如，访谈前记录下周遭环境信息（尤其是与受访者的生活和经验有关的内容，如照片、学历证书、奖状等），访谈中记录下受访者的表情、动作。这些内容虽然看似烦琐、杂乱，但根据我们的经验，有时候无心记录下来的内容可能会为您在数据分析过程中解读数据、理解受访者提供重要的帮助。

虽然需要记录的信息很多，不过您在访谈时千万不要一直低头奋笔疾书。这种行为不仅容易让受访者感觉自己不受重视，而且也可能使您错过受访者的表情、动作等细节信息，从而失去追问的机会。所以，您需要一边与受访者进行眼神交流，一边找机会迅速记下几个能够帮您回忆起重要信息的关键字，而不能一直"闷头干活"。当然，如果您能够根据访谈中常出现的内容设计一些速记符号就更方便了。

最后，选择合适的时机结束访谈也很重要。一般来说，一次访谈以一小时到一个半小时为宜。当时间已经接近 60 分钟时，您就需要注意观察访谈对象是否已经出现疲倦的状态，或者出现情绪不高、语速变慢、访谈内容重复的情况。如果有上述情况出现，您就可以用语言或行为暗示受访者可以结束访谈了。例如，您通过以下问题来引出结束语：关于前面谈的内容，您有什么要补充的？您今天访谈的感觉怎么样？您觉得访谈问题需要补充哪些方面的内容？您今天后面有什么安排？当然，如果您和访谈对象相见甚欢，对方还有继续聊下去的愿望，那么在时间允许的情况下，您可以明确地告诉对方想在任何时候结束访谈都可以。

（四）访谈后的收尾

向受访者表示感谢是您在访谈结束后首要做的工作。随后，您可以询问受访者在访谈过程中的感受，并邀请受访者提出建议——这可以帮助您从受访者的角度思考访谈设计并进一步修改访谈提纲，故此在您刚刚开始进行访谈的时候格外重要。同时，您也可以邀请受访者问您一些他们感兴趣的与研究有关的问题。当然，如果您觉得将来可能需要和受访者再次进行访谈，您也需要在这个时候和受访者做一些沟通。

如果您回到家或驻地的时间不算太晚，您可以再次向受访者表示感谢，并询问他们的感受。不过，您此时最重要的工作并不是向受访者再次表示感谢，而是尽快做好访谈笔记。在访谈笔记中，您一般需要记下自己在访谈中的感受、访谈中使用的方法和技巧、访谈内容和过程里有趣的点、访谈对象的特点（如对什么问题表现得很敏感、对什么话题很有兴趣），以及访谈对象对访谈的评价和建议，此外您还需要记下这次访谈的经验和教训、后续访谈中需要注意的事情。

完成以上工作后，您就只剩下将访谈录音输出为文字稿（我们一般将这份文字稿称为访谈的逐字稿）这项工作了。不过，这是件费时费力的工作——一般来说，输出逐字稿的时间是访谈时长的 6 倍左右。如果可能，您最好在每个访谈的第二天就完成录入逐字稿的工作（当然，如果是当天的话就更好了）。因为，如果这项工作拖得太久，您在访谈过程中记下的文字（尤其是其中的简写和速记符号）的含义和您对访谈过程的那些鲜活记忆都可能变得模糊，这对您来说无疑是很大的损失。

在转录逐字稿的过程中，您需要根据研究的特点选择不同类型的逐字稿系统。一般来说，体育社会科学研究中最常用到的是专注于记录对话内容的传统逐字稿，心理学领域的研究者可能会用到更加复杂和细致的杰弗逊逐字稿系统（Jefferson Transcription System）。不过，任何一种逐字稿系统都需要把握三项原则：准确地记录访谈过程中的语言信息与非语言信息；全面地记录所有信息，尤其是非语言信息（如沉默、语调、语气）；细致地记录各种细节信息（如嗯、唉、哎、欸、呃等）。

如果您准备使用语音识别软件转录逐字稿，我们建议您不要直接对着电脑的麦克风放录音，而要一边听录音，一边自己按照录音的内容转述给电脑端。因为后者的转录准确率要高得多。

第二节　观　察

观察是什么？观察是我们每天醒来后的第一件事，是我们获得信息的重要方法——无论是春夏秋冬的四季变化，还是参商交替的斗转星移，或是"城头变幻大王旗"的王朝更迭，抑或是红男绿女的时尚潮流，我们都可以通过观察的方式了解。同时，观察也是自然科学和社会科学研究的一种数据收集手段。自然科学研究者通过望远镜、显微镜等一系列工具帮助自己收集到更多的观察数据；社会科学研究者即便收集到了丰富的访谈资料和问卷数据，仍会依赖于现场观察收集信息——毕竟耳听为虚、眼见为实。

社会科学研究者使用观察法收集数据的目的，简单来说，是在社会情境中切身地感受身处其中的行为者的感受，收集社会过程中的第一手信息，并了解行为者在社会过程中的经验。这一方法使社会科学研究的数据不再仅依赖社会行为者对过往经验的回忆和转述（无论是访谈还是问卷，这两种方法收集的数据的本质都是社会行为者对自己过往社会经验的回忆和转述），故此也扩大了我们了解社会的途径；同时，观察法还丰富了我们在三角互证过程中的选择，进而间接地提升了社会科学研究的质量。

Michael Patton 为我们总结了使用观察法收集质性数据的 10 个作用。

（1）提供丰富场景信息：观察数据可以为质性研究提供丰富的场景信息。这些有关研究对象的细节资料能将读者带入研究场景中，丰富他们对研究场域的感受，帮助他们更好地理解研究对象。

（2）提升背景敏感度：观察法使研究者了解在具体的社会环境中究竟是哪些元素能够切实地影响研究对象及这些影响的发生机制。

（3）提升研究的开放性：观察法要求研究者对场景中的各种事件保持开放的态度，以实证数据引导自己的研究，由实证数据中归纳线索与理论，并以此为依据对前期设定的观察方法进行具体的调整。

（4）发现不曾见的细节：身处社会场景中的研究者可能会通过观察具体的社会过程，发现此前未见的细节。这些细节或是那些具有研究价值的、但被社会场景中的行为者认为不足为外人道的"常规事件"，或者是此前的研究者由于研究方法、社会科学和科技发展的局限而无法发现的信息。

（5）检验假设得到新知：以"参与式观察法"进行数据收集的研究者可以通过自身的行为在特定场景中检验过往研究中得到的理论，并发现过往学术先进可能未曾关注的细节。

（6）拓展研究的新领域：观察法可以帮助研究者为此后的访谈积累基础知识，并由此设计出仅凭梳理文献资料无法想到的、更加切合研究对象时空特性的访谈问题，进而提升研究者在分析中对研究对象时空特性的把握。

（7）深入挖掘敏感议题：深入社会场景中的观察可以使研究者发现数据收集对象在访谈过程中不愿意说出或者羞于讲明的事件和信息。

（8）不局限于他人视角：观察法使研究者可以用自己的视角来收集数据，使我们不再只能通过他人的眼光和解读了解研究对象。研究者通过将观察数据与访谈数据进行比对，还可以从多个角度理解研究对象。

（9）不局限于自我视角：研究者在通过观察法收集数据后，可以反思自我视角对数据的影响（例如，研究者在此前接受的学术训练、学科背景及自我认知在研究者对研究对象，以及与其相关的知识的建构中的体现），进而尝试超越自我的概念架构。

（10）更深刻的共情体验：观察法可以使研究者从感情层面理解自己研究的社会情景与社会过程，体验生活在其中的感受，了解与情境中的行为者相处的经验，理解在该情境中的某种社会实践的意义。

正是因为这些作用，观察法成了质性研究者收集研究数据的重要方法。在这一部分中，我们将首先为您介绍观察法的种类及不同种类的观察法的特点，再详述使用观察法收集数据的程序、步骤和其中需要注意的要点。

一、观察法分类

根据研究者与自己所观察的社会场景中的行为者的互动方式，观察可以分为"直接观察"（Direct Observation）和"参与式观察"（Participant Observation）两类。这两种方法各具特点，您可以根据自己研究的特点灵活选择。

（一）直接观察

采用直接观察法（Direct Observation）收集数据的研究者往往以纯然的旁观者的身份进入社会场景中，进而对其中的社会过程进行观察[95]103-104。研究者使用直接观察法收集数据的基本考量是希望自己以这种旁观式的方法获得尽可能中立的数据。故此，在观察过程中，研究者会尽量不去打扰数据收集对象和社会场景，并尽量减少自己与数据收集对象的互动，以避免自身行为对所观察的社会场景的干扰。例如，在前文中例举的足球流氓研究中，研究者在使用观察法收集数据的过程中会坐在 Milwall 球迷区旁边的观众席中，观察他们的举止行为和语言，并将自己的观察所得记录下来。

但遗憾的是，无论研究者如何小心，只要我们出现在研究场景中就很难避免自身行为对观察数据的干扰。这就像是我们在上学时，一旦发现教室里出现了听课教师，任课教师和同学们的表现极有可能与平常出现差别。即便这些听课教师只是安静地坐在教室后面的角落，但是他们的出现仍然很容易影响到教室里正常上课的师生。

那么我们是不是能够用高科技的手段（如摄像头）在被观察者毫不知情的情况下进行秘密地观察呢？在我们看来，这是不行的。因为这种行为会导致一系列研究伦理问题——被研究者是否同意被观察？他们是否同意参与研究？进而这会影响您的学术声誉。

不过，学者们对这一问题的观点并不一致。详细而言，尽管研究者在访谈前向受访对象说明研究信息并签署知情同意书已是学术界共识，但研究者在使用观察法收集数据时是否需要向被观察者公开信息，各派学者却莫衷一是。例如，有学者从学术伦理的制高点出发，要求研究者必须向观察对象毫无保留地说明全部研究信息，并批驳一切有意或无意地隐瞒研究信息的行为[98]114-158。也有学者从人性的角度提出，一旦行为者知道了自己参与某项研究，即便他们同意参与，也很难完全地表达自己全部的真实想法或表现出自己在自然场景中的行为——这是人们在社会生活中的种种利益与矛盾影响下的自然反应，因此只要研究者能确保研究的纯粹学术目的且不会对被研究者产生负面影响，那么秘密地观察和调研就是可以接受的[99]55,57。

如果我们把学术界在"使用观察法时是否需要向数据收集对象透露信息"这一问题上的态度视为一条数轴的话，那么上述两种迥然不同的观点就是这条数轴的两个端点，其他的观点则在这两点之间游走。如果您不确定您设计的观察法是否符合学术伦理的规范和要求，我们建议您按照以下步骤进行准备。

（1）评估：根据自己研究的敏感程度，评估两点。数据收集对象在了解全部研究信息后，他们的行为会在多大限度上发生改变；如果数据收集对象仅了解部分研究信息（或者完全不知情）的情况下参与研究，您的研究在多大可能上会对他们产生负面影响。

（2）讨论：向您的导师、同事及您所属研究机构（或研究资助者）的学术道德委员会成员说明您对以上两点进行的评估，并与他们讨论您的研究所需要的信息公开程度与方法。

（3）备案：在收集数据前，将研究设计提交给您所在研究机构（或研究资助者）的学术道德委员会进行审查和备案。

我们之所以没有提出一种绝对的标准，而是做出了这样的建议，是因为体育社会科学研究的实际情况和社会的时空环境是多样且复杂的，所以统一且绝对化的标准并不一定能很好地解决所有问题。同时，部分体育社会科学研究在使用观察法收集数据时，如果被观察者知道了他们正在被观察，他们的行为就会出现明显的变化，但被动且匿名地参与研究（被观察）并不会对他们产生严重的影响——例如，对现场观赛球迷如厕之后洗手行为的研究，以及世界杯对主办国性产业的影响的研究。当然，还需要额外说明的是，这个研究伦理问题不仅是您在使用直接观察的过程中需要考量的，您以参与式观察收集数据时同样需要处理好这个研究伦理问题。

（二）参与式观察

使用参与式观察（Participant Observation）的研究者在进行观察的社会场景中需要与研究场景和数据收集对象进行互动，并在互动的过程中进行观察并收集数据[95]105。使用参与式观察法的研究者承认并接受自身对数据产生影响，这一前提正切合我们在前文中提出的——社会科学研究中不可能得到"完全中立的"

数据，同时这种"数据的中立性"对质性研究来说也并不是必要的。故此，研究者尝试通过参与到数据收集对象的生活中，体验他们所经历的各种社会活动与社会过程，亲身感受、了解在这一社会场景中的经验，以期发现他们感受、诠释社会的视角，并理解社会过程对他们的意义和价值。例如，在足球流氓研究中，我们在对狂热的球迷进行了一段时间的直接观察后，会坐进他们所在的观众席中，或者去到他们常聚会的酒吧里，与这些狂热的球迷一起呐喊、唱歌、喝酒（当然，千万别喝太多了），然后记录下观察数据。

当然，与追求"中立"但不可得的直接观察法一样，参与式观察同样无法使研究者真正无差别地融入数据收集的环境中。比如说，长期、沉浸式的参与式观察（如田野调查）虽然可以帮助研究者更好地理解本地文化与社会，并在一定限度上消除他们局外人的身份，但仍很难使他们与数据收集对象在生活经历、视角和感受方面完全一致。Michael Patton 在 *Qualitative Research & Evaluation Methods* 中讲了这样一个故事[87]266。

> 囚犯：兄弟，你是犯了什么事进来的啊？
>
> 研究者：哦，哥们，别误会，我没犯事。我就是进来待一段时间，感受一下监狱里到底是什么样的？
>
> 囚犯：嗯？你说的"感受一下监狱里到底是什么样的"，这是什么意思啊？
>
> 研究者：简单说吧，我来这里是为了能从内部来体验监狱这个环境，这样我就不会仅是从外部的角度来研究监狱了。
>
> 囚犯：我去！哥们，你逗我呢吧。"从内部来体验……？"别扯了。我问你，你是不是只要觉得自己体验够了，拔腿就能走，对吧？
>
> 研究者：这倒是……
>
> 囚犯：这就对了，所以，你绝对不可能知道待在监狱里真正是什么样的。

这个小故事生动地说明了研究者和真正生活在社会场景中的行为者之间难以逾越的鸿沟（这个问题我们在第四章关于"局内人"和"局外人"的部分中有详细的说明）。尽管如此，我们仍然可以通过参与式观察，参与到所研究的社会场景中，尽可能地贴近行为者实际生活的场景，进而尝试由"局内人"的角度观察和记录其中的相关信息。尤其是对于那些持续时间可以用年为单位计算的长期参与式观察研究来说，这种数据收集方法可以帮助研究者获得其他方法难以收集到的第一手素材，帮助我们更加深刻地理解研究对象的生活经验与意义建构。

当然，参与式观察并不一定需要经年累月，您可以根据研究的需要和自身资源灵活地设计参与式观察的时长。例如，卢菲在自己的硕士论文研究《乡村广场舞的社区传播与空间实践》中通过两个月的时间，与研究对象一起参与广场舞，记录下她们之间的互动和言行，并与其进行了交流，以增加自己对所研究村落广场舞者的了解。而另一个针对金华市广场舞参与体验的研究《金华市中老年女性广场舞参与体验的质性研究》则时间更长一些。

无论参与式观察的具体时长有多久，您都要留心下列几点[100]184-191：

（1）参与式观察和其他质性数据收集方法一样，并不适用于收集大样本量的研究数据。

（2）参与式观察的目的是帮我们由局内人的角度理解行为者的互动和他们对社会的意义建构。

（3）参与式观察的过程是开放且灵活的，观察得到的数据是根植于数据收集对象的日常生活中的。

（4）使用参与式观察前，您要思考并确保以下三件事情可以完成：您可以在日常的社会生活中直接观察到数据收集对象；您可以进入研究对象的日常生活中（有些研究对象的日常生活是不太容易直接参与的，如某些只能由单性别参与的场景）；您通过参与式观察收集的质性数据可以回答您的研究问题。

此外，您在进行参与式观察法的同时，也可以配合使用其他数据收集方法，如"文献收集、访谈、直接观察及内省"[101]183。例如，在前面提到的足球流氓研究中，我们就是从直接观察开始，逐步进入参与式观察加非正式访谈的阶段，最后还与不同的利益相关者进行了半结构访谈。

在这些配合参与式观察法的数据收集方法中，（非正式或正式的）访谈尤其重要。您可以通过这种方式邀请观察对象解释您观察到的某些行为（或某个社会过程）对他们的意义。在直接观察中，访谈需要与观察分成两个阶段进行，而在参与式观察（尤其是人类学田野研究）中，研究者与数据收集对象之间自然而然的对话是和观察内容同样重要的研究数据[102]70。这种解释性访谈的重要性来自此前提出的"局内人"和"局外人"的关系。虽然我们希望通过参与式观察，由局内人的角度理解行为者的互动和他们对某个社会过程的意义建构，但因为完全的局内人立场很难实现，因此被观察对象的解说可以帮您从局内人的角度（或者更深入地）理解某一社会事件对他或她的意义。如同下面故事所讲，他人往往难以完全了解某个事件或行为对具体个体的意义。

从前，有个国王，膝下只有一个女儿。公主一天天长大，出落得楚楚动人；国王一天天变老，已渐白发苍苍。于是，国王召集了全国100名最勇敢、最有才华的年轻人，想为公主挑一名郎君。

到了集会当天，国王对这些年轻人说："首先，感谢你们接受邀请。你们是咱们国内最优秀的青年。我想让你们互相比试一下，选出最勇敢的那个人。我要大大地奖赏他，以鼓励全国的青年向他学习。

"比试的方法很简单——你们面前有个鳄鱼池，里面的鳄鱼都已经饿了半个月了。你们谁能平安无事地从游泳池的这边游到另一边，就能在三个奖励中任选其一：第一，拉走一车黄金；第二，成为我的丞相；第三，娶我女儿为妻……"

国王刚刚说完"妻"字，池中就是"扑通"一响。场内刹那间安静下来，众人望时，只见一个青年，双臂交互轮动，身边水花四溅，池中波开浪裂，观者无不瞠目。这青年鲶鱼般滑过鳄鱼，水箭似的游过池心，不一会儿便立身在水池彼端，睥睨四顾，雄视对岸众人。

全场此时爆出轰雷般的掌声。国王也欣喜异常，连忙走到青年身旁问："年轻人，你真是勇敢。你想要什么奖励？一车黄金？"

"不！"

"当我的丞相？"

"也不要！"

听到这个答案，对岸的观众已经在青年的注视下开始吹哨起哄。国王也满眼含笑地看着皇家包厢里已羞得满脸通红的公主缓缓说道："好！那你就是要做我的女婿啦！"

谁知道，青年咬着牙说道："也不要。"

"那你要什么？"国王吃了一惊。

只见青年先是一个深呼吸，然后说道："我要找出是谁把我推下去的！"

二、观察的步骤

(一) 观察的准备与设计

无论您准备使用哪种观察方法，事先的准备、设计都是必需的步骤。这就像是一场体育赛事，鲜有选手可以在毫无准备又与朋友们彻夜狂欢后，打破世界纪录或者拿下世界冠军。就观察的设计来说，Michael Patton 建议研究者在使用观察法收集数据前，针对以下 10 个方面进行设计（图 5-1）[89]534。

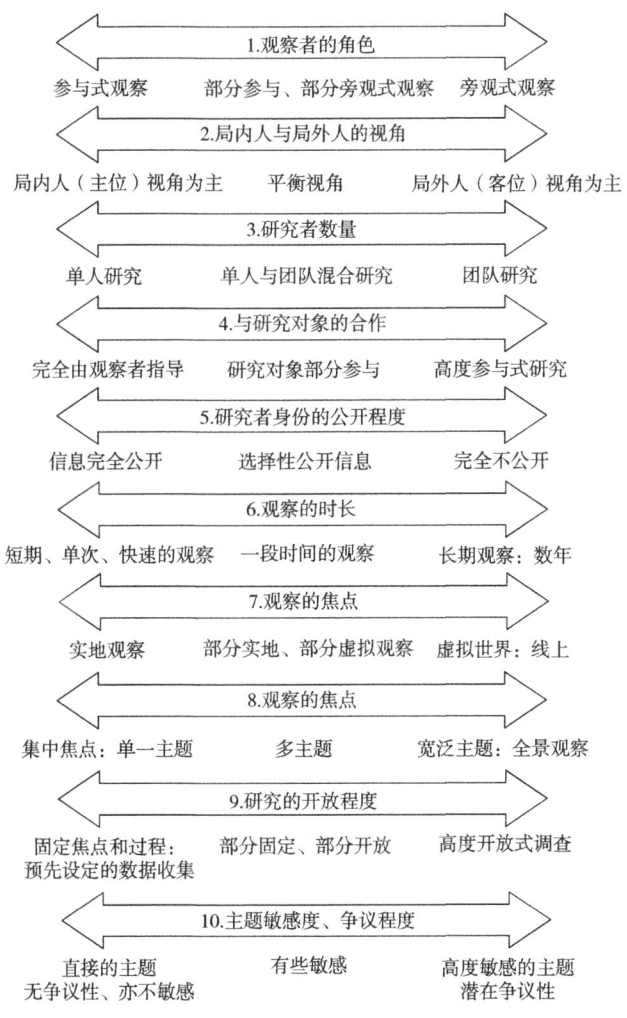

图 5-1　观察法的十维度选择

这 10 个方面或是比较容易理解，或是已经在前文已经说明。在这里，我们主要针对"观察的焦点""局内人与局外人的视角""与研究对象的合作"三个方面进行一些补充性的说明。

1. 观察的焦点与"敏感性概念"

社会场景中蕴含着丰富多样且时刻变化的各种信息。但遗憾的是，身在社会场景中的研究者并不是一台能够完全发现、观察并记录下其中所有信息的全景摄像机，而只是一架视野有限且观察内容会受视线焦点影响的显微镜。因此，我们必须要在开始观察前根据自己的研究规划观察的要点，并在观察的过程中针对这些内容投入最多的时间、资源和精力以获得尽可能多的有效信息。

与此同时，您还需要在观察的过程中用研究的眼睛看，用研究的耳朵听。详细来说，这要求您在观察的过程中，不断地将得到的信息回照研究设计，思考这些由实际场景中得到的信息与研究设计之间的相关性，以及它们对研究设计的指导作用，并以开放的态度根据这些信息反思（或在一定程度上修改）研究设计。

当然，您在刚开始进行观察时得到的信息可能会很庞杂。没有经验的研究者往往在此时会感到慌张，甚至会怀疑自己的研究设计是否恰当。这时，您并不需要匆忙地修改自己的研究设计，而是要仔细地分析自己的观察所得是否切合于此先设计的"观察场域"，是否含有我们欲求了解到的"敏感性概念"。那么，问题来了，"观察场域"和"敏感性概念"又是什么呢？

"观察场域"比较容易理解，是指在您所观察的社会场景中与您的研究最相关的领域，以及和这个领域相关的社会环境[103]20-22。譬如说，体育人类学研究的场域可以是某个特定的文化环境或是该环境中的社会过程。例如，张天琦在《儿童篮球俱乐部仪式教育参与观察的个案研究》一文中就以某儿童篮球俱乐部为研究对象，通过参与式观察与访谈，理解、剖析了儿童篮球训练课程中的仪式教育，并解释了其教育意义的作用机制和教育价值。对体育政策研究来说，研究场域可以是政策过程的整个循环或者其中的一个环节。例如，普华永道会计师事务所通过分析伦敦奥运会免费游泳项目（Free Swimming）的数据统计发现该项目的实际效果与预期相差甚远，并经由进一步的观察与访谈发现并阐释了这一问题的成因——"政策侧漏"和"政策替代"。

"敏感性概念"是指数据收集对象在您所观察的场域中使用的、可以被视为一般性现象（Regularities，我们也可以将其称为常规性现象）的概念、话语、标签及意义建构。您可以根据研究的具体领域、特定关注点，以及既有文献设定需要特别关注的敏感性概念，进而借助他们将复杂多样的社会行为与过程分解成便于观察、分类和分析的要素。换而言之，"敏感性概念"为我们的研究提供了线索与切入点——我们可以通过理解、分析、诠释这些一般性现象在特定场景中的意义，研究与身体活动行为相关的社会现象[89]535。例如，我们可以通过分析球迷的衣着、装扮或他们身体与所处场景的关系了解球迷的形象建构；通过观察他们特定的语言、口号和手势分析球迷的身份认同与群体边界；通过关注特定个体对不同对象的赋义与价值诠释，剖析不同个体在地位、资源与自我价值方面的分层；通过调查个体在体育活动中接受奖惩的过程发现个体通过体育接受"社会化"，以及社会借由体育规训个体的多种技巧；通过观察个体与队友、教练、对手、球迷等他者的互动了解他们在与社会进行互动时的行为与态度[101]78。

那么，在观察的过程中，您一方面需要通过关注敏感性概念收集信息和数据；另一方面，您也要对场景中出现的新现象保持开放态度，并根据具体现象调整此前设定的敏感性概念。通过对敏感性概念进行设定、观察、分析、反思的过程，我们可以将抽象的社会学理论和观察的具体社会过程联系起来。如果用图画比喻这一过程，由于我们在观察开始前就开始了规划，所以我们并不是一张可以任由研究对象涂抹颜色的白纸；同时，由于需要在观察的过程中保持开放的态度，所以我们研究的画布上也会接受社会情景中可能出现的前所未见的图案与色彩。

2. 局内人、局外人与观察笔记

我们在前面已经聊过局内人视角与局外人视角对数据收集和分析可能产生的影响，我们在这里主要探讨的是这两种视角对观察笔记的影响。

在观察的过程中，您需要用撰写观察笔记的形式记录观察所得。不同的观察视角不仅会影响到观察笔记的行文风格，也会影响到观察笔记中记录的内容。美国语言学家 Kenneth Pike 提出的"主位"（Emic）与"客位"（Etic）概念可以帮助我们更好地理解"局内人"与"局外人"视角在观察笔记（乃至整个论文）的写作过程中的表现形式。简单来讲，"主位"视角观察笔记是指研究者主要用被观察对象所使用的语言和概念类属记录观察内容的观察笔记。这种视角要求研究者在记录中，尽量还原、如实呈现被研究对象的视角和话语，如记录观察对象在场景中使用的具体语言（这些话语可以在论文中用做直接引语）就是一种典型的"主位"视角观察笔记。与此相对的"客位"视角观察笔记则是指研究者在记录观察内容的过程中，以自己对观察数据的分析为基础，主要使用在数据分析中涌现的概念来分类记录数据的观察笔记。这一视角的观察笔记中会含有更多的概念性分析与抽象内容，也要求研究者在记录观察内容的过程中有更高的独立度。

那么，由于使用参与式观察的研究者会尝试深入具体场景中，尽可能贴近被观察对象的生活经验、尽可能理解他们的意义建构，因此他们往往会采用主位视角观察笔记。与此相对，尝试通过旁观者角度来获取"中立"数据的直接观察，则往往采用客位视角观察笔记。

3. 研究者与研究对象的合作度

我们在第一章中为您简单介绍了"参与式范式"（Participatory Paradigm）。在使用参与式范式的研究中，研究者会邀请生活在所研究社会场景的行为者，以合作者的身份参与到研究团队中。那么，这类研究也就"天然地"成了一种具有"局内人"视角的参与式观察研究。例如，Niamh Kitching 和 Ali Bowes 两位学者在 2021 年的论文 "*Write When It Hurts. Then Write till It Doesn't*"：*Athlete Voice and the Lived Realities of One Female Professional Athlete* 之基础就是一项典型性的参与式范式研究。两位学者试图剖析女运动员在社交媒体平台的自我形象建构，以及这种自我形象建构对以父权制为主的体育管理制度体系的双向影响。他们首先对 Meghan MacLaren，一位会规律更新自己博客的职业女子高尔夫选手对自己在网络世界的形象建构进行了为期三年的观察与分析，进而邀请 Meghan MacLaren 本人参与到研究中，从自我的角度分析、反思了她自己在这三年中的自我形象建构的特征、意涵与价值，进而阐释了她自己在不同世界（现实世界和网络世界）中拥有的双重身份（一名女子职业高尔夫选手和网络世界活动家）与高尔夫运动中的父权制、资本主义文化环境的相互作用。

如果您准备使用"参与式范式"，请您注意团队成员在研究过程中的身份是多样的，同时也是不断变化的。详细而言，当您邀请被观察对象参与到研究中后，您在研究中的身份就不再是一位单纯的研究人员，同时也是合作研究者的指导者、协助者与合作者。您需要帮助合作伙伴反思自己的处境与过往生活，从而能够更好地理解和掌握自己的生活。但同时，我们也需要时刻检视和反思自己对合作者的影响——我们对合作者的引导在多大限度上会限制和引导他们对自己的看法和观点，从而限制了合作者的自觉与反思。这一点正如 Edward Said 对西方学界中的东方主义研究的批判——西方（尤其是欧洲）学界中的东方主义研究不仅在一定限度上强化欧洲的身份认同，同时也在一定限度上削弱了东方文化，因为这些研究自觉或不自觉地利用西方学界在世界学术界的"统治力"，限制了东方学者自我思考和自我研究时的观点与视角[104]5,22,327。

以上这三点是我们在规划观察法的过程中需要格外注意的难点，其他几个方面或者在此前的章节中已有所介绍，或是因为其具有较强的操作性而被归入本章后面有关操作性要点的部分中。请您不要着急，慢慢往下看。

（二）使用观察法的要点

当您完成了对观察的准备与设计后，就要进入操作性的环节了。在观察的过程中，您需要系统性地观察并记录下被研究的社会过程、社会行为者的行为和习惯（这里包括话语层面和非话语两个层面），以及他们所处具体时空环境的特征。通过这一过程，我们可以直接地体验行为者在特定社会情境中的经验（如球员的赛前的准备、赛后的放松），发现研究关注的重点社会过程之外的信息（如更衣室内的布置、环境和氛围），收集和理解在具体社会情景中的语言（如《江湖丛谈》中记录的种种"春典"和切口）和行为（如不同球迷团体的特定加油方式），甚至发现可能被局内人忽视的细节（如清华棒球队的队员在全国大学生比赛时会习惯性地找教室自习）。

为了能够更好地收集到这些有用的信息，更加系统地完成数据观察工作，您需要对一些操作性的环节加以注意。在本章中，我们参考第四版 *Qualitative Research & Evaluation Methods* 提出的 11 点建议，为您系统性地说明观察法在具体操作过程中的一些注意事项（图5-2）。

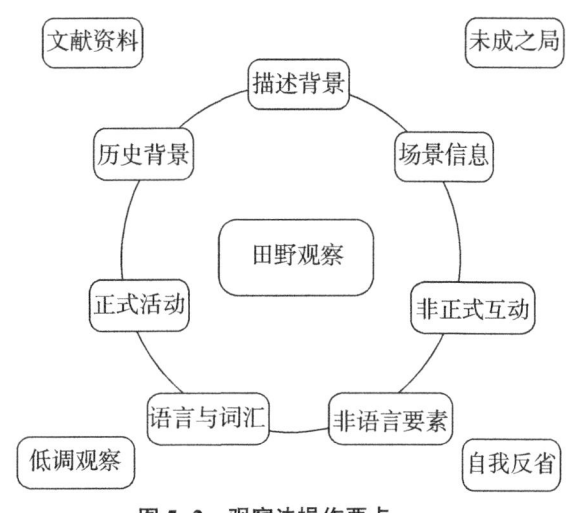

图5-2 观察法操作要点

1. 场景信息：描述观察的场景环境

观察、记录并描述社会过程发生的场景环境（如俱乐部更衣室的设施、球场的样貌）是使用观察法收集数据的质性研究的基本内容。这不仅能够为您在分析社会环境（尤其是场景环境）与社会过程之间的关系时提供资料，也能够使读者通过阅读您对场景环境的描述身临其境地理解社会过程所发生的环境。

在这一过程中，您需要格外注意，不要在记录或者描述场景环境时加入不必要的诠释性文字。虽然，我们永远无法纯粹地客观叙述（或者说，一切文字都是主观的建构与诠释），词语和词序的选择都会影响意义的表达（如"告诉"和"告知"两个词建构的主语和宾语之间的权力关系差异），但请您千万不要把观察笔记和论文写成小说，而且您尤其要注意那些需要读者进行价值诠释、词义会因主体不同而产生差异的形容词（如"简朴""丑陋""别扭""无聊"）。

例如，您可以这样描述一个球员休息室："球员休息室墙壁的颜色有深有浅，墙上挂着一个已经褪色的球队吉祥物"，但不要这样写："因常年日光照晒而色彩斑驳的红色墙壁上孤零零地吊着一个破旧的球队吉祥物，它瞪着一对大而空洞的眼睛无精打采地瞥着这个冷清的空间。"

如果从正面的角度来讲，我们需要以平实的方式记录下尽可能多、尽可能丰富的细节，而我们需要避免的诠释性内容和记录字数并没有直接的关系。例如下面这两段文字。

第一段：××大学棒球队的历史已经超过百年，但最近十年，球队每年只能从学校得到 2000 元经费支持。这些经费大多用来购买作为训练公用品的球、球棒和头盔，队员自己用的手套则由队员个人购买。由于经费有限，球队现在只剩下 20 多颗断了线的棒球、3 根掉漆的球棒和 4 顶已经用了快 5 年的头盔。比赛服也尺码不全了。

第二段：××大学棒球队历史悠久，近来却遭到学校的冷落。多数器材都破旧不堪，服装也不甚整齐。

第一段文字虽然字数多，但通过许多具体细节，表现了第二段中描述的内容；而第二段文字虽然看似起到了一样的效果，但其中"悠久""重视""破旧""整齐"不仅都需要主观诠释，而且由于作者和读者理解这些词的标准并不统一，因此这样看似"准确"的描述反而容易造成歧义。这种以形容词代替细节描述的问题在下面这两段文字中也可以发现。

第一段：这个健身房长 50 米、宽 30 米。健身房里摆着 20 个健身器械、4 排哑铃、4 个卧推架。其中只有一个卧推架的坐垫是新的，有两个卧推架的坐垫已经破了，露出了棕色的海绵衬垫；另一个的坐垫上也有了裂痕……傍晚 19 点，健身房里只有 3 个客人，相互之间没有交流。1 个巡场教练一直坐在角落，低头玩着手机。

第二段：傍晚时分，萧条、破旧的健身房里面冷冷清清的。

希望以上的例子可以让您了解平实记录细节的方法。为了避免在描述中带有过多的诠释性内容，我们建议您把自己对场景的记录和描述念给别人听，询问他们在脑中形成的画面；或者邀请同伴和您一起观察、记录某个场景，然后对比彼此的描述。

2. 历史背景：以历史视角观察社会

研究对象的历史不仅是您在开始观察之前必须要做的功课，也是您在观察过程中需要收集和记录的内容。收集并记录这些对研究对象具有历史性和文化性的内容，可以帮助您了解研究对象发展的历史逻辑，进而理解意义和价值背后的结构性特征。例如，奥林匹克运动在东亚语境中的意义以及东亚三国对奥运会的不同诠释，巴萨与皇马之间的西班牙德比背后的政治元素，悉尼 2000 年奥运会和温哥华 2010 年冬奥会中的原住民要素，以及新西兰橄榄球队在比赛前跳的战舞所代表的民族主义和国家主义意涵。换而言之，如果一位西方体育研究者不了解中日两国的历史，那么他就很难理解，为什么在 2004 年亚洲杯决赛中，工人体育场里会有球迷穿上灰色军装或者戴上红星军帽，他也只会把球场里回荡着《大刀进行曲》当作一首普通的足球加油歌。

3. 描述背景：观察个体与社会环境

如果把我们所处、所观察的社会分为时间、空间两个方面，那么其中时间信息可以分为"历史"与"当下"两部分，空间信息也可以分为"场景信息"和"社会场景（或者说人与社会环境）"。有关"历史"与"场景信息"的内容在前文已经有了说明，那么，您在这里需要描述的"背景"是指，具体场景中由行为者的互动而进行的社会型构——不断构成、"固化"并变化的社会环境（关系网络)[105]182,183。

由于这种社会环境一方面由行为者的互动建构；另一方面影响（约束、限制、驱动、迫使）行为者的后续行动，所以我们观察和记录社会环境中的重点内容不仅需要包括人们在组成团体过程中的互动，还要包括人们在此前通过互动组成的团体、形成关系和规则对他们的身份、行为与认识等层面的影响。

4. 正式活动：从开始到结束的记录

社会场景中的正式活动是您需要格外留心的内容。正式活动一般可分为两类：一是规律性的正式活动。例如，运动队每天固定的训练课，体育组织或者管理部门每周的例会；二是非定期的正式活动。例如，体育营销公司为某品牌进行的赞助战略策划会，健身房针对服务质量组织的客户焦点组访谈。

正式活动是您了解组织结构与文化、行为者与部门之间结构性关系的重要机会。在观察正式活动的过程中，您需要关注并记录正式活动发生的时间与处所、行为者在正式活动中的讨论内容和互动行为。您尤其需要注意行为者之间的语言交流，例如，他们如何解释自己的行为、想法和彼此之间的分歧所在。同时，您还可以记录下自己在观察过程中的感受。不过您需要注意的是，这里记录的是您自己的感受，而不是您认为或者猜测的观察对象的感受。

在每一次正式活动结束时，您还需要记下正式活动终结的标志、进行总结发言或者宣布活动终结的行为者、总结发言的内容、活动参与者在终结时的行为，以及这次正式活动与后续活动之间的关系。

5. 非正式互动：俯仰皆是研究数据

除了正式活动以外，您还需要关注行为者之间非正式的互动行为。非正式的互动行为一般会在观察场景中随机出现，如广场舞参与者相约第二天一起打麻将（您需要观察的是他们如何安排第二天的行程，而不必在第二天追踪观察他们的牌局）。同时，非正式的互动也会出现在正式活动中。例如，队员们在训练休息时的交流（交流的对象、内容和方式往往是随机的），在训练结束后和服务人员之间的互动；又如，村民们在准备民族传统体育活动时的沟通，以及他们与外部人员的交流与互动。

在观察非正式互动行为时，您千万不要蹑足潜踪地摸到被观察对象身边偷听——这种行为会引起其他人的反感和抵触。这时，您只需要做一个安静的旁观者，观察他们自然而然形成小组的过程、他们在互动中的手势和神态。如果您凑巧听到（不要偷听）一些与您的研究有关的谈话，那么也可以寻找适当的时机，顺势开始一些非正式的随机访谈。随机访谈的内容可以围绕着当天的活动内容，从轻松一些的话题开始，例如，今天训练的感觉怎么样？你对自己的哪些方面比较满意等。如果您有机会接触到在正式活动中参与度比较高的个体（如活动的主持者、观点非常明确的参与者），可以寻找自然的机会，邀请他们分享一下自己的观点和感受。

从整体上来说，非正式互动所包括的内容非常广，因为在您进行观察的过程中，一切与研究相关的内容都是数据。例如，队员在训练课后积极收拾器材是数据；在训练后转身就走，从来不收拾器材也是数据；在训练后转身就走，不收拾器材但是会主动加练还是数据。又如，赞助战略策划会议讨论热络，主持人甚至不想结束会议是数据；赞助战略策划会议讨论热络，但是讨论的内容都和会议主题无关也是数据。因此，您在观察的过程中要随时保持警觉，即便在被观察对象休闲放松时，您仍然要瞪大双眼看，竖起耳朵听，集中精力想。

6. 语言与词汇：从语义中发现意义

人们在社会场景中通过语言交流。更准确地说，人们在社会场景中通过语义来交流。例如，"我们要光盘"这句话，可能表示说话人需要一些用于保存资料的数据存储载体，也可能表示说话人想要吃光盘子里所有的菜；又如，"这时又来了一位女同志"这句话，有可能表示进来了一位女性，也有可能表示进来了一位女同性恋朋友。那么，具体的语义是什么呢？您需要根据具体的观察场景，发现、理解并记录下来。换而言之，如果我们只了解语言，而无法准确地理解语义，就很容易出现谬误。就像是这个英文笑话里面讲的一样：

An American, a Canadian and a Japanese were stranded in a deserted island in middle of nowhere. They understood that until rescues arrived, they will need to work together in order to stay alive on the island. So, they decided to divide up the tasks. The American points to the Canadian and says: "you will be in charge of building and maintaining a fire", the Canadian nods. Then he points to the Japanese and says: "you will be in charge of supplies.", the Japanese nods. "And I will be in charge of building shelters, we will meet back here by sunset". They agreed and went off their own ways. By sunset, the American has built this beautiful sturdy shelter, enough for 3 plus more. The Canadian created a big steady camp fire all ready to cook whatever they got. But the Japanese is nowhere to be found. After a few more hours, night falls and there were still no signs of the Japanese. They got worried and decided to go into the forest to look for him. They inch slowly towards the forest with cautions because they don't know what wild beasts roam at night. As soon as they stepped into the forest, a bush rustles, and out jumped the Japanese man screaming "SURPRISE！！！"

实在不好意思，我们在这里用了一个谐音梗。如果有朋友觉得被冒犯到，我们愿意真诚地向你道歉。这个老笑话很好地说明了，语义（而不是作为一种声音符号的语言本身）规范了我们在社会中的角色与行为（如到底是资源供给还是创造惊喜），引导我们看到、感知到相应的内容，进而建构了社会（存在）。

那么，基于这一点，您在观察中就要格外注意被观察对象使用的特有词汇，因为这些词汇的所指往往对使用者来说具有特殊含义、意义或者价值。例如，旧社会的江湖艺人为了保护自己的利益，不想让业外人士了解到自己心中的盘算，故而创造了各个江湖生意中的"春典"。所以，充分地了解词汇在具体社会情境中的语义可以帮助您发现所观察的社会情景的特质或其中具有特殊意义的对象，并帮助您在一定程度上更好地理解被观察对象的生活方式。

例如，爱斯基摩语中有上百个和雪有关的单词，这与他们的生活环境的关系不言自明。虽然有人说，这几百个和雪有关的词（如暴风雪、雪屋）仅是和雪有关而不是真正的表示雪的意思，而且原始爱斯基摩语中仅有三个表示雪的词根：qaniɣ "空中的雪"、aniɣu "落下的雪" 和 apun "地面的雪"，但无论如何，这些词语在生活在热带地区的部落中是很难找到。

在我们的身边也有这样的例子。例如，常吃兰州拉面的朋友一定会在点面的时候喊出自己喜爱的面型——"大宽""中宽""韭叶""二细""三细""细面""毛细"。无独有偶，热爱面食的意大利人也为不同类型的"面食"（Pasta）创造了丰富多彩的词汇。我们斗胆做了一个简单的常见中、意面食对照表，如表 5-1 所示。（另外，由于英美与意大利本土对于三细和毛细的叫法存在争议，在这里我们采取意大利的标准）。

表 5-1　意大利面翻译表

意大利语	中译文	意大利语	中译文
Macaroni	短空心面	Penne	空心拨鱼儿
Bucatini	空心面（长）	Cavatelli	面鱼儿
Rigatoni	粗短空心面	Tortellini	抄手
Vermicelli	二细	Ravioli	排叉儿
Spaghetti	三细	Farfalle	面领结
Vermicellini	细面（略粗）	Orecchiette	猫耳朵
Fidelini	细面（略细）	Conchiglie	像贝壳的猫耳朵
Capellini	毛细	Lasagna	肉饼
Fettuccine	韭叶	Linguine	切面
Tagliatelle	中宽	Ravioli	饺子
Papparadelle	大宽	Gnocchi	土豆面疙瘩

从上表中，您不仅直接地了解到中、意两国花样繁多的特有面食词汇，而且还能够发现中、意两国人民不相上下的对面食（尤其是面条）的热爱，也可以感受到我对面条的热情，进而能够发现这些词汇的所指（面食）在其所在的时空环境中、相对使用者而存在的特殊含义、意义、价值。另外需要额外说明的是，词汇的语义往往会随社会时空环境的变化而不断改变。不断更新的网络语言和热词，以及国内不同地区对"蒜苗""蒜薹""蒜黄""韭黄"的争执就是最生动的例子。

7. 非语言要素：多方式的意义建构

在社会情境中，行为者也常会用到一些非语言要素进行互动。例如，球员之间的拥抱、击掌或是球迷在拍照时使用的特定手势（如"剪刀手"）。行为者还会（自觉或不自觉地）使用非语言要素表达在特定场景中无法公开表示的内心活动与态度或进行意义建构，例如，恶作剧被发现时吐下舌头，听某人讲话时不停翻白眼乃至祭出国际通用的"中指问候"。此外，还有一些社会场景中的非语言、非动作元素同样可以为您提供重要的信息，例如，行为者在特定场合中的着装、会议中与会者就座的位置、顺序和距离等。

需要特别提醒的是，您在记录非语言元素所建构的意义时千万要多加注意，因为同一个非语言符号在不同的社会情境或者文化环境中可能会带有不同的含义。例如，手背向前的剪刀手在英国的含义类似于"中指问候"，当来自印度的运动员对您摇头时，很有可能在表示他和您谈话非常开心。故此，我们建议您在观察到可能具有重要意义的非语言符号时，先记下并标记好这些内容，再寻找合适的时机向了解具体背景的人询问这些非语言符号在场景中的具体意义。

8. 低调观察：间接地收集研究数据

我们在本部分的开篇中已提到，研究者一旦进入社会场景中，就很有可能影响到该社会场景中的人或事；行为者一旦知道自己正在被观察，就很有可能出现思想的波澜、行动的变化。因此，您需要创造性地对社会场景和其中的行为者进行间接且低调地观察，以减少对行为者的影响。福尔摩斯在"黄面人案"中，对来访者遗留到房间中的烟斗的观察，就是间接收集数据的典型案例：

- 来访者遗落下了烟斗；
- 琥珀烟嘴已经被咬穿；
- 烟斗并不是十分名贵；
- 但曾两次用银箍修理；
- 斗中烟灰是高级板烟；
- 烟斗右侧有灼烧痕迹。

在小说中，福尔摩斯进而以自己丰富的既有知识储备和缜密的思考逻辑为基础，根据这些间接数据进行了演绎，以推断来访者的特质。例如：

- 来访者粗心大意、急不可待：落下了珍爱的烟斗；
- 来访者身强力壮、一口好牙：琥珀烟嘴已被咬穿；
- 来访者珍爱烟斗：两次用银箍修理这个便宜烟斗；
- 来访者经济富裕：抽得起八便士一两的高级板烟；
- 来访者惯用左手：烟斗右侧有用油灯灼烧的痕迹。

当然，小说是作者虚构、杜撰的作品，但是我们在实际研究中也会发现许多这样有趣的、可以"曲线"收集的、并能够为我们提供重要信息的间接数据。例如，通过观察离席上厕所的听众人数，来判断教练员培训课的有趣程度；通过观察各种健身器材的磨损程度，判断健身房主要的客人类型与需求；透过观察足球流氓醉酒与吸食可卡因的程度，判断他们所属足球流氓群体的组织程度、活动方式，以及他们夜生活的内容与消费习惯。

9. 文献资料："非现象"与现象对比

我们在观察的过程中往往会发现一些以文字形式出现的资料。虽然这些文字材料很难被视为是一种社会过程或是社会行为者之间的互动，但它们都是非常重要的质性数据。出版物、印刷品（无论您怎么称呼它们）具有强大的结构性力量，这些文字材料是特定社会群体对他者的声音和话语，它们可以帮助研究者了解特定社会场景的背景信息，以及这个特定社会场景在您开始观察以前曾发生的事情。换而言之，您从这些文字材料中往往可以发现社会场景在时间或空间层面的背景信息。

表5-2中例举了一些可以为第一手观察或访谈数据提供补充的文字或档案材料。您可以在数据收集前阅读这些材料，以提升数据收集的广度、深度和针对性[89]565。您还可以通过比对这些档案材料与第一手数据，进行数据层面的三角互证（我们在第七章中会详细介绍三角互证），以提升研究的质量。详细而言，研究者需要通过访谈更好地解读和理解文献资料，而访谈的焦点与主题往往来自对社会场景的观察，观察的基础与背景则来自研究者在观察前对文献资料的阅读与分析，故此研究者可以通过比对、分析这三类材料，提升自己对研究对象的了解[89]581。

表5-2 补充性文字或档案材料

场域	文档类型	场域	文档类型
个人/家庭	日记	公益组织	愿景、使命文件
	照片		战略规划
	学校年鉴		年报
	信件		预算
	收藏品		董事会会议记录
	家传的纪念品		工作人员会议记录
	剪报册		宣传材料
社区	地方报纸	项目	客户文件
	地方图书馆历史档案		资金申报书
	地方法律文件与政策		重大事故报告
	政府档案（出生死亡记录、犯罪记录、公共健康记录）		季度报告、年报
			工作人员会议记录

场域	文档类型	场域	文档类型
社区	公告与通知	项目	网站材料
	对庆典与重大事件的记录		项目实施相关档案
	历史档案与照片		评估报告
	社交媒体记录		项目成果
网络生活	博客帖文	政府部门	法律与政策文件
	聊天室记录		政府预算
	登录记录		听证会记录
	社交媒体发帖记录		政府工作报告
	网络舆情资料		政府工作计划

10. 未成之局：观察未发生的"现象"

"零"和"没有"是完全不同的两个概念——这一点可以从哲学、佛学等不同的角度论述（当然这不是我们讨论的重点）。我们要说明的是，不仅某个事件（或某行为）的发生是一种社会现象，而且某个原本该发生的事件（或行为）并没有发生同样是一种社会现象。这就像是政策不仅可以定义为"政府做了什么"，也可以被定义为"政府没有做什么"，还可以被定义为"政府说他们会做或者不会做什么"[106]4。换而言之，政策文本既体现了政府的施政意图，也间接地定义了政府（有意或者无意）的"战略性"放弃[107]72。

所以，如果您所观察的社会场景中并没有发生本该发生的事件（如原定的例会并没有召开）、某一政策本应产生的效果并没有产生（如我们在前文中提到的伦敦奥运会"免费游泳"项目），您千万不要对这些"并没有发生的现象"视而不见，而应该将它们记录下来，并尝试探寻、分析这些"未成之局"背后的原因。

11. 自我反省：研究者的内观和反思

除了您所观察到的信息以外，您在观察过程中的感觉和感受也是需要您记录下来的重要信息。这是因为，我们之所以使用观察法收集数据，就是为了尽可能地深入社会过程发生的场景中，尽可能地亲身地感受、切身地理解行为者的经验与体会。所以，您在对外观察的同时，也需要不断地内观——观察自己的感受和感觉，并详细地记录下让自己感受的内容和强度。

同时，我们还建议您记下自己在进行观察过程中，对意义和价值的思考，以及对数据收集手段和收集过程的反思。这些内容不仅可以帮助我们进行自我观察，还能提醒我们关注观察和访谈的操作技巧，并提示我们思考自身具有的文化、政治、社会、语言和意识形态要素对数据收集过程和整个研究的影响，进而促使我们反思自我行为背后的诱因并对自身的价值取向进行批判性思辨。这些反思和批判都可以帮助我们在研究的过程中完善研究。

Alvesson 和 Sköldbery 将这种反思（Reflexivity）视为研究者对"知识"和"生产知识的方式"之间的关系的持续性探讨与评价。他们在 *Reflexive Methodology* 中，从两个方面论述了反思型研究的基本特征[108]5-6：

第一，反思性研究方法会反思数据和理论的"诠释性"本质——即便研究者在研究中使用的都是实证数据，但是对数据的"使用"本身即代表了研究者的选择——选择使用 A 数据而非 B 数据。故此，这种"使用"行为即是一种"诠释"的产物。那么，诠释实际上是先于研究的存在。这要求研究者必须要深刻地了解自己在研究中所使用的理论具有哪些基本前提和假设，自己在研究中使用的语言及自己的研究的基本认知会具有哪些作用——这些"不言而喻"的（或者说被研究者认为不言自明的）要素往往会以不可见的方式影响研究者对研究数据的诠释，而这种不可见的影响通常会被研究者忽视。

第二，反思性研究方法会反思研究者自身对研究的影响。由于研究本身具有"诠释性"本质，所以研究者自身的特质会对研究产生影响。因此，作为研究者的我们需要反思自己所处的研究团队、学派和社会，反思自己所在的学科与文化传统，反思我们所处的学术界惯用的语言与叙事体系的本质特征及其问题所在，并通过这一反思过程剖析这些因素对研究的影响。就实证研究而言，我们可以把这种反思视为一种"对诠释的诠释"，或是一种针对自己对实证数据的诠释而进行的批判性的自我剖析。

具体而言，我们可以就如下方面进行反思和剖析：

- 反思作为研究者的自我：我们是如何获得知识和信息的？哪些要素影响了我们观察和分析的视角？

- 反思数据收集对象：他们是如何获得知识和信息的？哪些要素影响了他们的视角？他们怎么看我？他们为什么这样看我？我是如何知道他们的看法的？我怎么看待他们？

- 反思研究的旁观者：他们如何理解我提供的信息？他们从哪个角度看待我的发现？他们怎么看我？我怎么看待他们？

无论是记录感受还是反思自我，这些对自我的思考都是在提醒我们——研究者并不是一台机械性记录观察内容的摄像机，而是一个不断体验、感受、解读、重构社会过程，收集、感知、重构、判断当地价值和意义的活生生的人。这里例举的"体验、感受、解读、重构"等行为并不是我们作为研究者对数据的初步分析，而是我们作为社会行为者对自己观察到的社会过程的一种反应。

您可以在观察笔记中用不同颜色的笔写下反思的内容，并在数据分析或讨论（而不是场景描述）中使用这些材料。这一反思和讨论的过程将对您提升研究质量、保持研究的批判性（自我批判）具有重要意义。

（三）操作的过程与重点

我们在前面为您介绍了观察法的分类、进行观察前需要做的准备和设计，以及使用观察法时需要注意的要点。作为这一章的收尾部分，我们将依照"进场""观察"和"退场"的顺序为您简要说明使用观察法收集数据的操作步骤。

1. 进场

在进入社会场景前，您需要准备好前文曾经提过的"敲门砖"，以应对各种疑问，并通过让场景中的行为者了解您的目的、行动及可能的研究成果，帮助他们理解并接纳您的出现。

在观察的起初阶段，您在观察、记录社会场景基本信息的同时需要迅速寻找场景中的关键人物（他们有可能是掌握重要资源的 VIP，也可能是对您的研究对象了如指掌的"知情人"），尽快记下他们的姓名、职务和人际关系，并和他们熟络起来。

此后，您需要根据在观察前积累的背景资料和在场景中收集到的初步信息，梳理场景中的重要事件和活动，以及需要重点关注的时段和场所，并尝试找出场景中的关键信息、敏感性概念、行为者的惯用语等需要记录的重要内容。

如果您参与的是一项团队研究，那么您一定要和伙伴们分享、讨论这些信息，并在总结会上根据大家收集的信息分析，是否需要在一定限度上调整此前的研究设计及对重要信息的理解。

2. 观察

在观察进入正轨后，一方面，您需要按照前期规划和自己在进场阶段梳理出的关键信息和敏感性概念，观察并记录下与研究相关的信息、场景中行为者对您的出现的反应，以及您自己在场景中的经验与感受。

另一方面，您也需要不断地尝试扩大、开发自己的信息源。例如，在场景中收集文献与档案资料，通过场景中的关键人物获取更多的信息，或者与场景中行为者进行非正式或者正式的访谈。当然，扩大信息源的前提是您需要让尽量多的人理解并接纳您的出现，同时也要注意维护好人际关系（例如，尽快地、尽可能地理解并适应文化差异，平等地对待每个个体，远离场景中的各种纠纷）。

与此同时，您还要不断地以收集到的数据为基础，反思自己在场景中的感受，讨论自己的研究设计；尝试在观察的同时梳理、解读信息，记录下此时形成的规律与主题，以期使自己对场景的感受和自己对场域内敏感性概念的理解更加具有系统性。当然，您还可以在这一过程中将收集到的新信息与已形成的信息框架进行比对，对信息进行三角互证并及时地调整已形成的信息框架。

Leonard Schatzman 和 Anselm Strauss [109]94-105提出的四分法观察笔记能够帮您比较全面和系统性地记录下通过观察法收集到的信息与自己在过程中的感想，他们提出，现场观察笔记的内容可以分为如下四个部分。

（1）观察到的内容：对所观察场景的描述性记录。

（2）自己在观察时的感受：直观的、感性的经验。

（3）观察时使用的方法：如何得到（1）和（2）的内容。

（4）对观察内容的初步分析：自己的思考和推论。

3. 退场

当您的观察需要告一段落时，无论您这时是已经顺利地完成了研究工作，还是因为各种琐事不得不暂时离开，您都需要让场景中的关键人物了解您的日程安排，并向所有帮助过您的人表示感谢。此外，您在离开前还需要检查自己是不是完成了所有对别人的承诺，并记下自己做出了哪些需要以研究成果为基础，在未来实现的承诺。例如，为当地政府提供文字材料或分析报告，在研究报告中说明某人对自己的帮助，或是为通天河中的白鼋问寿。这样做不仅可以表达您对大家的尊重，同时也便于您在未来再次进行数据收集工作。

如果您是提前结束数据收集工作，那么您需要记下无法继续收集数据的原因、对研究设计的调整及未能完成的工作内容。如果您是如预期地结束数据收集工作，那么您需要检查一下，现有数据中包含有哪些完整的案例，并将零散的数据进行分类，寻找数据中遗漏的角度，以期在未来进行针对性补充。

完成数据总结后，您可以重读一下自己开始观察时记下的场景基本信息，并以后续收集到的数据反思、检验这些初步的观察和分析的结果，进而验证、修改或者补完自己在数据收集伊始对数据的解读。如果您认为数据内容已经达到饱和，那么您还需要记下数据如何达到饱和，以及饱和的特征。

最后，我们建议您以总结记录的形式，记下自己在数据收集过程中的感受，从理性层面反思研究设计，从方法层面总结具体的数据收集操作，从感情层面让自己和这个社会场景告别（这一点尤其重要，尤其是您进行的是长时间的田野调查），以帮助自己为此后的个人生活做好精神和物质层面的准备。

总　结

本章是这本书中最具操作性的一章，我们为您介绍了两种数据收集方法，但是能够作为质性研究数据的内容还有很多。如前所述，非数字的信息都可以被视为质性研究的数据，所以相应的数据收集方法也还有多种类型。不过遗憾的是，这一章的篇幅已经不小，而且这本小册子的容量也是有限的，所以我们只能自此收笔。

无论是访谈还是观察，都是需要不断练习才能够掌握的"技术"。无论事先怎样准备，阅读了多少操作手册，如果没有实践的打磨，这些技术总是纸上谈兵。所以，对质性研究的数据收集来说，同样也是"实践出真知"。

这就像是您是第一次独自去超市买菜一样，无论您把购物清单写得多么详细，把蔬菜大百科背得多么纯熟，一定要自己亲身去观察、触摸才能够在几次试错之后买到最合用、最新鲜的食材。当然，买到食材并不是目的，完成料理才是目的。我们在下一章中，就会和您仔细聊聊"买菜"之后的工作——"择菜"与"炒菜"。

第六章
CHAPTER 06

数据分析策略与方法

老子曰："治大国，若烹小鲜。"做研究的过程也是大同小异——如果用做菜来比喻做研究，上一章的数据收集相当于食材的采买（当然，也可能是采摘和狩猎），咱们在本章要谈的数据分析相当于您对食材的处理（择、洗、切、腌）和料理（煎、炒、烹、炸）的过程。通过料理食材，咱们把原料变为佳肴；通过数据分析，咱们把原始数据变成具有说服力的研究。

从另一个角度讲，如果数据自己就可以说明自己的含义，如果读者天然地可以了解数据与您研究的关系，那咱们自不必画蛇添足地进行数据分析。但遗憾的是，如果我们只是把数据放在文章里，而不进行分析，那么我们很难保证读者对这份数据的理解和我们对它的解读是一致的——毕竟我们和读者在生活背景、生活经验等方面都存在差异。所以，如果把没有经过分析的数据（如孤零零地扔在论文中的引语）直接留在论文的正文里，不仅很难论证文章的论点，而且还有可能造成读者对论点的误读。这对于以理解意义为目的的质性研究来说，是尤其令人悲哀的。

从整体来说，质性数据的分析工作有两个特点。其一，数据收集与分析几乎同时开始。如前所述，质性研究的目的是理解行为者对社会的建构与诠释，剖析社会与行为者之间的互动关系，其研究结果是研究者和数据收集对象（如受访者或被观察的对象）及数据本身进行互动的产物。那么，研究者和数据收集对象在什么时候进行互动呢？很显然，数据收集就是这个互动过程的起点。在互动中，研究者自然而然地（也是不可避免地）便开始了对数据的解读和分类，这种解读和分类既是对数据的初步分析，也是研究最初的（将会被修正）结果。其二，质性数据的分析是一个需要研究者亲力亲为的过程，并没有人或者软件可以帮您计算数据之间的相关性、意义或价值——现有的质性数据"分析"软件其本质更多的是一种数据"收纳箱"。您需要自己根据研究目的，系统化地归类、整理数据，使用研究选用的数据分析方法剖析、解读数据，进而由自己研究的视角阐释数据分析结果——帮助数据说话。一言以蔽之：质性数据分析不仅需要研究者拥有方法论层面的知识，也需要智慧和技能。这项分析工作的重点并不在于循规蹈矩地遵守某个正确的方法或者某项合适的技术，而是一项充满想象力的、艺术性的、灵活且具有批判性的工作，而且也需要在方法、学术和理性层面都保持相当的严谨[110]10。

我们在本章中将依照质性数据分析工作的特点，先和您聊一聊如何对数据进行整理和归类（一般来说，这项工作与数据收集工作是同步进行的），然后再简要地说明四种研究策略，最后为您介绍五种数据分析方法。看到这里，您可能会问，研究策略和数据分析方法的差异在哪里？那么，用最简化的方法来回答的话，研究策略解决的问题是如何由有用的数据得到理论，数据分析方法解决的问题是如何由数据中发现对您的研究有用的数据信息。至于这两个步骤具体是怎样进行的，您还需要阅读后面具体的内容。

第一节　数据整理方法

子曰："学而不思则罔。"这句话对应在我们的研究中，就像是在提醒我们不要一个劲儿地堆数据——我们必须要在数据收集的同时，对数据进行整理和分类。这就像做家务一样，不仅要添置家庭用品，而且还要做好收纳，不然家里就乱成一锅粥了。

对于质性研究来说，在收集数据的同时进行数据的整理和分类工作是一项必须要完成的任务。在某些特定的数据分析方法中（如下文中说明的扎根理论），数据收集和数据分析是一个同时性的过程，而且这些实时的数据整理、归类和分析工作还会为后面的数据收集工作提供方向和指引。这就像是您在进行文献综述时，需要一边阅读文献，一边整理文献笔记，既要依照既有的线索和分类思路，整理文献，同时也要依照文献中提出的新的线索（如新的研究方法等）来寻找新的文献。

陈向明在《质的研究方法与社会科学研究》一书中援引 Bogdan 和 Biklen 的建议，说明了在数据收集的同时进行数据整理工作的好处。

（1）帮助研究者缩小研究数据的范围，尽早决定研究的方向和类型；

（2）帮助研究者具有总结型的观点和视角，找出后续的分析的线索；

（3）使研究从原始资料向理论建构的方向过渡；

（4）帮助研究者发现已有资料的空白领域，便于收集补充资料。

一般来说，与数据收集同步进行的数据实时整理工作包括两个部分。其一，临场的数据整理与归类。这部分工作主要需要您在进行数据收集（如观察和访谈）的同时，记录下自己与数据对象互动过程中的思考和灵光闪现，例如，您根据理论对于受访者谈到的细节信息的解读和诠释。其二，在单次数据收集完成后，立即或者尽快地开展数据整理工作。如果您完成的是一次访谈，那么您要尽快输出逐字稿；如果是一次观察，那么就要尽量迅速补充完我们在前文提到的四分法观察笔记中的内容。这些工作可以帮助您更加切实地记录下数据收集过程中的鲜活记忆，也有利于您对行为者的体验和经验的分析工作。

与此同时，您还要给资料加上不同的标签。例如，资料的类型，收集的日期、地点、情景，关键人物的人口统计学信息。当然，如果您将在研究中使用质性数据分类管理软件，那就方便多了。我们建议您多存几个文档，最好是云存储和本地存储双管齐下的多重保险。当您完成了以上这些工作，那么我们就要邀请您进入数据分析的阶段了。

第二节　数据分析策略

我们在第二章中曾经简单提到过"归纳""演绎""回溯""溯因"四种研究策略，或可以称为四种数据分析逻辑。就数据分析工作而言，这四种策略不仅对"数据与理论的关系"的看法截然不同，对理论在数据分析中的作用的观点也存在差异。如表 6-1 所示，这些差异主要在于研究者如何从数据分析中生成理论、检验理论；理论是研究的基础还是研究的结果；研究者如何获得对研究对象的解释和理解。

表6-1　研究策略表

要点 内容	归纳 Inductive	演绎 Deductive	回溯 Retroductive	溯因 Abductive
研究的 目标	得到普适的一般性规律，以解释社会变化和发展的模式	检验理论、假说，通过去伪存真得到知识	发现社会深层的运作机制，并以此解释可见的社会过程和常规现象（Regularities）	以社会行为者的动机与话语为视角，描述、理解社会生活
研究的 开端	不断地收集数据、观察、实验	寻找现有理论或构建理论，并将理论视为一种需要以研究对象的时空特性来检验的观点	以文献、理论或初步的分析为基础，找到一些常规现象	发现社会行为者日常生活中的概念、意义和动机
数据分析过程	归纳并分类数据，自下而上地获取一般性的规律	以理论和研究对象的时空特性为基础，演绎理论以得到"假说"；以数据为基础，检验假说	推断这些常规现象背后的因果机制；剖析社会机制的存在与特征	分析行为者对日常概念、意义与动机的叙述
数据分析结果	一般化的结论、规律；一组总结式命题	经过演绎和推理的真实假说和被验证或被推翻的假说	通过进一步的观察与实验检验、发现真实的、不可见的社会运行机制	以理论的方式重构行为者的日常叙事与社会诠释
最后目的	以这些一般性的规律作为社会发展的模式，进而解释未来的社会现象	抛弃被数据推翻的假说，得到知识	生成结构与机制——一套可以解读社会结构与机制的规律	产生一套有关研究对象的理论，并不断检验以达到针对特定时空环境中的研究对象的理论饱和
如何使用模型	通过对数据的抽象化概括与描述，建立概念模型	在研究之初建立理论模型	对部分数据的抽象化概括和描述，建构机制模型；进而以更多的数据进行检验和类推以完善机制模型	对数据进行抽象化的描述，建构关于Ideal type的话语体系

在这一节的内容中，我们将首先简单说明一下两种常见研究策略——"归纳逻辑"和"演绎逻辑"，再就"回溯逻辑"和"溯因逻辑"进行比较详细的论述。

一、归纳（Induction，Inductive Strategy）

"归纳"是我们从信息中获取知识最基本的思维逻辑之一，或者说是历史最悠久的由信息中获取知识的方法之一。归纳逻辑以实证主义为基础，认为知识来源于人的感知、实验和比较分析，并尝试通过以"信息积累、规律归纳、实例验证"来论证并获取知识——研究者首先通过观察或其他手段（如实验）收集和测量信息；进而对这些信息进行分类、积累和分析；最后，以这些信息为基础，归纳出符合它们的特征与规律的一般性知识与科学[15]103。以足球场上事件为例，我悄悄地激怒了对手，对方在暴怒下当着裁判的面殴打我，于是被红牌罚下；我第二次悄悄激怒对手，对方又因为殴打我而被红牌罚下了；一直到第 N 次都是如此。于是我归纳到，只要我能够激怒对手，并让他当着裁判的面打我，对方选手就会被红牌罚下。

由于社会具有多元化的特性，故此质性研究会较常以归纳法为策略，研究特定情景和条件下的特定对象[1]8。在这一过程中，您可以由原始资料出发，通过描述性分析某一社会过程在具体时空环境中的特征，自下而上地（Bottom up）归纳出数据中的线索和特征，进而得到一般性、概括性的理论。

不过，以归纳策略进行数据分析得到的结论大多具有时空特征——仅针对已经发生的案例具有解释力。换而言之，以这一研究策略为基础进行的研究较难得到放诸四海皆准的理论，研究者无法保证研究结论能够应用于以后的案例中。如果接续前文提到的"足球场上激怒对手"的例子，尽管我的诡计已经成功了 N 次，但是我仍然无法保证这个规律会在第"N+1"次的时候继续实现——裁判会在我第"N+1"次被暴怒的对手殴打以后继续罚下对方，而不会因为已经熟悉了我的所作所为，而把我和对手同时罚下。或者说，尽管我在同一位置，用同样的力度和角度，投中了 N 个三分球，也无法保证第"N+1"个一定会命中。

尽管从传统上来说，使用归纳逻辑进行数据分析要求研究者在不设定任何前提情况下收集数据，并在不使用任何假设的条件下分析数据[15]103，但是一如我们曾在前文中提出的，研究者不可能在没有任何知识和信息的前提下开始研究，而且社会科学中的知识和信息必然地带有时空特性乃至于意识形态元素，故此社会科学研究必然会涉及预先设定的概念，而概念的选择与概念的界定方式也一定会影响到数据工作。例如，对"职业运动员中是否包括三级训练网中的专业运动员"问题的回答与界定，必然会影响到相关研究在数据收集工作中的对象选择。所以我们可以说，社会科学研究也必然带有研究者的主体性。例如，我们的研究一定会受到自己能够使用的语言的限制，也就会受到语言逻辑（乃至其根源的文化）的影响，故此一味从理想主义的角度追求如一张白纸般的研究是不切实际的。

正是基于以上的思考，我们认同 Emile Durkeim 和 Steve Lukes[111]81-83 的观点——研究者可以在研究之初设定概念，并在研究中开放性地使用理论。在这一过程中，概念和理论会引导我们的数据收集和梳理工作，并帮助我们对概念、类属进行初步的归纳和分析。与此同时，我们也需要对概念和理论保持开放的态度，不断地将概念和理论与研究数据进行比对，反思数据中出现的那些与既有概念和理论存在差别的线索，以期根据这些具有时空特性的差异性线索对概念和理论进行补完和修改。

二、演绎（Deduction，Deductive Strategy）

演绎是另外一种我们常用的思维逻辑（或者说从信息中获取知识的方法）。这种方法可以追溯到欧几里得、亚里士多德，并由 Karl Popper 进一步发展成为后实证主义/批判理性主义研究范式中"证伪"法（例如，我们在第一章中举例的"黑天鹅事件"）的逻辑基础。

与归纳法不同，演绎法认为数据收集是研究者以理论为基础的、主观选择的结果。研究者在收集数据前需要以理论为基础，针对研究要回答的问题设定一些初步的答案——"假说"（Hypothesis）。研究者以假说为指导来收集数据，并用数据测验（注意，不是验证，而是测验）这些假说。当然正如 Karl Popper 所说，社会实在是无法直接观察到的，所以研究者只能尝试用理论去接近被观察到的现象（数据）。例如，当我们被骗一次后，我们描绘世界的理论就从"人们都很善良"变成了"不是所有人都是好人"。

那么，在以演绎逻辑为基础的研究中，理论并不是研究终点，而是研究的开端。通常来说，研究者会以理论为大前提，以实际案例为小前提，来设定待检验的假说以描述社会现实（例如，将假说与来自社会的数据进行比对），并通过不断地尝试与试错，得到关于社会的知识。例如，我们这样设定假说：

大前提：促进健康是锻炼的重要动力；

小前提：雾霾污染有害于人们的健康；

假说：雾霾时人们不太可能出门锻炼。

那么，设定以上假说后，研究者会尝试通过观察、测量收集数据，并对比在雾霾天气和非雾霾天气下人们锻炼的频率和时长来检验这个假说是否正确。

以演绎逻辑为基础的研究之所以这样做，是因为我们无法完全地了解社会，也无法了解人类社会的全部，故此即便我们已经得到了有关人类社会的真理，我们也无法知道自己已经得到了真理（因为我们无法遍览群山，所以即便我们已经"会当凌绝顶"，也无法论证自己可以"一览众山小"）。所以我们只能够消灭掉那些和数据不符合的假说来获得知识。在这一过程中，数据的作用是用来进行演绎推导，推翻那些错误的假说——去伪存真。当然，通过这一过程得到的知识也是具有时空特性的，而不是我们研究的社会过程的唯一解释或者唯一规律。

三、回溯（Retroduction，Retroductive Strategy）

作为一种研究策略的"回溯"（Retroduction）和"溯因"（Abduction）是由美国哲学家、逻辑学家、实用主义创始人 Charlies S. Peirce 提出的。虽然在最初的时候，这两个概念之间存在混用的情况，但随着探讨的深入，它们之间的区别越发明显，并逐渐成为两种独立的研究策略[15]181;[112]1。

本书中我们把 Retroduction 译为"回溯"，或者说"回溯策略"（Retroductive Strategy）。其原因在于这个词的前缀"retro-"的拉丁文本意为"退回"（且隐含有"出于某种目的而主动选择"的含义）[112]1。这一译法也见于陈江的《论回溯推理的模态形式》和夏华的《关于批判实在论的回溯法的研究——兼论马克思经济学的方法论》著作中。当然，国内也有学者将其翻译为"溯因"，以求强调 Retroduction 所欲"退回"的"地点"，也就是 Retroductive Research 所欲发现的研究所得，是社会过程和行为背后的结构性诱因和作用机制。两种译法各有所长，我们因为更加关注于单词的本身含义，所以这一单词译为"回溯"，而将 Abduction 译为"溯因"。

如上所述，研究者使用回溯逻辑的目标是阐释结构与机制。详细而言，使用这一策略的研究者试图在描述社会过程的基础上，剖析行为者特定行为或社会过程背后的个人和结构性因素，进而解释这些存在于可见的事件和行为背后的不可见的社会结构与机制。通过以上表述，您不难发现这种研究策略与批判实在主义之间存在很高的契合度（在后文例举的文献中，研究者都明确地说明了自己的批判实在主义立场）。

从操作层面上来讲，回溯逻辑可以看成归纳和演绎的结合（有关具体结合的方式，您可以通过我们后面的例子更直观地了解到）。在归纳的部分中，研究者需要通过观察、分析一部分数据，归纳、建构出一个可以解释所研究社会过程背后的因果机制（或者说是行为规律）的临时性假说——Charlies Pierce 本人甚至用"猜想"（Guess）和"解释性的直觉"（Explanatory Hunch）来说明这个假说的临时性[113]151。换而言之，我们需要根据对部分数据的分析和过往的经验和知识，设想、假设或建立一套可以解释这些数据中的规律现象的结构或机制；或者说，我们要找出一套能够以最简单、最有用、最符合一般情况的方式解释这些规律现象产生原因的说法[114]19-35。我们也可以通过建立反事实（Counterfactual）的方法构建临时性假说。例如，在评估伦敦 2012 年奥运会遗产的过程中，研究者就将反事实——"如果 2012 年奥运会没在伦敦举办，那么有哪些竞技体育政策和举措就不会出台"，作为剖析、梳理伦敦奥运会对英国竞技体育的"净影响"的起点。

在以归纳逻辑为基础建构了临时性假说后，我们就进入了演绎逻辑的部分。在这一部分中，我们以更多的数据来验证、补完、修订这个有关规律现象背后因果关系的临时性假说，进而得到研究结论——关于该社会过程的理论。一言以蔽之，回溯逻辑从部分数据出发，由其中的规律现象生成假说，进而用更多的数据验证假说，以发现特定时空环境中的社会事件与社会过程背后的诱因与机制。如果该机制是存在的，那么我们就可以在特定时空环境下期待某事的发生。也正是因此，韦氏大词典将 Retroduction 定义为"一种生成假说的归纳逻辑推理"（an Inference in Induction Leading to a Hypothesis）[115]1。

光说理论有点晕，我们来举个例子。例如，我们一起走进一个房间，看到房间中间摆着一张台球桌，台球桌上的黑球和白球正在滚（这是我们的数据）。那么根据一般的生活经验，我们可以这样解释这个现象：刚才有人在这儿打台球，因为有什么事，所以没打完就走了（形成假说）。此后我们突然想到，我们刚才似乎并没有听到房间里有人说话，也没有听到台球撞击的声音，球杆也都锁在墙上的玻璃箱子里（更多的数据）。于是，我们刚才根据所观察事件而想到的发生机制就不成立了（数据驳斥了假说）。这个时候，看门的刘师傅进来了，告诉我们刚才进来了一个小孩，从球台下面摸出两个球，在球桌上滚球玩（更多的数据修订了临时性假说）。这时，我们就了解到了这件事背后的诱因与机制。

您可能会觉得这个例子中，我们了解到最终发生机制的过程和前面的假说关系不大。那么，我们可以再讲个故事。

张阿三和李阿四是食堂的学徒。他们每天都要先给食堂的两个水缸打满水以后，才能去后厨打卡上班。

两个人干了一个月，食堂经理准备考评两个人的表现，于是拿出了员工上班打卡记录。这个月前三周的打卡表上，张阿三都比李阿四更早去后厨打卡。经理觉得很奇怪，因为两个人每天都是同时开始打水，跑得也一样快，也一样的不惜力，那为什么会有这种情况呢？

经理想，莫非是张阿三打水的桶更大？于是，他放下了打卡时间表，走到放水缸和水桶的房间，竟然发现写着李阿四名字的水桶更高——张阿三用的桶内半径 20 厘米、高 30 厘米；李阿四用的桶内半径 20 厘米，高 50 厘米。

经理因为自己的猜想错了，觉得很奇怪，就把两个人的桶拿起来看了看，发现李阿四的桶有一块板子是短的，只有 20 厘米高。经理一下子明白了：这叫"木桶理论"——木桶如果有一块木板不齐或者它下面有破洞，它就无法盛满水。换而言之，木桶（假设是个纯粹的圆柱体）的容积＝底面积×最短木板的长度。所以，张阿三每跑一趟能打 1200π 毫升的水，李阿四每跑一趟能打 800π 毫升的水。自然张阿三能更快地把水打满。

了解了这件事背后的原因，经理开心地回到了办公室，继续检查这个月的打卡时间表。突然，他发现，阿三和阿四打卡的时间发生了变化，从第四周开始，更早打卡的人变成了李阿四。经理想，莫非这两个人换桶了？不过这件事情，今天已经没法观察，决定还是把两个人找来问一下。

张阿三和李阿四当着经理的面，一口否认了换桶的事情。经理觉得愈发奇怪了——这没法解释啊？木桶理论不好用了啊。于是，他只好询问李阿四，为什么他在最后一周打水的速度一下变快了？李阿四说在最后一周把桶斜了过来（见下图），于是桶的容积就从 800 π 毫升，增加到了将近 1400 π 毫升①，他打水的速度自然就增加了。于是经理发现了"斜木桶理论"。

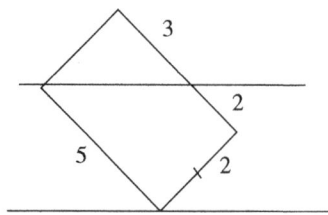

在这个故事中，经理（作为研究者）以解释两人打水速度的差别，先根据自己对张阿三、李阿四两个人的了解，针对观察数据（对打卡表的观察）提出了第一个临时性假说——大小桶假说；进而以更多的数据（对桶的观察）提出了第二个临时性假说——木桶理论。因为第二个临时性假说很好地解释了两人打水速度的差别，所以研究者因获得了可以解释社会现象的理论而感到心满意足（科研人员就是这样容易得到满足）。此后，新情况（第四周的打卡表）推翻了之前的理论。于是，经理为解释这个现象，在尽量不去更改此前理论的基础上，提出了新的临时性假说——两人换桶假说。但这一新假说旋即被访谈数据（两人否认换桶）推翻。于是，经理选择收集更多的数据——访谈李阿四，并以此为基础（李阿四的新技术）得到了最后的解释理论——斜木桶理论。于是，研究者的成就感再次被满足了。

我们可以看到，临时的解释性假说在研究的过程中被不断地带回数据中，进行验证、补完和修订，从而提升自身对研究对象的解释力。这种被"带回"的过程就是 Retroduction 一词中 retro 的意义所在。

在为您用实际研究案例说明这一逻辑前，我们想简单谈一下，回溯和归纳、演绎两种研究策略的区别。首先，回溯和归纳最大的区别在于，对使用归纳逻辑作为策略的研究来说，能够解释数据的特征与规律的一般性知识是研究的最终产品；而对于回溯逻辑来说，这种一般性知识只是研究的"中间产品"，研究者需要用更多的数据来不断验证、补完和修订这个中间产品才能够得到最终的知识[15]109。

其次，回溯和演绎的不同点主要有三点。第一，两者开端不同：回溯逻辑的

---

① 准确地说，如果我们假设桶是由 12 块宽度一致的木板组成的话，那么忽略表面张力以后，倾斜木桶的最大容积为 1389.6π 毫升。有关倾斜木桶容积不同的计算方式以及证明方法，请见附录中，分别来自王晶晶、李蔚然和卢晓阳的三个计算版本。

开端在于社会现象——我们在社会现象发生之后，根据了解到的信息寻找（推测）因果机制，而演绎逻辑的开端则在于理论——以某种理论为前提提出假说，并根据假说收集数据[112]1。第二，两者所验证假说的来源不同：回溯法在第二阶段用数据验证的假说并不来自既有理论，而是来自研究者通过分析研究数据（包括既有文献）得到的研究中间产品——我们或者可以将其称为"初步结论"[112]1。第三，两者使用的研究类型不同：回溯法不仅可以用于量化研究，而且与质性研究，尤其是以批判实在主义为基础的质性研究也非常契合[116]77-99。

故此，Jürgen Habermas 将回溯和溯因视为"（与归纳和演绎不同的）另外一种思考和推理的方式，这种方式可以帮助我们从一件事情前进到另一件事情"[117]113。

在操作层面上，Donald Wynn 和 Clay Williams[118]787-810 提出了以回溯逻辑为策略进行研究的五个步骤。

（1）解读事件与行为：深描事件，介绍发生的事件、行为、相关行为者和他们之间的关系及研究对象。

（2）解读结构与背景：描述事件的背景条件和各条件之间的关系。例如，您关注的社会场景，以及其中的组织结构、人员、资源、部门、价值观和人员之间的关系。

（3）回溯机制与结构：根据对部分数据的分析提出初步的解释性假说——研究所关注的社会过程背后的因果机制，并尝试以此说明、解释在具体社会情境中，社会事件因何发生，社会过程如何形成。

（4）以数据验证机制：用更多的数据评估初步解释性假说的解释力，提出、衡量并讨论其他可能的因果机制，并从中选出解释力最强的因果机制。

（5）对结论三角互证：使用不同来源的数据、多种理论对数据和理论进行三角互证，并尝试剖析底层结构的不同影响与作用方式。

下面，我们用两个研究案例来说明以回溯逻辑为策略进行研究的具体操作。第一个研究来自 Fieke Rongen 和自己的三位同事对两个英超俱乐部下辖足球学院毕业生的研究——*Do youth soccer academies provide developmental experiences that prepare players for life beyond soccer? A retrospective account in the United Kingdom*。

（1）研究目的：了解英超俱乐部下辖足球学院的毕业生如何看待自己的学习经历和学习成果，发现他们在足球学院学到这些知识的方法与路径。

（2）访谈对象：来自两个英超俱乐部下辖足球学院的 13 名毕业学员。其中

7人在毕业后得到职业合同，6人没有。A学院中4人拿到职业合同，3人没有；B学院中3人拿到职业合同，3人没有。

（3）访谈主题：自己在足球学院的经历如何影响了自己为未来生活做的准备。

（4）研究范式：批判实在主义。试图透过批判实在主义的视角，发现受访者职业生涯受到了哪些来自足球学院的影响及这种影响的机制——在给定背景下可以产生某种结果的特定机制（其中包括：影响的对象、方式、途径、产生影响的诱因和行为者，以及该影响发生的具体时空环境）。

（5）回溯策略：由受访者的生活经验出发，了解他们如何看待在学院受训的经历与这段经历对他们的未来生活产生的影响（例如，邀请受访者回忆这些影响产生时的具体时空环境、相关人物和事件，并请他们解读自己与他人在职业生涯方面的差异及其产生条件和过程）。透过分析数据获取与这些影响的发生机制和结构性背景有关的解释性假设，再用数据验证、修订、补完假设，并将其与此前的研究、理论及其他数据进行多方面的对比。

（6）数据分析：透过两波数据分析完成研究。

• 第一波数据分析：对A学院毕业学员访谈材料的主题分析。

第一阶段：听录音，输出逐字稿，并记录笔记和备忘录。

第二阶段：对逐字稿进行开放编码，了解受访者如何理解自己的学习收获、学习经历对未来的影响，以及收获和影响的产生路径与方法（包括学院的背景要素及结构），总结受访者使用语言的表面意思和引申义。通过以上步骤，研究者完成了前文 Donald Wynn 和 Clay Williams 提出的5个步骤的前三步。

第三阶段①：进一步梳理编码，由其中提炼主题，并绘制主题图。同时，尝试根据 Donald Wynn 和 Clay Williams 提出的5个步骤中的第三步和第五步，以数据分析和文献梳理为基础，提出影响机制——不同个体的学习经历在特定背景中产生影响的机制。这种影响机制可以表达为"机制+背景＝结果（影响）"。

第四阶段：以数据检验机制，"编码""主题"和"因果性主题（上一步提出的背景与机制的互动）"为基础，重读逐字稿。通过在逐字稿与主题图之间不停互相印证与讨论，验证机制，进而完成包含有因果性主题的"进阶主题图"。

• 第二波数据分析：对B学院毕业学员访谈材料的演绎分析。

第五阶段：以第一波数据分析得到的进阶主题图为理论，演绎假设。

---

① 这一步骤中，亦包含我们将在下文中说明的"溯因逻辑"意味，作者也在文中承认了这一点。

第六阶段：用 B 学院毕业生访谈材料来检验假设。在这一过程中形成的主题与进阶主题图中主题大致相同。同时，秉持着开放态度的研究者也在这一阶段发现了少量新主题。

第二波分析重复了 Donald Wynn 和 Clay Williams 提出的五个步骤中的第四步和第五步，验证并挑战了所提出的解释性假设中关于机制与背景之间的互动关系与机制的解释力（例如，验证了在假设中提出的作用机制可以在多大限度上解释不同足球学院的毕业生的受训经历与未来发展之间关系的异同）。

最终阶段：通过综合以上两部分的主题分析结果，形成完成版主题图，并以分析性叙事重构、呈现在论文中。

（7）研究发现：

①无论受访者是否成功地跻身职业足球领域，他们都认为在足球学院的受训经历使他们学到了可以转移到未来生活中的技能；也认为足球学院的受训经历为他们提供了受教育的机会，也为他们打开了职业之门，帮助他们在离开学院的时候，对未来有了更好的准备。

②这些正向影响和三个具有发展性的背景主题（Developmental Contextual Themes）高度相关。一是足球学院的具体要求；二是足球学院推崇和鼓励的内容；三是受访者在学院中的人际关系。

③此外，个人态度、历史背景和社会环境背景也影响球员的发展。

第二个研究是 Rouhollah Maher 和同事们对高水平篮球选手在罚球过程中如何感知、对抗压力，并提升罚球命中率的分析——*Managing pressure at the free-throw line：Perceptions of elite basketball players*。他们首先通过归纳法，从 7 名高水平篮球运动员的访谈内容中提取了影响变量、精神技能、管理策略 3 个主题，以及 19 个子主题。研究者再以这 3 个主题为线索，进一步阅读材料，发现与对抗罚球时的压力有关的 8 个精神技能，7 个影响变量和 4 个管理策略之间的相互作用机制。此后，研究者通过比对受访者的减压方式与既有文献中提出的可以提升精神技能的训练方法与要素，发现受访者所使用策略、方法所带来的正向作用的具体策略和方法。

四、溯因（Abduction，Abductive Strategy）

与回溯一样，溯因也是由美国哲学家、逻辑学家、实用主义创始人 Charlies S. Peirce 提出的。Peirce 本人也在很长的一段时间中，以 Abduction 一词交替代表 Abduction 和 Retroduction 两个概念——这在一定限度上使得这两个概念的边界一度较为模糊[112]1。本部分后面的例子中也包括了一个自我定位为"溯因研究"（Abductive Study），但在数据分析过程中却表现出明显回溯逻辑（Retroduction）而缺乏溯因研究特点的研究案例。

Abduction 一词的前缀 ab-表示"离开，分离"（Away from）之含义，例如，absent，abdicate，abaxial。Phyllis Chiasson[112]1 在辨析"回溯"与"溯因"两种研究方法时指出，此种"离开"的含义正切合于 Charlies S. Peirce 所提出的溯因逻辑——由某一特定社会现象或研究主题中脱离。Norman Blaikie[15]100-101 的解释则进一步说明了这种"脱离"的本质——尽管"溯因"分析过程类似于"回溯"，但以"溯因"为策略的研究更加关注于社会行为者的话语——社会行为者对社会的建构、诠释与赋义，尤其是话语建构行为背后的原因。

详细而言，以溯因逻辑为策略的研究在数据分析的操作过程中和前文介绍的以回溯逻辑为策略的研究非常相似——收集数据，分析数据，借由数据分析寻找所有可能的解释，以解释为基础构成假说（为何会出现这种社会现象，行为者为何会如此解读社会过程），进而以最合理和最可能成立的假说解释数据，并以数据来修正、补完假说[118]787-810。

然而，溯因逻辑更关注于分析研究对象对社会的阐释，而由社会现象的可见层面"脱离"。故此，使用溯因逻辑的研究往往立足于诠释主义范式，通过与被研究者的互动，分析他们对自身"日常经验的建构"，理解他们的经验、话语，以及他们所建构的价值、意义和社会，进而了解社会（作为一种建构物）为何被赋予特定意义。因此，溯因逻辑体现了质性研究作为一种认知过程的本质[119]86-87。正如 Tatiana Ryba 和同事在对高水平女子游泳运动员在转换训练、比赛环境后如何进行"急速文化适应"的研究[120]85中指出，研究者尝试使用溯因逻辑：

> 辩证地分析和对比日常经验与理论阐释，并通过建构理论框架来（主动地）阐释研究对象的经验……（我们在本研究中使用溯因逻辑并）通过逻辑推理分析数据，是因为本研究的目标在于理解，对游泳运动员来说"急速文化适应"是通过什么过程完成的，并剖析是否可以使用以自我决定理论为基础的心理学理论来理解他们的经验。

根据溯因逻辑秉持的诠释主义研究范式，社会科学研究的目的是理解和诠释行为者建构的社会实在。故此，研究者必须首先以行为者的视角为基础（而不是以研究者自己的视角为基础）来描述社会过程。那么，研究者就需要深入社会中，通过访谈和参与式观察，感知和发现行为者的生活经验，以及他们对生活经验和社会过程的意义建构。进而，研究者需要从数据中提炼概念、理解意义、形成假说并尝试以社会科学的话语重构一下内容——行为者的动机、原因与价值取向，以及他们当时所处的社会情境与社会过程。只有通过这样的过程，研究者才能够理解和解释行为者在特定时空环境中做出的特定行为背后蕴含的动机与原因。所以，尽管从操作层面上来看，溯因逻辑的分析过程与回溯逻辑类似——由数据分析中发现规律，在以规律为基础解读更多数据的过程中验证规律，进而通过不断对比数据和理论达到理论饱和，最终获取研究结果，但其在研究范式层面更加偏向于建构主义，其关注重点也更偏向于对话语和意义的研究与分析[15]114-115。

故此，Norman Blaikie 指出，溯因逻辑具有三个显著特点：一是对社会实在之本质的观点——以诠释主义、建构主义范式为研究起点，视行为者对社会的解读为人类社会的基础。故此，行为者的话语中蕴含着他们对世界和社会的概念的赋义，以及他们用以解释社会过程的"理论"。二是对"为什么"问题的答案之本源——行为者大多麻木于日常生活，只有在他们的日常生活出现问题或规律被打破时，或在他者开始研究社会生活时，行为者才会开始反思"为什么"。三是获得这些答案的方式——研究者需要鼓励行为者反思日常生活、收集他们在行为中或者话语中的碎片化的意义建构，进而以学术语言阐释和重构行为者所生活的社会及其意义[15]116。

那么，您在使用溯因逻辑进行研究（尤其是数据分析）的过程中，首先要了解研究对象在您所关注的社会情境中使用的语言，进而在此基础上，分析研究对象如何对概念、行为、社会过程进行诠释和赋义。在这时，您尤其要注意的是，他们如何理解和诠释社会结构、社会过程及社会关系的理想状态（或者说"理想类型"，如果我们套用一下 Marx Weber 使用过的概念。换句话说，我们尝试从行为者的日常生活经验和他们对日常生活的解读中发现，他们如何建构社会的"理想类型"——一种在"任何社会实在中都不可能见到的乌托邦"[121]50-112）。最终，我们以学术语言阐释、重构行为者对理想类型的建构过程——在 Alfred Schütz 看来，这种"学术重构"的本质是研究者以研究对象建构的理想类型（第一级建构）为基础而建构的另一种理想类型（第二级建构）[15]231;[122]231-249。

为了更好地说明上述内容，下面我们用三个具体的研究案例来说明以溯因逻辑为策略的研究的具体操作。第一个案例是 Mark Partington 与其他两位同事对英国职业青少年足球教练执教行为、方式与理念的研究：*An investigation of the effect of athletes' age on the coaching behaviours of professional top-level youth soccer coaches*。

（1）研究目的：了解英国职业青少年足球教练的执教行为、认知过程与理念，解释其形成原因，尤其是教练指导对象的年龄段对教练执教行为的影响。

（2）访谈对象：英超联赛精英训练中心（English Football Association Premier League Centre of Excellence）的 12 名青少年足球教练。12 名教练人均有 8 年执教经验，分别执教 6 个年龄段：U10、U11、U12、U13、U14、U15 和 U16 混合组（每个年龄段两位教练）。

（3）访谈主题：对执教行为、方式和理念进行解读和讨论。

（4）溯因策略：

①以录像来记录 12 名教练每周的训练内容，每周训练 5 小时，包括 2 堂训练课和 1 场训练赛。教练的目标是帮助球员获得职业合同。

②反复观看录像，并记录教练的执教行为，以获得描述性量化数据。

③对量化数据进行多元分析，了解教练的执教行为与方式，以及执教行为和方式与队员年龄层之间的相关性关系。

④通过与 12 名教练的访谈，了解他们的执教理念和思路，并邀请他们解读自己的训练行为与方式。

⑤分析质性数据，通过对比分析观察数据与访谈数据，以发现执教行为和理念背后的认知过程。

（5）数据分析：

①研究者以 Coach Analysis and Intervention System 作为模型，在 3728 分钟的录像中，记录下 12 名教练共计 33775 次的执教行为。

②将教练行为分为说明、提问、回馈、静默和惩罚五类因变量；他们执教的队员的年龄段为自变量，通过分析量化数据得到执教不同年龄段的教练的执教行为和特征。

③由于溯因的最终目的在于了解被研究者对社会结构、社会过程及社会关系的建构与解读，故此研究者以量化数据分析为基础与每位教练进行了半结构性的访谈，并在访谈中加入了邀请受访者分析、解读量化数据的部分，因此访谈也可以被视为溯因分析的一部分。首先，研究者邀请受访者描述、解释和讨论自己的执教行为、方式和理念。其次，研究者邀请受访者阅读量化数据和分析结果。最

后，研究者与受访者一起讨论他们实际的执教行为和方式，并邀请他们解释自己实际执教行为背后的原因。

④通过对质性数据进行编码、提取概念和提炼主题，研究者得到如下三个主题。其一，教练员使用特定执教行为的原因和目的。其二，教练员的个人经验与信念（个人经验与信念会影响他们的执教行为，受访者会将其与他们所受到的教练员培训对他们执教行为的影响相对比）。其三，教练员对执教行为的预期效果的错误理解与认知（例如，如何通过训练实现目的）。

（6）研究发现：

①执教对象年龄越小的教练，会在训练中进行更多的说明和讲解，也会有更多训练式的活动；执教对象年龄越大的教练，会在训练中进行更多的询问，会给队员更多的反馈与惩罚，也会使用更多游戏式的活动。

②教练们大多依赖于传统的执教方式，并自诩为掌握知识的专家。

③影响教练员认知的并不是自己的年龄或者此前接受的教练员培训（已有大量研究证明教练员培训作用非常有限），而是他们对训练的基本看法与思路（例如，自然而然地认为什么方法好）、他们此前作为球员和教练的经验（和他们对这些经验的解读），以及周遭环境对他们的压力。

在上面这个研究中我们可以看到，研究者通过收集、分析量化数据为教练们提供了一个可以检验"理想形态"的参照物，再邀请他们解读使得实际行为与理想状态之间产生差距的原因，进而通过质性数据分析了解到影响受访者行为与认知的深层因素和过程。有趣的是，研究者在访谈过程中就邀请受访者对部分研究数据（量化数据）进行了分析和解读，因此，我们在一定限度上也可以将其视为一种"参与式研究"。下面的研究案例中也存在这一特点。

第二个研究案例，*Exploring emotions as social phenomena among Canadian varsity athletes*，关注于体育场景中的情感表达的社交功能。Katherine Tamminen 的研究团队尝试以溯因策略剖析加拿大的大学生运动员如何将情感理解为一种社交现象，以及他们如何解读情感在体育场景中的社交功能。

（1）访谈对象：14 名（7 男 7 女）加拿大大学生运动员。他们的运动背景包括集体项目（篮球、足球、排球、曲棍球）和个人项目（游泳、田径）。

（2）访谈主题：

①首轮访谈主题：过往运动经验，球队或训练氛围，运动生涯中曾在个体或团队层面感受到的压力。

②次轮访谈主题：运动生涯中的情感表达，与其他运动员一起的情感表达，在团队中感受到的情感，在运动生涯中感受到的集体情感。

（3）研究范式：诠释主义、建构主义范式。研究对象（情感的社交功能）的本质在于受访者对情感和自己与他人关系的作用和价值的解读。因此，此研究的本质是研究者对受访者的解读的再解读，故此，研究的结果是研究者与受访者共同建构的产物——研究者重构受访者的社会建构。

（4）溯因策略：

①以相关文献与理论为基础设计访谈提纲。

②通过访谈了解受访者如何感受、理解运动场景中的压力和情感。

③在次轮访谈中，研究者提出"情感的社交功能"概念，邀请受访者解读这一概念并讲述自己的相关经验。例如，对比个体情感与集体情感，描述情感在唤起凝聚力、塑造团队价值方面的作用。

④在数据分析中，一方面了解受访者如何建构情感的社交功能；另一方面将数据中涌现的主题与概念和相关文献、理论进行比对分析。

⑤进一步剖析，受访者如何建构具有情感意涵的概念和不同具有社交意涵的概念之间的关系（例如，群体情感与社会身份认同和团队融入过程之间的关系）。

（5）数据分析：

①研究者将总长 1232 分钟的访谈录音转录为逐字稿。

②对逐字稿进行归纳式内容分析。编码、概念分类并提炼主题。

③分析受访者在建构情感的社交意义的过程中使用的话语和方式，解读其背后隐藏的社会环境对社交方式与标准的规范。

（6）研究发现：

①个体和集体的压力往往会唤醒集体情感，但个体或者集体的情感也可能会带来冲突。

②情感表达会影响球队成绩和表现，也会帮助队友了解团队价值，促进凝聚力并对抗压力。

③运动员的情绪和情感表达，以及他们对情感的社交功能的理解受到了运动员身份认同、队友关系、球队领袖和教练，以及社会中的常规情感表达方式的影响与规范。

在这项研究里，受访者不仅说明了自己对"情感的社交功能"理解，并用自己的亲身经历（在体育场景中感受到的压力与情感）诠释了"情感的社交功能"。通过分析受访者的话语，研究者一方面理解了受访者对情感与社交之间的关系的解读，另一方面也发现了会影响受访者的解读的结构性因素。

以上例举的两个研究都进行了两阶段的数据收集，并在第二阶段邀请受访者对现象（如量化数据）或者概念（如情感的社交功能）进行了分析和解读。而在下面这个案例中，研究者的数据收集过程虽然只有一轮，但却把新的数据和自己在前期研究中收集的数据联系了起来。也正因如此，这项研究的操作过程有些类似于我们在上一部分中介绍的以回溯逻辑为策略的研究——以分析部分数据为基础提出临时性假说，将临时性假说与研究者对新的数据的分析结果进行比对，进而通过补完和修正临时性假说得到研究结论。

在这项名为 *When you watch your team fall apart—coaches' and sport psychologists' perceptions on causes of collective sport team collapse* 的研究中，Vanessa Wergin 的研究团队在分析球员在球队崩盘过程中的经历和他们对球队崩盘原因的解读后，将视线转移到教练和体育心理学家身上，试图了解他们如何解释球队会在比赛中突然崩盘，并分析他们对球队崩盘原因的理解与球员们的理解有何异同，进而以此修订之前提出的"球队崩盘诱因过程模型"。

（1）研究数据：与 7 名教练和 4 名体育心理学家进行的半结构访谈。

（2）访谈主题：球队在比赛中突然崩盘的诱因和崩盘对球队的影响。

（3）溯因策略：

①研究者之此前在"球队崩盘诱因过程模型"研究中使用的访谈提纲为基础，设计访谈提纲。

②研究者首先对受访者描述"崩盘"的概念。

③邀请受访者根据自己对这一概念的理解，描述（作为教练）经历过的崩盘，或者（作为体育心理学家）了解或分析过的案例。

④邀请受访者评论崩盘对球队的影响并解读导致崩盘的诱因。

⑤对比不同角色（球员、教练、体育心理学家）对崩盘、崩盘诱因及其影响的不同理解，进而分析不同理解产生的原因及其对不同受访者行为的影响。

（4）研究范式：相对主义本体论与建构主义认识论——社会行为者主观建构社会实在，研究者通过与受采访者的互动，了解受访者的主观建构，诠释受访者对社会实在的建构背后的意义。

（5）分析过程：

①研究者将访谈录音转录为 122 页的逐字稿。

②以之前研究中提出的"球队崩盘诱因过程模型"为基础，对访谈数据进行的演绎法内容分析。

③将与"过程模型"有关的内容进行编码（例如，"赢了就是第一名了"——模型中的"压力"要素）。

④对新内容进行归纳式分析（例如，"说什么都没用了。没有呼应、不抢球、没反应，就这么傻站着"——新的"麻木"元素）。

⑤不断重读文本、编码及备忘录，以深入了解崩盘。用尽可能多样的方式来理解数据。

⑥分析教练员与心理学家对崩盘的理解与之前研究数据中运动员对这一概念的理解存在何种不同，剖析这种差异的产生原因，以及这种差异对不同角色的人员在球队崩盘过程中的行为的影响。

（6）研究发现：

①教练与体育心理学家对崩盘过程中的感情、认知和行为后果方面的认知与运动员不同（例如，新诱因、新的关键事件）。

②对"球队崩盘诱因过程模型"中提出的崩盘诱因进行重新排序。

③讨论造成三类行为者在解读球队崩盘的原因和经历崩盘时的关注点两方面出现差异的结构性原因。

读完我们对这项研究的简要说明，您肯定发现了这个研究的过程类似于我们在上一部分中介绍的以回溯逻辑为策略的研究。然而，这项研究的关注重点与得到的研究结果却不同于以回溯逻辑为策略的研究的关注重点——这项研究关注于教练员和心理学家对球队崩盘、崩盘诱因和影响的理解和解读，而以回溯逻辑为策略的研究则关注于社会过程和行为背后的结构性诱因和作用机制。

换而言之，以回溯逻辑为策略的研究往往以批判实在主义为基础，尝试在描述社会过程的基础上，剖析社会过程或行为者特定行为背后的个人或结构性因素，进而解释这些存在于可见的事件和行为背后的不可见的社会结构与机制。而以溯因逻辑为策略的研究则多以诠释主义范式为基础，并通过与被研究者的互动，理解他们的经验、话语，以及他们所建构的价值、意义和社会，进而重构作为一种建构物的社会被赋予特定意义的原因。

在以上的部分中，我们为您介绍了四种数据分析策略。这些策略虽然不同，但是他们的目的都是帮助您从有用的信息中获得最后的研究结果。那么，我们又如何从繁杂的质性数据中提取出有用的信息呢？这是我们在质性数据分析中需要完成的任务，这个更加操作性的问题，我们在下一节中为您进行详细的说明。

第三节　数据分析方法

质性数据的种类多种多样，分析这些质性数据的方法也是五花八门。正因如此，我们很难给质性数据分析方法作出一个整体性的介绍，也不太容易提出一个标准式的方法。所以，我们借用 Andrew Sparkes 和 Brett Smith 的观点，对质性数据分析进行一个剪影式的描述。

质性数据分析是一个自研究之初便开始的、对意义进行艺术且科学地解读的过程。质性数据分析中包括了录入逐字稿、管理数据、（通过不断阅读而）熟悉数据、思考数据内涵及其建构方式、检验所有可能的关系，以及在写作和展示过程中的反思与批判[16]115。

这段文字中提到的"录入逐字稿"的过程与方法在前面的章节中已经有了介绍，"数据管理和储存"现在大多交给软件来完成，相关的问题主要集中在技巧而非学术思辨的层面。因此，本节主要讨论的内容为五种常见质性数据分析方法的切入点、分析过程，以及它们在分析过程中关注的侧重点与分析结果。

作为一切的开端，我们首先要解释一些您在本节中会常读到的"学术黑话"（表 6-2）。

表 6-2　学术黑话表

中文	英文	含义
主题	theme	数据中重复出现的，对研究对象的社会建构或者价值取向具有重要意义的模式或者规律
聚合	clustering	比较或者对比引语、将含义相似的引语联结或分解的过程
类属	category	数据中呈现的一个观点，建立在编码之上，是意义相似的数据的集合
编码（作为动词）	coding	以理论或研究的视角将数据打散，并把数据"贴上'概念化标签'"的过程
编码（作为名词）	code	数据的概念化标签[123]3-21。从理论或研究视角分析数据时，数据的最小意义单位

一、内容分析（Content Analysis）

使用内容分析法的"质性研究"并不少见。之所以我们要把质性研究打上引号，是因为这种分析方法实际上是一种对质性数据（无论是档案、文字还是访谈内容）的量化分析方法[1]116。这种分析方法通过将质性数据在某一语境下的本义与其引申义、比喻义相剥离，进而以"计数"的方法来"更系统地"分析文本内容。换而言之，使用这种方法的研究更关注于数据中出现了哪些特定的文字，而较少关注于这些文字背后的意义。例如，对使用内容分析法的研究者（尤其是只关注文本层面的内容分析研究者）来说（如图6-1），"羊群统治了森林"这句话可能仅表现了一次动物迁徙，而与英国足球传统"非豪门"的德比郡队和诺丁汉森林队之间的英格兰足总杯赛，乃至于这两支位于东米德兰地区（East Midland）宿敌球队的球迷之间的冲突并没有任何的关系；而"羊与林之宿怨"还有另一层意思，即德比郡与诺丁汉森林之间的比赛是在英国关注度排名第11位的宿敌战，两队90%的球迷将对方视为不共戴天之敌[124]1。

图6-1　羊与林之宿怨

这种分析方法尤其常见于对媒体报道和政策文本的研究中，研究者通过将政策文本的某种属性（例如，某个词语的出现频率或者政策的发布单位）进行赋值，再对其进行数理统计，以求得到"数字化"的"科学规律"。例如，有研究者在基于我国国家政策文本的体育消费政策研究中，将我国在21世纪发布的数十份国家政策文本在"政策类型（供给型、需求型和环境型）""政策执行主体（政府部门、社会组织、企业、个人）"和"政策影响力（研究者以文件发布层级和文件涉及政府部门数量为依据计算文件影响力，而忽视了"政策纵向分权"和"地方政府在地方事务上的实际影响力"）"三个维度分别赋值，进而计算出不同类型的政策在每一个维度内的百分比，从而推导出在某一维度中哪一类政策已成为"主流"，哪个政策执行主体在我国体育消费发展中承担着更多的任务的结论。这样的研究往往可以帮助我们了解社会事件呈现的样貌，但是往往无法深入探究其背后的因果机制。

Andrew Sparkes 和 Brett Smith 在 *Qualitative Research Methods in Sport*, *Exercise and Health* 一书中提出了名为"分层内容分析"（Hierarchical Content Analysis）的分析方法，并声称研究者可以通过这种方法完成数据的对比、分类和分析工作，进而得到关于特定主体的知识[17]116-119。同时，这种分析方法对研究者在理论和概念层面的知识储备要远小于其他质性数据分析方法。研究者只要按部就班地依照研究步骤进行按图索骥式的操作，就可以完成一个八九不离十（但学术质量比较一言难尽）的研究。

一般来说，分层内容分析可以依照以下六个步骤完成。

第一步，熟悉数据：您需要反复阅读逐字稿、听录音，充分地熟悉数据。

第二步，确定主题：您需要从数据中寻找并发现初级主题，这些初级主题要能够反映出每位受访者的特点。这一步的工作可以分成两个阶段：第一阶段，给每个受访者的数据加上标注，说明他的特征；第二阶段，从质性数据中寻找不同的概念。

第三步，主题连接与归类：将初级主题归类、编组，以形成可以互相连接的、具有特定意涵的类属。我们将这些能够涵盖不同初级主题的类属称为子主题，意义相近的子主题可以组成内涵更丰富的、更高级别的主题。

第四步，交互检验：再次检验初级主题和类属。我们建议这一步由数据收集者亲力亲为地重读逐字稿，并确定所有的主体和类属都已经被包括在数据分析结果中。

第五步，检验结果：在这一步中，您需要邀请一位并没有参与数据收集过程，且拥有丰富质性研究经验的研究者检查整个数据分析过程。

第六步，表示结果：数据分析结果需要以图表形式列出。您需要用这些图表明确地展示出主题的分层结构。

以内容分析为数据分析方法的研究尽管会有学术贡献——可以把自己的研究数据展示出来，供其他学者进行讨论和批判，但这类研究往往会存在以下四个短板。（1）将质性数据分析中对数据的厚描，变成了切片式的"薄描"；忽略社会生活的厚度、广度、细节和微妙的语义，忽视"人"的作用。（2）由于这种方法关注于计算主题和类属的数量，因此研究者总是会"重量而不重质"，尤其容易忽视那些出现次数虽并不多，但却对我们理解被研究的社会过程具有重要意义的主题。（3）这种方法关注于"什么"而不关注"如何"，所以学术深度有限。
（4）这种方法剥离了文本和背景、语境，因此难以发现语言背后的结构性要素。

二、主题分析（Thematic Analysis）

内容分析和主题分析最主要的区别在于两种方法的关注点——内容分析关注于不同概念、类属出现的频次和频率，而主题分析关注的重点则在于寻找数据中的不同意涵，并以整合的方式提纲挈领地对数据整体进行分析和描述。因此，主题分析也总能比内容分析更加深入意义建构的层面。在对数据进行主题分析的研究中，能够呈现主题内容的报告写作也是数据分析的一部分。

这种数据分析方法的优势在于：它对使用者的理论水平要求不高，易学且便于上手[125]1-13。研究者可以通过对数据进行主题分析，发现不同研究对象的感受和他们观察社会的角度，并指出其中的异同。因为主题分析要求研究者采用结构性的方法来处理数据，所以可以用于对较大量的质性数据（当然也不会多到量化数据的水平）的分析中[126]77-101。

需要说明的是，因为从质性数据中提取主题是许多质性数据分析方法的核心部分，所以有学者会质疑主题分析是否可以被视为一种独立的质性数据分析方法，还是应该算作一种质性数据分析的操作手段或步骤[126]77-101。然而，作为一种数据分析方法的"主题分析"并不仅是从数据中提取或分析出不同的主题这一个内容，而是由数据中发现主题、分析主题、组织主题、描述主题、展示数据中的主题内容的整个过程。具体来说，主题分析主要包括了以下六个步骤。

第一步，熟悉数据：如前，此处就不赘述了。

第二步，初步编码：给整个数据进行系统性编码，并把所有的编码结果（以及相关的数据）用列表的形式记录下来。

第三步，寻找主题：将不同的编码依据意义的相近性和相关度分组归纳；阅读每组数据，以从中提出若干个备选的主题。与此同时，您还要不断地思考，如何把不同的编码合并成为一个整体性的主题——也就是能够将数据串起来的主线（有时，主线可能不止一条）。您可以用图画、表格、思维导图等形式制作"主题图"，以帮助自己更好地掌握、理解并阐释主线。

第四步，检查主题：检查主题这一步分为两个阶段。

第一阶段，阅读每个备选主题下的数据，检查数据和备选主题的一致性，并分析这些备选主题是否恰当。一般来说，"恰当"的备选主题不仅需要有充分的数据支撑，而且还可以和其他备选主题相互贯通，进而形成连贯的线索。

有的备选主题可能会存在支撑数据不足，或者支撑数据过于散碎以至于主题说服力不足的情况。这可能是因为备选主题本身就有问题，也可能是因为数据量不足或者数据不合适。如果备选主题下面的相关数据不合适，那么您可以将这些数据放到更合适的主题下面，或者通过阅读这些数据形成新的编码或主题，当然也可以放弃这些数据。

当您觉得备选主题可以概括、说明其下辖的数据，且数据也可以支撑该备选主题时，或是您已经画好了备选"主题图"时，我们就可以进入第二阶段了。

在第二阶段中，我们首先要确定备选主题是否与数据整体存在相关性——备选主题与整体数据间是如何关联的。然后，我们要对整体数据再次编码，以寻找在初步编码过程中被遗落的内容。此后，根据再次编码的结果补完主题图，并检查主题图是否对整体数据有充分的解释力。那么，如何评判主题图的解释力是否充分呢？您可以用以下标准来检验主题图：不同主题的内容是否充实且具有说服力；不同主题之间是否互相联结且符合逻辑；主题图能否很好地串起和描述整体数据。

如果主题图对整体数据有充分的解释力，那么我们就可以进入第五步了；反之则需要进一步编码，提取主题，并修订主题图。

第五步，命名主题：在这一步中，您需要通过分析每个主题的本质，以及每个主题彰显的数据特质来修订、确定并命名主题。这项工作听起来似乎是一项很抽象的且需要相当的总结能力的工作，但实际上，您可以通过把每个主题所包含的内容组织成一个短小精悍的"故事"来总结现在这个主题的"内核"。当然，在命名各个主题的过程中，您还要关注各个主题与整篇论文之间的关系，并确保自己可以用这些主题回答在研究之初提出的研究问题。

需要多说一句的是，有一些意义丰富、内容庞杂的主题可能还会下辖一些"子主题"——他们之间的关系就像是一个大标题下面的小标题。"子主题"能帮您组织、说明"母主题"的内容，但如果您在一个"母主题"下设定了太多的"子主题"，就很容易让"母主题"头绪杂乱，让读者一头雾水。

无论是"母主题"还是"子主题"，您都应该可以用一两句话来描述它的"本质"，清晰地将它与其他主题分隔开，并说明它和其他主题之间的关系。如果您没法用一两句话来完成这个任务，那就说明这个主题有待修改。

在您完成了对所有主题的内容说明后，就可以用简洁的几个词句为主题命名。当然，如果相同级别主题的标题字数是一样的，那就更好了。

第六步，撰写报告：如前所述，撰写报告也是主题分析的一部分，因为您很可能在这个过程中对主题产生新的、更深刻的理解。在撰写报告的过程中，您需要用翔实、生动的数据充分说明每个主题的内涵与本质，也需要将主题图作为报告的骨架和主线，以诠释数据为基础，分析性地描述您的研究对象。

最后我们需要说明的是，以主题分析为数据分析方法的研究往往会由于对理论的要求不高且相关理论文献数量有限而容易缺乏理论深度（例如，缺乏对社会结构和运行机制的剖析）。同时，因为数据中的线索千头万绪、缺乏一致性，所以如果一项主题分析研究缺乏恰当的研究策略（详见本章第二节），那么就很容易变成中小学生学习语文时的概括文章段落大意。因此，我们建议，如果您选用主题分析作为数据分析方法，那么您一方面需要谨慎设计研究策略和理论，以增加研究的理论深度；另一方面，您也需要通过设定明确的认识论立场，以确定数据分析的起点和依据，继而提升研究的整体性和数据分析与研究范式之间的一致性[127]345-347。

三、叙事分析（Narrative Analysis）

简单来说，叙事就是人们讲的故事，是"由前后相连的事件组成的谈话内容。这些事件的顺序既代表了前、后行为之间的因果联系，也反映出讲述者希望阅听者从故事中了解到的意义"，这些谈话内容能将听者"带到过去或另一个社会中，并复盘当时发生了什么……"[128]3。当然，也有人认为叙事并非一个整体的故事，而是一个一个根植于特定文化背景的片段，人们把这些片段依时间顺序相连接，进而依照这个顺序为他者提供一个整体性解释或是描述故事的结果[129]33-52。但从整体而言，尽管学者们对"叙事"和故事之间的关系存在不同意见，但均认同讲故事的人及故事（或者说叙事）的内容是叙事分析的主要对象。

可以用于叙事分析的数据多种多样，其中包括（但不限于）自传、信件、媒体报道、人类学田野笔记、照片、视频及访谈。同时，叙事分析的对象不仅包括叙事内容，还包括"讲述"本身。详细来说，当您在进行叙事分析时，不仅需要关注叙事内容，还需要关注受访者如何排列不同事件与行为之间的顺序关系，如何设计故事结构，如何描述故事发生时的历史社会环境；除此以外，还需要注意受访者在讲述时所处的环境，受访者的讲述方式和他使用的语言。

我们之所以需要在听故事的同时还关注如此多的方面，是因为任何的叙事中都包含叙事者自觉或者不自觉的选择。人们通过选择特定的词汇、顺序和结构，以各自的叙事建构自己的身份、自己与社会之间的关系，以及社会本身。这种选择不仅反映了人们观察社会的角度与观点，同时也受限于特定的时空环境。换句话说，在任何具体时空环境中，既存在着可以或可能被使用的语言，也有一些话题不能被谈，一些语言不能被使用（这些不能够被谈及或被使用的语言的存在也就成了无源之水）。这里既包括因为时代发展而未被发现或发明之物，如《三国演义》里面不可能出现冲锋枪；也包括因为信仰或者意识形态而被视为禁忌的话题，例如16世纪初期欧洲社会中的"日心说"。

正是因为语言的社会属性，所以我们可以说，社会中并不存在纯然属于个体的、脱离于时空背景而存在的经历，也不存在纯然个人的、中立的叙事。因此，我们在进行叙事分析的过程中，不仅关注于叙事的内容、逻辑和脉络，更需要剖析其中使用的语言及其在特定时空背景下的意涵[128]105。例如，叙事人如何将故事中的不同片段组合起来？叙事的预期听众是谁？他试图通过这个故事建构怎样的意义？不同的故事之间存在怎样的联系、差异或者冲突？

此外，我们在关注故事中的因果逻辑和互动脉络的同时，也需要关注于故事内与故事外的历史发展脉络。例如，叙事人为何在特定时空环境中讲述、表达这个故事，他和她如何将故事和社会文化背景关联起来？故事中包含了哪些（社会的）潜台词和价值取向？故事对不同背景的听众会产生什么影响，这些影响如何产生？不同背景听众会如何评价、回应这些故事[130]81？

叙事分析和"质性研究"之间的相似点在于，叙事分析也是一个包含许多具体分析策略与方法的集合性概念。我们在这里为您介绍两种叙事分析方法："主题叙事分析"（Thematic Narrative Analysis）与"整体形式分析"（Holistic-form Narrative Analysis 或者 Holistic Analysis of Form）。需要首先说明的是，尽管我们会在下文中说明这两种分析方法的一般性步骤，但您并不需要亦步亦趋地恪守这些流程，而可以根据研究项目的具体特点进行相应调整。

（一）主题叙事分析

主题叙事分析是 Catherine Reissman[128]150-213 在 *Narrative Methods for the Human Sciences* 一书中提出的诸多叙事分析方法中的一种。这个方法可以帮您在不同的案例中发现相似的主题要素和叙事逻辑。但与我们前面讲过的主题分析不同，主题叙事分析更关注于数据的整体叙事内容，而不是将数据打散为不同的主题关键词，再用零散的引语和分析进行说明。故此，您在使用这种方法时，需要在生成、论述主题类属的同时保持叙事的完整性，因此要在呈现分析结果的过程中，以较长的引语和完整的段落进行论述[131]35。具体来说，您可以按照以下步骤进行主题叙事分析[17]132-133。

第一步，记录初步印象：如果您的研究中包括了几个案例或者来自多个受访者的数据，那么您首先需要挑选其中一个案例，然后在反复阅读、熟悉数据的基础上，写下对这个案例（或者说受访者所讲述的故事）的整体印象，并通过标识这份数据中重复出现的重要内容（如重点语句、关键事件、具有挑战性的任务、转折点），掌握数据并概述数据。

第二步，寻找关键主题：这一步骤的重点在于通过寻找叙事中的关联所在，发现受访者在叙事过程中建构的意义及整体叙事中的典型逻辑关系。在这一步中，您可以首先标识叙事中的特别词句和段落，分析具体事件、行为与人物线索，进而对这些规律和线索进行编码以发现叙事中的典型逻辑关系。例如，我们在对青少年体育参与叙事的研究中发现，每当受访者在讲述与自制力有关的经历时，不仅会谈到面对"诱惑""困难"和"压力"时保持自制的内容，还会包含与"成功""奖赏"和"满足"有关的内容。

在寻找关键主题的过程中，以下这些问题会帮助您厘清叙事之后的逻辑：

- 这段叙事里面发生了什么事情？
- 这件事情的发生需要哪些条件？
- 叙事中各个主题的意思和作用分别是什么？
- 叙事和其中各个主题背后的潜台词是什么？
- 这个主题和整体之间的关系和作用是什么？

另外，如果在不同的案例中都包含着有关同一件事情的内容，您就需要格外注意没有包括这件事情的案例，或者是忽略了这个事件的一个特定细节的案例——受访者不说某事也是一种叙事的选择。

第三步，以主题梳理、评论数据：从这时开始，您关注的重点就不再是叙事内容本身，而要逐渐把主题作为分析的轴心，梳理不同主题出现的方式、出现时的背景要素，以及不同主题之间的互动方式与关系，进而将与特定主题有关的概念、理论相互连接，并进行批注。

第四步，定义主题、重写故事：为不同主题命名，明确主题之间的关系，以主题为线索思考——数据中的这个主题所反映的人物特点及他所处的文化背景，并以主题为线索将叙事整理成文，使用直接引语来描述、解释每个主题，但您需要注意不要把故事写得过于零碎。

第五步，对比分析、撰写报告：分析所有数据，对比每个案例的叙事中最具有意义的主题（使用图表或思维导图可以帮您比较迅速整理出线索），并以在整个研究中最具有意义的主题为线索撰写报告。在报告中，您需要使用丰富的细节，说清主题之间的关系。

（二）整体形式分析

整体形式分析是艾米娅·利布利希（Amia Lieblich）、图沃-玛沙奇（Rivka Tuval-Mashiach）和塔玛·齐尔伯（Tamar Zilber）提出的四种"叙事分析模式"之一[132]107-130。这种方法着眼于叙事的整体，重点关注故事（或者说，情节）、目标、以目标为指向的一系列事件、事件之间顺序与因果关系。

我们可以使用这种方法，通过说明叙事者如何使用叙事材料来分析叙事的整体结构——尤其是其中某一个"情节"（Plot）的发展和演变逻辑[130]86。例如，通过分析退役运动员如何描述自己的运动员身份认同在运动生涯中的变化，来了解他们如何建构自己在生命不同阶段的身份、观念和价值。具体来说，您可以参考以下步骤进行整体形式分析。

第一步，记录初步印象：在反复阅读数据的基础上，记录事件内容、事件之间的顺序、人物，事件中及人物之间的紧张关系与感觉，并写下您对整个故事的讲述方式的最初感受。

第二步，梳理情节的发展：找出整体叙事在每一个阶段的主轴，以及情节发展的方式。在这一阶段中，您需要重点梳理、分析事件之间如何进行联结和转折，以及受访者如何描述自己的过去、现在和未来；同时，您还需要记下自己对情节发展的思考。

第三步，找出推动情节发展的动力：当您完成了对情节发展方式的梳理后，就要进一步深入叙事逻辑，剖析在叙事背后推动情节发展的动力。在这一过程中，您可以从叙事内容和讲述方式两方面进行思考。

• 叙事受到了哪些叙事材料的影响？

• 叙事中的人物被加上了哪些故事？

• 受访者如何反思人生的各个阶段？

• 受访者如何解读为何开始新生活？

• 受访者在叙事中如何使用带有结构性意味的词语，如转折点、里程碑、落幕、新起点等。

第四步，诠释性地进行再叙述：在这一阶段中，您要将自己想象成叙事中的主人公，重述故事并不断修改故事，以分析受访者的整体生活经验。进行再叙述的一个简单的方式是尝试用一个自然段描述整个故事。例如，这是一个向目标不断努力奋斗的经历，或是这段故事中呈现了一个起起伏伏、波澜壮阔的精彩人生。

第五步，将故事类型化，撰写报告：在分析的最后，您需要将所有的故事压缩成几种理想类型，以这些理想类型为线索组织材料、撰写报告，并尝试在这个过程中发现新的叙事类型。

以上这两种方法仅是各种叙事分析方法中的沧海一粟。例如，"整体形式分析"只是 Lieblich 和同事提出的四种"叙事分析模式"中的一种。不过，无论您使用哪种叙事分析方法，都需要注意五个要点[17]133。

• 您从数据中寻找、定义"叙事"需要仔细思考和充分论证。

• 您需要注意对话（尤其是日常对话）中的细节。例如，邀请对话（"咱们聊聊……"）、主动开始话题（"你猜怎么着……"）、坦白话题（"有件事我必须告诉你"）。

• 叙事分析耗时耗力，难以一蹴而就。尤其是对新手来说，使用这种缺乏明确步骤的数据分析方法具有一定的挑战性。

• 故事虽然可以告诉我们有关生命的经历，但是生命中包含的内容要比故事丰富得多。有的叙事分析会将生命经历过度简化（例如，简化为情节和故事发展逻辑），而忽视了人本身的存在。

• 您需要在"叙事内容"和"叙事方式"之中做出选择，先完成一方面的研究，再将注意力转向另一方面，进而完成对生命整体图景的叙事分析。

一言以蔽之，叙事分析是个不断思考与反思的过程。正因如此，您并不需要等到分析结束再着手撰写研究报告，而可以在分析时就开始动笔，并在整个研究的过程中不断地根据思考和反思来修改报告的内容。简而言之，在叙事分析中，写作也是一种数据分析，数据分析可以与写作同步进行[130]94-95。

四、扎根理论（Grounded Theory）

扎根理论是由 Barney Glaser 和 Anselm Strauss[86]1 提出的一种研究方法①。它的目标是由数据中发现一套可以解释研究对象的理论，而不是完全地使用一套现

---

① 在这里，我们由 Methodological 的角度将扎根理论称为一种研究方法，而不是简单的数据分析方法。

成的理论来分析数据。这也就是"扎根"的含义:"通过对数据持续地概念性分析得到理论",理论扎根于数据之中,通过分析而"生长"出来[8]552。详细而言,扎根理论可以帮助研究者由数据中挖掘出一套切合于研究对象的时空特征的"概念"(Concept)与"类属"(Category);研究者可以通过使用这些由数据中涌现出来的分析工具来整合、解读数据,也可以通过说明概念与类属的建构过程,来反思由数据到理论的过程性关系[133]23-49。

就操作性层面而言,扎根理论中包括有一套步骤明确的数据分析方法,可以帮助研究者逐步得到研究结果。当然,也有学者因为这一点(以及扎根理论自身不甚明确的哲学基础)将扎根理论视为一种数据分析方法(Method),而不是一套具有完善研究范式的研究方法(Methodology)——甚至 Barney Glaser 也在与 Anselm Strauss 的论战中,将"程序化扎根理论"视为一种"质性数据分析方法",而不是研究方法/方法论(Methodology)。

扎根理论主要可以分为三大流派:

• 经典扎根理论(Glaserian Grounded Theory)[134]1-164;

• 程序化扎根理论(Straussian Grounded Theory);

• 建构主义扎根理论(Constructivist Grounded Theory)[135]1-439。

产生三种流派的原因包括,Barney Glaser 和 Anselm Strauss 之间的学术异见,以及学者们对扎根理论之哲学立场的讨论和思辨。这其中,尤其是以 Barney Glaser 和 Anselm Strauss 之间的论战最为精彩和有趣。我们在这部分的内容里,将首先说明三种流派的扎根理论的共同特点,再通过为您简单介绍三种流派的扎根理论在数据分析中的操作要点,来说明它们的差异所在。要额外说明的是,由于篇幅的限制,我们没有办法深入说明每个流派的扎根理论研究的全部细节。如果您想要进一步地了解或在研究中使用扎根理论,那么您可以通过阅读下述一些文献以获得相应的帮助。

(1)经典扎根理论。

①Barney G. Glaser, Anselm L. Strauss. *The discovery of grounded theory: strategies for qualitative research* [M]. Chicago: Aldine, 1967.

②霍尔顿·沃尔什. 经典扎根理论:定性和定量数据的应用 [M]. 王进杰,朱明明,译. 北京:北京大学出版社,2021.

(2)程序化扎根理论。

①Corbin J, Strauss A. *Basics of Qualitative Research, Techniques and Prodecures for Developing Grounded Theory* [M]. London：Sage Publications，2015.

②朱丽叶·从．科宾，安塞尔姆·L．施特劳斯．质性研究的基础：形成扎根理论的程序与方法 [M]．朱光明，译．重庆：重庆大学出版社，2015.

（3）建构主义扎根理论。

①Charmaz K. *Constructing Grounded Theory：A Practical Guide Through Qualitative Analysis* [M]. Thousand Oaks：Sage Publications，2006.

②凯西·卡麦兹．建构扎根理论：质性研究实践指南 [M]．边国英，译．重庆：重庆大学出版社，2009.

（一）扎根理论的特点

尽管扎根理论已经明显地分成了三个不同的流派，但这三派扎根理论仍然共同具备着明显相似的基本特征[82]705-707：

- 研究者在社会情境中收集数据；
- 数据收集与数据分析同时进行；
- 依靠比较的方法进行数据分析；
- 重点关注数据分析与理论建构；
- 有助于社会行为和过程的研究；
- 以多种策略发展完善数据分析。

第一，尽管不同流派的扎根理论对数据分析的观点不尽相同，但它们都要求研究者直接从社会情境中收集数据，并以数据为基础，构建可以分析和解释该情境中的研究对象的理论[56]1-20；[86]2-5；[136]417-432。

第二，和其他研究方法不同，扎根理论的数据分析几乎与数据收集同时进行。研究者在完成了实验性数据收集工作（如实验性访谈）后，就可以开始分析数据，并借由分析这些初步数据的结果，调整研究问题和数据收集计划（例如，访谈对象的选择和访谈提纲）。换而言之，扎根理论研究的数据收集工作可以分批、分期进行：收一批，分析一批；再收一批，再分析一批[137]1476-1484。例如，Ali Intezari 关于智慧决策的研究中，就分五批进行了数据收集和分析工作。

第三，所有流派的扎根理论在数据分析的过程中将"比较"视为一种核心数据分析方法[56]80-95；[86]21-22,117-160。正因如此，Barney Glaser 和 Anselm Strauss[86]21-22 在对扎根理论的最初介绍中就把这种研究方法称为一种"不断比较的方法"。在这里，"比较"意味着研究者把新数据或者新概念与已经收集到的资料，以及已经形成的概念进行对比，以得到、修订、补完理论的过程。

第四，由数据中产生理论是扎根理论研究的最终目标，虽然不同流派的扎根理论将这一产生理论的过程分别称为"涌现理论""得到理论""建构理论"的过程①，但都强调研究者需要在数据分析的过程中保持高度的理论敏感性。这种理论敏感性是指研究者从数据中提取概念，进而从概念中发现规律并将其抽象化，最终得到理论模型的能力——也就是研究者透过社会事件与社会过程的表象发现其本质、挖掘事物深层次涵义，并将其形成理论的能力[134]24-27;[138]58-63,73。

第五，扎根理论研究尝试通过数据分析厘清意义、概念、类属乃至于理论之间的各种联系（例如，因果关系、时间关系、语义关系、情景关系、类型关系、结构关系等）[56]64,71。与此同时，研究者亦试图通过深入分析各种数据，解释特定情况发生（或者没有按计划发生）的原因，进而得到具有特定时空背景特点的理论，从而推进我们对行为与过程之间关系的理解。

第六，经典扎根理论在数据分析过程中的灵活度比较有限，而另外两派扎根理论（尤其是程序化扎根理论研究）则会尝试以多种策略完善数据分析的过程，检验数据分析的严谨程度并提升其可信度[60]317-323;[82]709。

（二）经典扎根理论（Glaserian Grounded Theory）

经典扎根理论由 Barney Glasser 和 Anselm Strauss 共同提出。但此后，两人因学术理念不同而分道扬镳。在 Anselm Strauss 与 Juliet Corbin 提出程序化扎根理论后，Barney Glasser[139]3,8公开驳斥了"程序化扎根理论"，并继续坚持着此前提出的扎根理论。因此，经典扎根理论被称为"Glaserian Grounded Theory"。

就数据分析之前的准备工作而言，经典扎根理论认为，研究者收集数据之前，不应设定明确的"研究对象"（Research Problem）和"研究问题"（Research Question）②，而应该仅带着对某一社会领域笼统、模糊的兴趣进入研究情境，进而通过与情境中不同主体的互动，发现具体的研究对象，提出研究问题[140]228-245。这种发现研究对象、提出研究问题的方法是经典扎根理论与其他研究方法论最大差异之处[138]58-63,73。

---

① 不同流派的研究者选择不同的动词阐释了数据与理论之间的关系，以及研究者在这一过程中的行为和操作，这个我们在后文会详细叙述。

② 有关研究对象和研究问题——两个从英文来看都可以翻译为"研究问题"的概念，请见第三章，研究前的理论准备部分。

此外，经典扎根理论不建议研究者在做数据分析前进行文献综述，以避免既有文献和理论束缚研究者的思路，进而干扰到由数据中涌现理论的过程[139]65。但是，随着时代的发展，也有许多使用扎根理论的学者认为研究者可以在数据分析前进行一定程度的文献综述[135]23-24;[141]38-40。

在研究数据方面，经典扎根理论认为"一切皆是数据"（All is Data）。这一观点含有两层含义：其一，经典扎根理论关注的数据既包括质性数据，也包括量化数据；其二，研究数据中不仅包括研究者收集到的资料（不仅是通过常规数据收集方法收集到的资料，还有从学术文献、媒体报道甚至文学作品中收集到的资料），也包括研究者对研究对象和研究问题的认知和反思——"研究者在研究过程中遇到、见到、想到的"都是数据[142]98。因此，Barney Glaser 并不把扎根理论视为一种质性研究方法，而是一种超越了质性研究方法的研究方法[143]24。

就数据收集而言，经典扎根理论支持研究者以目的性抽样（尤其是理论抽样）为方法选择数据收集对象，并要求使用访谈法的研究者以无结构访谈来收集数据，因为事先设定的访谈问题可能与社会现实脱节，也可能干扰到受访者思路[139]。此外，经典扎根理论也非常重视研究备忘录（Memo）① 在数据收集过程中的作用，并明确规范了备忘录中应记录的内容——因为研究数据会形成自己的逻辑，所以研究者只应将自己的创想和思路记录在备忘录中[144]141-150。

如图 6-2 所示，经典扎根理论坚持以归纳逻辑进行数据分析，强调理论（作为最后的研究成果）应从数据中涌现而出[139]78-82。以此为指导，经典扎根理论将数据分析分为两个阶段：第一阶段为

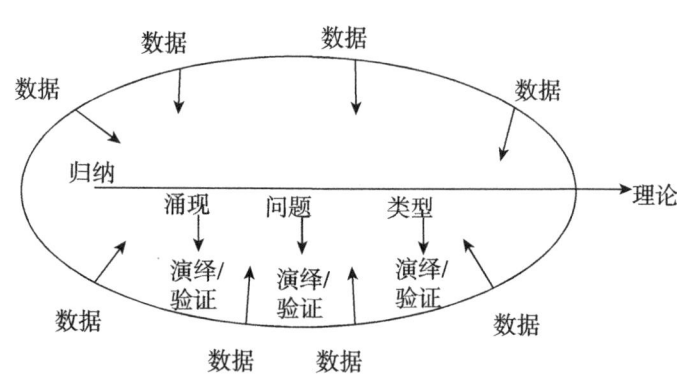

图6-2　经典扎根理论数据分析逻辑图

"实质性编码"（Substantial Coding），第二阶段为"理论性编码"（Theoretical Coding）。其中，实质性编码阶段又包括"开放性编码"（Open Coding）和"选择性编码"（Selective Coding）两个步骤[145]265-290。

① 研究者在访谈中对数据的思考以及访谈结束后对资料的整理。

在开放性编码过程中，您需要不断地读逐字稿、反复听录音熟悉数据，并逐行甚至于逐句、逐词地为数据贴上"概念化的标签"（Conceptual Label）。这种概念化的标签就是我们在前面的术语表中提出的"编码"。例如，当我们询问选手他们参赛的经历时，他们会谈到一些自己在热身过程中的习惯（乃至于怪癖），那么您一方面可以把这些习惯的功能和目的分别加上"调动肌肉""激活神经""唤起团队斗志""迷信习惯"等代表意义建构的标签，也可以将它们加上"热身动作""营养补给""特殊行为"等代表行为内容的标签，当然您也可以根据需要把它们加上其他的标签。这个过程就是将数据"概念化"的过程，也就是您把数据转化为概念的过程，因为概念是分析的基本单元[86]25-28。

不断将数据概念化的同时，您还需要通过不断地比较（包括"事件与事件比较""概念与更多事件比较"和"概念与概念比较"），把数据和概念打破、揉碎并重新组合，继而以编码、概念、标签为基础形成"类属"（Category）——对概念进行分类、整合后的产物。在这一过程中，经典扎根理论要求研究者不对编码进行任何预设，遵循逐级编码的原则，从抽象化程度较低的概念开始，逐步形成抽象程度较高的概念和类属，直至发现"核心类属"（Core Category）[86]29-33。

当数据中比较核心的类属出现后，就进入了"选择性编码"的步骤。在这一阶段，您需要在已得到的核心类属的指导下，进行理论性抽样的数据收集工作。这时，您也可以开始阅读与核心类属有关的文献。但需要注意的是，经典扎根理论将此时的文献视为一种可以帮助您发现理论的数据，而不是指导您进行数据分析的工具[146]212-224。在此阶段的数据分析过程中，您也需要在阅读、熟悉数据后，判断数据是否与此前产生的核心类属有关，并只对那些可以和核心类属产生足够重要关联的数据进行编码[134]103-105。

如果在选择性编码的过程中仍有新的概念和类属出现，那么就说明我们的核心类属没有达到"理论饱和"，那么您就需要继续进行理论抽样或重复开放编码和选择性编码的过程，直到达到理论饱和为止[86]61-62,111-113。在核心类属饱和后，我们的数据分析就完成了"实质性编码"，并到达可以构建理论模型的"理论编码"阶段。

构建理论是您要在理论编码阶段完成的工作，也是扎根理论一般操作程序的最后一步。在这一阶段中，您需要将已经形成的概念或类属间的关系（例如并列、因果和递进等关系）进一步地抽象化和概念化。例如，通过思考"这个类属的含义是什么""这个领域最重要的问题是什么"[140]228-245。为了能够更好地完成理论型编码，您可以参考自己此前在研究备忘录中记录的内容，并借由整理研究备忘录将此前在数据处理过程中形成的概念和类属聚集起来，并完成抽象的理论。与此同时，进一步地阅读文献也可以对形成的理论起到比较、补充的作用。当您发现，整理研究备忘录、比较文献等再也不能帮助您发现新的概念和类属时，而且研究中出现的概念、类属已经能够涵盖所有已获得的数据时，那么数据分析就已经到了理论饱和的状态，理论构建工作到此就结束了，您也就完成了数据分析工作。

（三）程序化扎根理论（Straussian Grounded Theory）

Anselm Strauss 与 Juliet Corbin[123]3-21合著的 *Basics of Qualitative Research* 一书标志着程序化扎根理论的正式诞生，也使得 Barney Glaser 和 Anselm Strauss 两人之间（至少在扎根理论领域）正式决裂[147]1-12。而由于 Anselm Strauss 在这一流派扎根理论中的重要作用，所以这一派扎根理论被称为程序化扎根理论。

就数据分析之前的工作而言，程序化扎根理论与经典扎根理论显著的区别在于，这一研究支持研究者根据前期的文献综述来设定研究对象和研究问题[60]42-43。这一观点对研究者来说无疑更加"友好"，因为在现今的学术环境下，文献综述是研究前必不可少的准备工作之一——研究生同学们大多需要就自己感兴趣的研究领域进行较为宽泛的文献阅读工作，进而针对具体的研究对象进行更加深入的文献梳理工作（有关文献综述的问题，详见第三章）；对职业研究者来说，几千字的文献综述是各种基金项目的申请必不可少的开篇。不阅读文献我们无法了解自己对理论的使用是否合适且恰当，而且我们也必然会受到自己曾经受到的学术训练和既有意识形态的约束。因此，我们需要通过灵活地运用文献，开阔视野，为数据分析提供基本立场与理论框架，同时也要注意不要被前人的理论和思想所束缚。正如凯希·卡麦兹（Kathy Charmaz）所说，在研究之前进行文献综述的关键在于不要让文献抹杀了您的创造性，或束缚了您由数据分析中得到的理论[135]19-20,22-23。

在数据收集过程中，程序化扎根理论与经典扎根理论的不同点在于，使用程序化扎根理论的研究者可以根据文献和既有理论，设计访谈提纲或观察笔记的记录模型，并以半结构访谈收集资料[60]42-43。不过，您在使用半结构访谈时，要给予受访者充分的自由，邀请他们在访谈中补充任何他们认为有用的信息，或者对访谈进行评论。同时，您也要在数据中出现新概念时调整访谈提纲，以使根据文献设定的访谈提纲能够切中社会关切之所在，而不仅是纸上谈兵。

程序化扎根理论的数据分析过程，如图 6-3 所示，具有明显的回溯逻辑的特征——程序化扎根理论尝试在初步数据分析的基础上，以演绎逻辑提出假说，并利用后续的数据分析验证这一假说，最终在循环地比较、验证的基础上，使用一系列的分析工具得到具有解释性的理论[144]141-150。

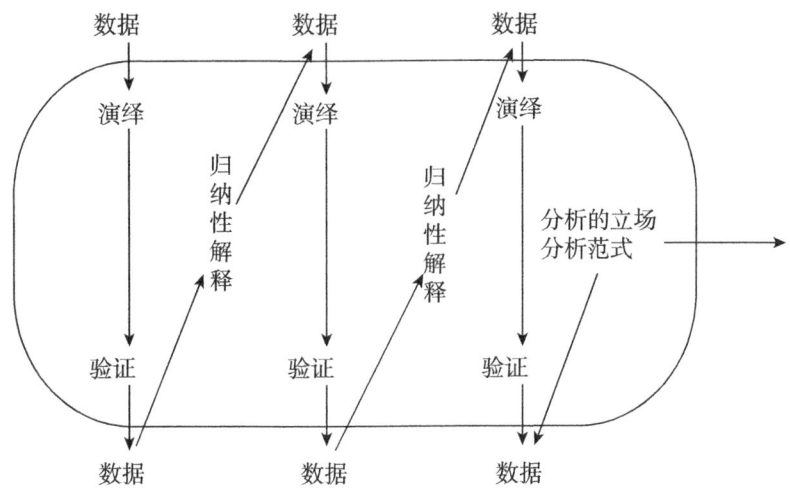

图 6-3　程序化扎根理论数据分析逻辑图

这一分析过程与坚守归纳逻辑的经典扎根理论迥然不同，也受到了 Glaser[139]3,8的批评。但由于程序化扎根理论更倾向于建构主义范式，故此 Strauss 和 Corbin 提出，数据分析并非是研究者寻找理论或者期待理论由数据中涌现而出的过程，而是研究者通过与数据收集对象和数据的互动来"建构"理论的过程——"获取理论即建构"（Theorising is the Act of Constructing）[141]84。故此，研究者在数据分析中使用分析工具可以更好地提升研究者的理论敏感度，也可以提升理论建构过程的系统性[60]88。

使用程序化扎根理论的研究的数据分析过程可以分为三个阶段："开放编码""主轴编码"（Axial Coding）和"选择性编码"。

首先，您在开放编码阶段需要做的工作和使用经典扎根理论在开放编码阶段所要求的工作大同小异——阅读数据、熟悉数据、以分析性的思路"打碎"数据。换而言之，就是用分析性的思路"转变对数据的'常规思考'并诠释数据中反映的社会现象"[123]12。

换而言之，您在这个过程中需要将数据"概念化"——给数据打上概念标签（编码），因此，这个过程的关键在于您要从概念层面理解数据背后的意义。从操作性的层面来说，您可以思考以下的问题，以激发自己对数据的思考和理解：数据描述的社会环境中发生了什么事情？数据中的不同概念之间究竟有什么关系？现有的数据充分体现了哪个、哪些概念？

在开放编码的过程中，您可能会发现非常多的概念。这时，您需要根据各个概念的意义及其内容，将概念聚合为类属，也可以在某一个内容较丰富的类属下建立"子类属"[60]165,175,218。而当您发现经自开放编码发现的类属的概念与含义已经清晰和明确时，就可以开始进行主轴编码了。

主轴编码（又称"轴心编码"）是程序化扎根理论最显著的特点。其目的是通过检验类属、子类属和他们的关系，将类属与子类属联系起来，或者重新组织数据。当然，您也可以在这一阶段中继续发现新的类属。

在主轴编码的过程中，我们需要一边重新阅读数据，一边检验那些已经成形的类属，并通过使用"编码范式"（Coding Paradigm）① 剖析结构与过程之间的关系，分析不同类属之间的关系，并围绕这些类属的"轴心"构建关系网络[60]166;[147]1-12。在这个过程中，您可以按照"条件"（Condition）"行为/互动与情感"（Action/Interaction and Emotion）以及"结果"（Consequences）来为编码分类[60]48,169。换而言之，我们在这一过程中试图由数据中发现轴心类属得以成立的条件、与轴心类属相关的行为、互动和情感，以及轴心类属在某一时空条件下会产生的结果。

由于"传统扎根理论关注于数据中存在什么，而程序化扎根理论则对数据中可能有什么更感兴趣"[140]235，故此当我们发现轴心类属之后，我们需要以既有的经验、文献和理论为基础来假设类属和数据中出现的现象之间可能会存在哪种关系（假设性关系），并把这种假设性关系作为需要更多数据验证的临时性假说。这时，我们就进入了选择编码的阶段。

Juliet Corbin 和 Anselm Strauss[123]2-21 将"选择性编码"定义为将所有的类属围绕着核心类属组织起来的过程。所谓核心类属，就是您通过验证假说，浓缩分

---

① 与我们之前介绍的"范式"概念不同。在这里的编码范式指的是"一组可以帮助研究者以一个类属为核心进行编码的分析工具"。"编码范式"中包含了可以帮您"由数据中获取概念、发现链接的分析视角或者一组问题"。见 CORBIN J, STRAUSS A. Basics of qualitative research, techniques and procedures for developing grounded theory [M]. 第 4 版. London: Sage, 2015: 163, 166.

析结果后得到的几个关键词、句。您需要利用这些核心类属说明整个研究的内涵。

在这一过程中，您首先需要通过分析既有数据（或者通过收集并分析更多的数据）来验证我们在主轴编码最后阶段提出的类属之间的关系是否成立（或者说，这些关系在什么情况下，需要什么条件，以什么形式成立）。例如，在我们研究伤病对运动员的影响的过程中，运动员会表示伤病使他无法恢复到原有的水平，那么我们就可以根据伤病的这种负面影响来假设这种负面影响的产生机制，如伤势过于严重使得运动员无法完全恢复，或是伤病的恢复时间或复健时间过长，或者运动员在这一过程中产生了心理阴影。这些处于"受伤"和"恢复运动能力"之间的路径、关系或要素便搭建了"受伤"和"恢复运动能力"之间的关系。当然，这种关系可能还会更加复杂。例如，条件关系（需要经过某些努力与尝试才能够恢复运动能力）、情景关系（受伤的原因、时间、地点、环境所产生的特定影响）、更深层次的因果关系（由于受伤时间很长，所以选手将面临生理、心理甚至是社会生活中的种种困境）。我们进而通过持续不断地收集、分析数据，再收集、再分析数据，检验我们假设的这些关系是否成立，了解行为者在具体时空环境中对这些关系的反应、赋义与价值判断。

虽然，我们在这一过程中一定会抛弃那些没有被数据充分验证的假设性关系，但需要注意的是，验证或者抛弃一个假说需要多次且合理的"证据"。如果在这一过程中突然出现了与假设性关系不同的现象，您千万不要马上就认为自己之前的假说错了，而需要在反复阅读数据的基础上反思这种情况出现的原因——是因为我们提出的假说错了，还是因为我们收集到的数据实际上是这个假说在某个特定条件下的一种变体。例如，我们的假说是"一旦点燃了引线，引线所连接的密闭空间内的火药就会爆炸"，但是当出现了点燃的引线并没有使得密闭空间内的火药爆炸的情况出现时，有可能并不是假说错了，而是火药受潮了。这正如 Juliet Corbin 和 Anselm Strauss[123]3-21 所说，扎根理论的重要策略之一就是系统性地搜寻研究对象（社会现象）可能出现的所有变化，并帮我们了解某行动在甲情况下会产生甲后果，在乙情况下会产生乙后果。

随着分析愈加深入，类属之间各种联系就愈发具体和明晰，并逐渐形成了网络结构时，我们就得到了前文中提到的"核心类属"——与其他的类属都具有联系的、关键性的、提纲挈领的类属[123]3-21。核心类属可能是您已经发现的类属之一，也有可能是您在已经发现的类属的基础上再次提炼得来的具有概括性的类属。不过无论其发现过程如何，核心类属需要能反映研究对象的核心意义，并对数据之中的不同条件下的社会实践或社会过程具有解释力。

当然，您收集的数据中可能会有不止一个核心类属；一个核心类属下也可能存在少量"子核心类属"[60]175,218。这些类属之间层叠或互相包含的关系可能会给您提炼核心类属的过程造成困扰。这时，您可以尝试一级一级地收缩、总结类属，并思考以下四个问题[123]3-21。

- 我通过数据分析发现了哪些主要观点。
- 应该如何概念性地呈现我的研究发现。
- 行为者的所有行动和互动有什么意义。
- 我要如何解释类属之间的变化和差异。

在提炼核心类属的过程中，您不仅需要不断地重读数据，还要为数据不足的类属提供更多的数据——回到场景中继续收集数据。不然的话，某些类属会缺乏解释力。

通过提炼核心类属的过程，我们不仅得到了核心类属，也逐渐将编码、概念和类属抽象为"理论"——"一组系统地相连的、经过充分论证而成立的、能够充分论述（概念之间的）关系的类属（主题、概念）。这些类属可以组成一套能够解释某些社会现象的理论性关系"[141]113。这种抽象化的理论也就是我们通过研究而得到的结论。

这种理论（扎根理论研究所得到的结论）的解释力及其一般性来自这一结论抽象的程度——核心类属越抽象，则结论的适用性越广。至于这种理论在特定时空环境中得以成立（或者说实现）的条件、方式和结果，则与这个理论所包含的子类属有关——子类属为我们说明了核心类属（理论）得以成立或者实现的条件、方式和结果。这也再次提示我们，无论其解释力如何，任何理论都无法完全反映社会实在，而仅是在解释社会实在为何会在特定时空环境下产生某种结果[60]49。

需要说明的是，在最近两版的 *Basics of Qualitative Research* 中，Juliet Corbin 和 Anselm Strauss [60]153,187;[141]88,90 并没有使用"选择性编码"一词，而将程序化扎根理论研究在数据分析的最后阶段称为"理论整合"（Theoretical Integration），而且还使用了名为"条件/结果矩阵"（Conditional/Consequential Matrix）的分析框架将这一阶段数据分析过程中需要考量的宏观与微观条件关联起来（图6-4）。

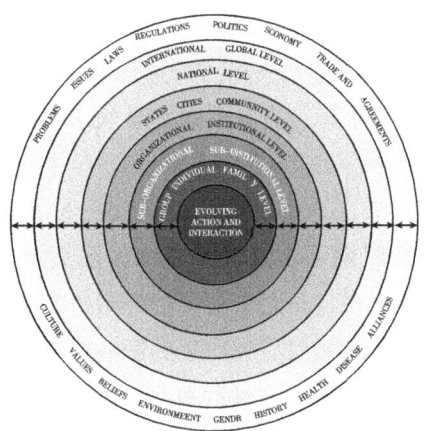

图 6-4　条件/结果矩阵示例图

（四）建构主义扎根理论（Constructivist Grounded Theory）

1968 年，Barney Glaser 和 Anselm Strauss 还没有因为学术分歧闹得那么不可开交，他们两人任教的加州大学旧金山分校也终于有了社会学博士点。在该校的第一批博士生中，有一位名为 Kathy Charmaz 的学生。Kathy Charmaz 先是在 Anselm Strauss 的指导下以一篇名为 *Time and Identity：the shaping of selves of the chronically ill* 的论文获得了博士学位，此后又以近 20 年的科研积累为基础，提出了扎根理论的一个新分支——"建构主义扎根理论"，并开始以此来"进一步地发现不同的概念是如何产生、改变并最终在社会中产生结果的"[148]1165;[149]28。

"建构主义扎根理论"之所以得名，是因为其建构主义认识论基础——承认数据本身的主观性和数据分析过程的主观性[147]1-12。就数据而言，Kathy Charmaz [135]13认为，由于社会科学研究者不可能完全、彻底地了解到数据收集对象的日常生活经验和他们对社会的意义建构，所以任何一种社会科学研究的数据并不是一种对社会的"客观"观察（或者说并不是对社会的镜面式重现），而是由研究者和研究对象共构的产物①。

社会科学的数据分析过程（乃至社会科学研究自身）亦如是。详细而言，由于社会科学数据分析过程的本质是研究者在具体时空环境下对数据的理论性重

---

① 社会科学研究者收集和记录下的研究数据（无论质性或是量化数据皆是如此）是一种研究者根据自己的知识体系对被研究者欲表达的意义进行的解读和诠释，因此质性研究数据是"表达"和"诠释"的共构。当然，正是因为研究数据这种"共构"的属性，所以研究者也难以保证这种解读和诠释绝对精确地或者说完全地反映了被研究者所欲表达的意义。

构，所以社会科学研究结论并非一种脱离于行为者之外的"客观真理"，而是一种受到多重影响的"建构物"——这些影响中既包括研究者和参与者直接影响，也包括他者（导师、同事、学术训练、传统）借由研究者而产生的间接影响[136]417-432。

那么，既然我们并非来自真空之中，也无法摆脱既有经验与知识体系的影响，那么作为研究者的我们就不应该在研究中试图无视、忽视或者忘记这些影响，当然也不能任由这种来自自身背景的影响控制研究的方向，而需要在正视和反思自己的既有知识与学术背景对研究产生的影响的基础上，将既有的知识体系视为"一种常识性的工具，而非确定性的概念……进而展开研究，而不要把研究陷入（既有知识体系的）桎梏中"[150]31。

在数据分析之前，因为建构主义扎根理论承认理论与研究在本质上的建构性，所以，使用这一理论的研究者在研究设计阶段不仅可以在讨论与反思的基础上进行文献综述，还可以使用既有理论以增强自身的理论敏感性[150]135-140。

在数据收集阶段，建构主义扎根理论非常重视访谈，因此也关注研究者的访谈技巧。Kathy Charmaz[150]29-35;[151]165-204强调，研究者需要通过大量的追问来了解那些被受访者含混而过的细节和他们当时所处的时空环境；她还鼓励研究者在备忘录中记下受访者使用的话语和其他原始数据，以使研究者和数据收集对象之间的"共创"更加彻底。

就数据分析而言，建构主义扎根理论的数据分析策略虽然脱胎于经典扎根理论，但"并未全盘照搬经典扎根理论研究的逻辑"[152]136。建构主义扎根理论的数据分析过程遵循溯因逻辑[136]417-432，要求研究者通过不断地将数据与从数据中建构的理论进行比较，来检验和理解社会行为者对"日常经验的意义建构"[150]178-180。同时，较之于强调数据分析的程序和步骤的程序化扎根理论而言，建构主义扎根理论在具体的数据分析过程中给予研究者更多的自由度。

建构主义扎根理论研究的数据分析过程分为两个阶段："初始编码"（Initial Coding）和"焦点编码"（Focused Coding）。

您在初始编码阶段中要做的工作类似于您在使用经典扎根理论时在开放编码阶段中的工作。不过，您需要注意以下两点：一是您无须担心前两种扎根理论提出的"编码过多"的问题，而应该通过逐行、逐词地编码获得尽量多的编码[153]1-9；二是您在初始编码中应该尽量采用"见实编码"（In Vivo Coding）的方式，即使用受访者自己的话语作为编码的名称[154]509-536。

通过初始编码，您会发现一些在数据中频繁出现的"初始编码"（Initial Code），或者我们也可以将它们称为"初始类属"（Initial Category）[154]509-536。您可以把这些初始类属作为研究的初步理论，并以此为基础开始"焦点编码"工作。

焦点编码是指研究者以在数据中频繁出现的"初始类属"为基础，对更多的数据进行编码的过程[135]73。作为这一阶段的起手式，您需要以"初始类属"和初步理论为基础，通过理论抽样收集更多的数据。随后，您要在初始类属中主动地选择那些更抽象、更概念化的类属对全部数据进行编码，并通过不断地比较，增加这些类属对数据的解释力（或者在数据中寻找更有解释力的类属）[153]1-9。经过焦点编码分析过程，我们将数据进一步地概念化，最终得到具有解释力的理论，并以此为基础批判与补完您的初步理论[147]1-12。

另外需要说明的是，建构主义扎根理论数据分析的焦点编码过程对于具体分析工具和方法的要求较为宽松，您在这一阶段可以根据研究的需要，使用程序化扎根理论中提出的不同分析工具对数据进行主轴编码，或者依照经典扎根理论的思路进行理论编码[150]153。

基于建构主义范式，建构主义扎根理论认为，社会科学研究得到的理论仅"建构了社会实在的一个画面，而并非是社会实在本身"[155]523。故此，以建构主义扎根理论为基础进行的研究并不关注于解释因果关系或者建构作用机制，而在于通过将社会现象概念化来理解现象[147]8。这种理解的基础在于研究者与数据之间的"互动"（主动地解读和阐释数据），而不在于研究者"客观地"（如旁观者一般）发现数据中"涌现"的理论——建构主义扎根理论与经典扎根主义理论在认识论层面的差异也正在于此。

（五）三种扎根理论的比较

在前文中，我们介绍了三种流派扎根理论的共同特点，也简要说明了他们之间的不同。在下表中，我们为您列出了这三种流派扎根理论之间的关键性差异（表6-3）。但在这一部分中，我们并没有为您提供相关案例，因为使用扎根理论的体育社会科学研究已数不胜数。您可以在各种数据库中轻松地发现高质量的扎根理论研究，以了解这种方法（Methodology）/数据分析方法（Method/Protocol）的具体操作。

表 6-3　扎根理论对比表

中文名	经典扎根理论	程序化扎根理论	建构扎根理论
英文名	Glaserian grounded theory	Straussian grounded theory	Constructivist grounded theory
代表作	The Discovery of Grounded Theory	Basics of Qualitative Research	Constructing Grounded Theory
范式	"（虽然这两派扎根理论都立足于）相对主义本体论、实在主义认识论，但差别显著"[154]513，但是对这两类扎根理论的哲学范式的讨论仍然见仁见智。当然，研究者亦可以将扎根理论视为一种可以使用于不同范式立场研究中的数据分析"方法"[147]1-12		相对主义本体论，诠释主义认识论
对研究对象的态度	对某一领域感兴趣，设定宽泛的研究问题，在数据收集和分析过程中得到研究对象（research problem）	认同传统扎根理论，也承认其他的可能性——根据导师建议、前期的文献综述、个人经验、前期项目设定研究对象和研究问题	可以在研究之初设定研究对象，同时数据收集会深化研究者对研究对象的认知，对研究对象定义会影响最初的数据收集工作
对研究问题的态度	研究者可以带着宽泛的研究问题开始研究，并跟随数据收集过程不断地细化研究问题	认同传统扎根理论，也允许研究者根据既有文献设定研究问题，并以灵活的态度带着设定好的研究问题开始研究	研究问题将影响数据收集的方式。如果在研究过程中出现更加重要的问题，则需要修改研究问题
对于文献的态度	反对在使用扎根理论进行数据分析之前和分析的过程中进行文献综述，以避免对涌现理论的干扰	允许在研究的任何阶段以恰当的方式使用文献	允许在研究的任何阶段以恰当的方式使用文献。如果在研究开始以前使用文献，则需要在讨论部分中反思、批判与补完文献
访谈问题	开放性访谈，在访谈中生成研究问题，并随着访谈的进行，不断细化、聚焦访谈问题	开放和半结构都可以，也可以根据数据中出现的新概念来调整访谈问题	将访谈视为重要的数据收集手段
数据分析前的准备	在分析前不预先设定类属，以免干扰理论涌现	在分析前预先设定类属，以增强分析的结构性、系统性，避免在数据分析过程中无法理解数据、涌现理论	通过文献综述提升研究者的理论敏感性，但编码由数据中出现，而并非"强加于"数据

续表

中文名	经典扎根理论	程序化扎根理论	建构扎根理论
编码的过程	明确提出了编码的步骤（open and selective coding—and theoretical coding），但不要求严格的程序化步骤，以允许自然涌现	要求研究者遵循结构化的编码程序来建构理论（open - axial, selective, diagrams）	明确提出了编码的步骤（open and selective coding—and theoretical coding），但可以在编码的过程中加入其他工具和程序
编码步骤	开放编码—选择编码—理论编码	开放编码—主轴编码—选择编码	初始编码—焦点编码
形成理论	依照归纳逻辑，生成理论之前不需要设定假说。理论应该在类属的比较和对比过程中自然涌现，而不需要把不同的类属联结在一起	依照回溯逻辑，鼓励研究者轴心编码过程中根据分析结果提出假设，联结类属，进而生成理论。通过一系列策略，帮助研究者从数据中提取理论	依照溯因逻辑，鼓励研究者主动解读、理解数据，最终得到可以解释被研究者对社会的解读的理论
相似之处	理论抽样；数据分析与数据收集几乎同步开始；由归纳逻辑开始数据分析；不断比较；使用备忘录；理论饱和		

五、批判性话语分析（Critical Discourse Analysis）

"话语分析"是质性数据分析的一个重要类型，其中包括的种类多种多样。由于我们在前文已经介绍过关注于文字和词句的"内容分析"、关注于整体意涵的"主题分析"、关注于故事线索的"叙事分析"，因此我们在这部分中将为您介绍一种不只关注于文字和语义本身的分析方法——尝试由质性数据中剖析社会权力结构与利益关系的"批判性话语分析"。

和普通的质性数据分析方法（尤其是关注于语言、语义的分析方法）相比，批判性话语分析"感兴趣的并不是语言单元本身，而是复杂的社会现象，因此使用批判性话语分析的研究往往会采用多学科、多方法（搭建整体研究框架）"[156]2。既然对语言不感兴趣，那么这种方法分析的"话语"是什么呢？

关注于"话语"的学者繁若星辰——米歇尔·福柯（Michel Foucault）、荣根·哈贝马斯（Jürgen Habermas）、尚塔·墨菲（Chantal Mouffe）、厄尼斯特·拉克劳（Ernesto Laclau）、尼克拉斯·卢曼（Niklas Luhmann），我们只随手一数，就发现了诸多声名显著的学术巨擘。这些学界先进根据自己学术志趣与研究角度，对话语进行了多样的定义——话语可能是历史的积淀或记忆的处所，可能是政策文本或政治策略，可能是由词汇、文字和对话组成的叙事或针对某个主题的谈话，当然也可能是语言本身。那么，我们在这里谈到的话语又是什么呢？

从上一段列举的名字中，您可能已经猜到了，我们在这里讨论的"话语"是一种社会现象。它超越了语言学和符号学的范畴，它包含着且代表了一个辩证的社会过程的三个方面：一种行为（Acting）的方式、一种（将社会）物化（Materialising）的方式、一种存在（Being）的方式[49]30;[157]193。换而言之，我们在这里讨论的话语是一种社会性的存在。为了能够更透彻地说明话语这种社会性本质，我们引用一段常被批判式话语分析研究使用的说明文字。

> 在批判性话语分析研究中，话语——口头或者书面的语言——被视为一种"社会实践"（Social Practice）。将话语定义为一种社会实践意味着一个给定的话语事件（A Particular Discursive Event）与其所处的情境、风俗与制度和社会结构之间存在一种辩证关系：
>
> 话语事件既被其所处的情境、风俗与制度和社会结构所构型（is shaped），但也构型其构型者（also shapes them）。这即是说，话语即构造社会也为社会所构造——话语构造情境、知识的客体（objects of knowledge）、人和人群的社会身份，以及他们之间的关系。话语具有构造性既是因为话语会维护和重构社会现状，也因为话语可以改变社会现状。由于话语在社会性的层面上会产生如此多的结果，所以它也打造了一个重要的产品——权力（Power）。话语实践可以在意识形态层面产生重大的效果——话语通过以不同方式描述事物与行为者创造、再造了不平等的权力关系，这种不平等的权力关系存在于不同的阶级之间、不同性别之间、主体民族与少数民族之间以及主流文化和"非主流"文化之间[158]258。

以上的定义说明了话语的两种属性：一是以语言为表现形式；二是具有社会性——与社会结构（尤其是在权力和意识形态维度上）互动。然而，我们认为，"语言"并不足以描述话语在第一种属性的层面上的根本特征；或者说，强调话语的语言属性，可能反而会模糊"话语"的本质特征——"话语是由一组成序列的符号构成的，（这些符号能够构成话语的）前提是这一符号序列是陈述

（Statements）……是隶属于单一系统的陈述的集合"[159]121。换而言之，话语是一组可以陈述意义的符号。

而由于陈述作为一种语言建构物，其基本特征是可以使言者对词语进行赋义，使他们可以交流与话语对象、话语主题的语义关系有关的内容[159]80,93。故此，话语作为陈述的集合，也便继承了陈述的基本特征——可以使言者对词语进行赋义，使他们可以交流与语义关系有关的内容。换而言之，"话语"的本质特征是可以使言者进行语义交流，同时这种交流会与言者所处的社会结构产生互动，从而具有社会属性。故此，我们认为，话语不仅包括语言与文字，而且还包括各种可以传递、建构意义的符号与行为及其进行意义建构的方式。也就是说，我们可以把话语视为一个表意的系统或知晓的方式（Ways of Knowing）[17]34。

就话语分析整体而言，这一类研究都会关注于信息和语义的交流，尤其是文本和对话中的信息交流。例如，Ben Clayton 和 Barbara Humberstone 对大学男足运动员在酒吧和更衣室中聊天内容的分析。而对于批判式话语分析来说，"问题导向""多学科""灵活性"（分析中的）以及"批判性的着眼点"是不同流派的批判式话语分析的共同特点[160]82;[161]352-355。Ruth Wodak 和 Michael Meyer [49]3 如是概括批判式话语分析的总体特点——在回溯性的研究策略的指导下，批判式话语分析尝试通过系统性且多样的方法分析话语，检视话语与社会结构之间的关系，进而剖析社会中的权力架构与意识形态，尤其是社会权力关系及其在社会不同层面产生的不平等（甚至是压迫和霸权）。

例如，法国哲学家米歇尔·福柯被视为批判式话语分析的"理论教父"[49]10，以他的思想和理论为基础的"福柯学派话语分析"（Foucauldian Discourse Analysis，或译为福柯式话语分析）主要关注于话语、话语使用者和话语建构对象之间的关系——在特定时空环境中可以使用的话语、这些话语被使用的方式和话语及其被使用的方式在使用者和接受者两方面产生的效果（尤其是话语、知识和权力之间的关系）。

详细而言，在福柯派话语分析的视角内，话语的使用者和接受者并不脱离话语存在，而居于话语之中。话语的使用者拥有支配和控制话语的权力（Power Over Discourse）。这种权力不仅表现在使用话语的过程中，话语的使用者以话语自身的建构能力（Power of Discourse）为话语的接受者构筑知识、规范关系进而调控社会；还表现为话语的使用者通过规范在特定时空环境中可以被使用的话语及其使用方法，来间接地使话语接受者主动（但有可能是不自知地）规训、改变自我[162]29-31;[163]32。换言之，福柯派话语分析的关注点并不仅限于语义的交流，而在于更宏观且不可见的权力关系建构，以及更微观且隐藏于意义交流背后的权力统治的技巧与技术。

福柯派话语分析对体育社会科学研究产生了深远的影响——一批以批判理论或者批判实在主义为范式的体育社会科学研究者选择以福柯派话语分析为切入点，剖析在体育领域中的话语与权力之间的关系。此类研究不仅关注于话语在微观层面对社会行为者的身体和行为的影响，如体育俱乐部成员如何阳奉阴违地推进会员多样化改革，女运动员与男教练员之间的爱情与性关系；而且适用于中观和宏观层面的体育社会科学研究，例如，对雪板运动中女性文化的分析，对国家体育或健康政策的研究，对国际"以体育求发展"（Sport for Development）运动中的白种人与白人权力剖析，对国际奥林匹克运动中的奥林匹克思想体系进行批判与反思。

福柯派话语分析为我们提供了一条可以借由分析话语，批判性地剖析社会权力结构、运作机制的线索。亦是由此，福柯派话语分析与批判性话语分析产生了联系——通过分析社会中的话语，剖析不可见的社会实在（例如，权、利结构、运作机制、实现路径），以使某一社会领域由固化的意识形态中得到解放[17]136-137。那么在这个意义上，我们也可以将福柯派话语分析视为批判性话语分析的一个分支。

批判性话语分析将"话语"视为一种重要的社会资源。在人类社会中，不同人群所占有的社会资源并不平等，而作为一种重要社会资源的话语亦是如此[157]194。当然，这种不平等并不是说社会中一部分人的嘴会被缝上——我们每个人都可以说话、发出声音或者使用一种并不需要声音的方式来表达自己、建构社会。换而言之，每一个社会行为者都可以用"有声"或"无声"的话语在一个或大或小的场域内表达意义、建构社会。话语资源的"不平等"在于，虽然每一位社会行为者都可以发出自己的声音，但社会中仅有部分话语会被广泛传播（我们可以将其简称为"被听到"）。同时，这种"被听到"的机会并不是在所有话语之间平均分配的，而是一种选择或控制的结果。例如，我们在《美丽新世界》（Brave New World）中就很难听到对一夫一妻制度的公开要求，或者在2001年前由塔利班执政的阿富汗就很难听到要求女性受教育的声音。

那么，当我们只能听到一部分话语时，或者说当只有一部分话语会被听到时，会产生什么后果呢？社会行为者在使用话语的同时，也在接受着社会中传播的其他话语。那么由于社会中只有一部分话语会被广泛地听到，那么对行为者来说，社会中除了他们自己的话语之外便只存在这部分被广泛听到的话语。

更重要的是，话语作为一种社会性的存在，其中蕴含着使用者的价值观，且这种价值观与其利益相一致。话语使用者由自己的角度出发，通过话语定义、描述不同的概念和社会现象的过程，或者说，通过话语生产了一种与社会有关的知识（A Knowledge），且这种知识与其自身的价值取向和利益相一致[164]72-79。那么，由于社会中只有一部分话语会被听到，故此对行为者来说，社会中除了他们自己的话语之外便只存在这部分话语；而在利益和价值层面，除了行为者自己的价值和利益之外，社会中也就只存在这部分会被所有人听到的话语所定义的价值和利益。

于是，这种"会被听到"的话语所宣扬的价值和利益便成为该社会在价值和利益层面的"公约数"，它所生产的知识便成了社会中流传范围最广的知识，甚至会被塑造为社会中唯一的"真理"（The Knowledge）。从另一个角度讲，这些"真理"能够在某个社会或某个社会领域中完成从"一种知识"（A Knowledge）到"唯一真理"（The Knowledge）的转变的充要条件，并不是这种"知识"一定优于其他"知识"，而是建构这种"真理"的话语能够被广泛听到（或者说，占有了在该社会或社会领域中"能够被广泛听到"这一重要资源）[107]381-383。

至于那些不会被广泛传播的话语，它们的影响力则仅限于小范围之内。同时，由于其他社会成员无法了解到这些话语，因此这些话语所定义的概念与价值也就无法被广泛地认知和理解，遑论被广泛地认可和接受。在这种情况下，尤其是那些在一定可能上与"真理"在意识形态方面不相符的价值观，就有可能由于其与"真理"相冲突，或由于其会影响到掌握"'真理'定义权"的人群的利益，而被那些"会被听到的"话语驳斥、批判、"污名化"（Stigmatise）乃至被贬为"异端邪说"。例如，在纳粹德国被污名化的犹太人或者中世纪时的"日心说"。

但与前文所述"知识—真理"的转变逻辑相似，这些少数派话语之所以被"污名化"，它们所建构知识及其背后的意识形态之所以被贬为"异端邪说"，其充要条件也并非在于话语和知识本身的"正确"或"错误"，而在于与其相冲突的价值观被视为"真理"。例如，乔尔丹诺·布鲁诺（Giordano Bruno）就因为宣传与"真理"不同的"日心说"和"宇宙观"，所以被宗教裁判所判为"异端"并被烧死在鲜花广场。但是，这些"真理"之所以能获得在意识形态领域的统治性地位，是因为它们由社会中那些会被广泛听到的话语构建，它们与这些话语使用者的利益和价值取向相一致，而这些话语之所以会被广泛地听到则是一种以资源占有为基础的权力选择的结果。

那么，我们可以说，话语之所以是一种重要的社会资源，其根源在于话语具有建构社会、表达价值和意义的能力（Power of Discourse）——这是话语的基本属性。而由于不同的话语能够被听到的机会并不平等，故此能被广泛听到的话语无疑是一种更加重要的社会资源。这也就是说，从本质上来看，"控制'哪些话语会被听到'的权力（我们将其称为"话语控制权"或者"话语权"，即 Power over Discourse）"才是其中的关键，因为社会成员拥有了"话语控制权"，便有权确定哪种知识会被塑造成"真理"，哪些利益会得到优先实现；当然，他们也可以决定哪些话语不会被听到，哪些利益会被（故意或者非故意地）忘却和忽视。

而更重要的是，由于"真理"、话语与话语权之间的关联，在某社会领域中居于统治性地位的意识形态可以通过一些技巧，以"权力控制话语、话语塑造真理、真理维护权力（利）"的循环来维护自身的统治地位和利益。雷蒙德·盖斯（Raymond Geuss）在论述"一种意识形式"（A Form of Consciousness）如何成为一种"贬义上的意识形态"（Ideology in The Pejorative Sense）的过程中，便剖析了常见的"技巧"[14]19-40，例如以下三种情况。（1）"客观化（Objectification）"：将一种社会现象描述为自然现象，或者说使行为者错误地认为社会中的某一种意识形式是"外在于"他们和社会的（或者说不以他们的意志为转移的）"客观真理"；（2）将特殊利益伪装为普遍利益：将社会中某一部分人（如控制话语权者）的利益包装成社会中所有人的"普遍利益"；（3）进入自我确证的循环而不自知：我们也可以将这种错误称为"倒因为果"的错误。例如，如果我们认为某个小朋友没有运动能力，就减少他身体锻炼的机会（可能是出于安全考量），那么他的运动能力便无法进步，于是我们就会进一步地认为他没有运动能力。同理，如果社会成员认为（或者说被教育）某种知识（A Knowledge）是"真理"（The Knowledge/The Truth），进而自觉或不自觉地在社会中只听到与这种"真理"一致的话语，那么社会成员便无法了解更多的知识，于是我们就会进一步地认为这种本质为知识的"真理"是放诸四海皆准、历时万年不变的真理。这会让我们陷入一种自证循环，而不自知。

一言以蔽之，占有统治地位的话语所代表的利益和意识形式可以通过将自己进行"客观化"的包装，而使得自身的利益与意识形式被描绘为整个社会群体的普遍利益，进而完成上述的"权力控制话语、话语塑造真理、真理维护权利"的自我确证循环。

在这一过程中，与其抵触的利益也往往会因为与"真理"的不一致而遭到污名化，进而成为"歪理邪说"。那么，社会行为者在不断受到这种统治性话语"洗礼"和教育的过程中，便习以为常地接受了这种统治性话语所建构的"真理"，进而逐渐内化了"真理"中包含的、由统治性话语包装的意识形态和（实际上属于某一人群的）"普遍利益"，同时忽视、排斥或贬损其他利益，最终进一步固化了社会中各种利益与资源的分配不平等。

故此，批判性话语分析的主旨在于"将作为一种社会现象的话语和某一社会领域中的权力运作之间连接起来"[165]520。也就是说，批判性话语分析尝试通过分析在某一社会领域中被使用（和不被使用）的话语及其在这一社会领域中的使用方法，剖析隐藏在话语背后的权力运作机制、利益体系与意识形态，进而揭示"话语—知识—权力"在这一社会领域中的循环过程与相互作用，最终使某一社会领域中的行为者由固化的意识形态中得到解放。

和我们之前介绍的四种数据分析方法不同，批判性话语分析并没有一种统一的数据分析流程。这是因为这种方法本身便具有学科交叉和方法交叉的特征，它"从未被要求，也从未尝试，（为研究者）提供一种单一的、明确的理论；也未尝试（为研究者）提出一种具有明确特征的研究方法（Methodology）"[156]4。因此，当您尝试使用批判性话语分析时，您可以根据研究的具体范式与理论基础，在逻辑自洽的基础上，定义研究中的"话语""批判""意识形态"与"权力"等概念，并分析他们之间的互动关系。在本部分中，我们将为您简单介绍英国学者诺曼·费尔克拉夫（Norman Fairclough）提出的批判性话语分析法。

Norman Fairclough[78]915-939;[157]191-214提出的批判性话语分析方法又被称为"辩证关系方法"（Dialectical-Relational Approach）。这种方法的优点在于它重点关注分析符号（包括语言在内）与社会结构之间的关系。详细而言，Fairclough 尝试通过分析在特定社会背景下的"语篇"（Text）"话语实践"（Discursive Practice）和"社会实践"（Social Practice）之间的关系，厘清社会行为者对社会的建构，以及这种建构行为受到的结构性约束，尤其是意识形态要素在这种辩证互动过程中的作用[49]25-26;[157]192-193;[166]12。

首先，在语篇维度，您需要关注话语本身的特征，并描述话语的内容。例如，话语建构的对象、受访者或者资料中使用的词语和语序，遣词造句、语句搭配的方法。Fairclough 将语篇视为社会事件中话语要素（Discoursal Element），它们不仅与社会事件中的其他要素互动，也受到"话语秩序"（Order of Discourse）——社会实践维度的话语要素的影响。

其次，话语实践维度的分析关注于话语和行为者之间的直接互动。例如，分析不同类型的话语（以及不同类型的话语技巧）是如何被使用的，他们是如何被理解、被回应的。您在这一维度的分析中，还需要注意将分析的内容与话语实践的背景相联系，如话语实践是在什么时代或时刻，以什么形式，在什么媒介中出现。通过这一维度的分析，您需要梳理出数据中出现的主题与话语，以及它们在特定背景中与不同行为者之间的关系。

最后，在社会实践维度，您需要分析话语与社会结构之间的互动和关系。也就是说，您需要将通过此前的数据分析发现的话语自身的特征、话语和行为者之间的直接互动与社会中的结构性要素相联结。例如，分析话语建构的意识形态及意识形态对话语的影响，进而将这种意识形态与社会中权力结构相联结，以剖析话语、意识形态和权力之间的互动关系，以及这种关系对社会行为者的身份和行为的规定与约束。

在分析社会实践的过程中，Fairclough 借用了 Michel Foucault 的"话语秩序"（Order of Discourse）概念来概括社会实践在话语层面的要素——"语体"（Genre）、"话语"（Discourse）和"类型"（Style）及这些要素之间的关系[78]924-926。其中，语体代表着某种符号化的行为方式（如争论、解释），这种符号化的行为方式建构了话的使用者和接受者之前的权力关系；话语体现了行为者建构社会的视角（如一千个人眼中的一千个哈姆雷特），这一视角反映了话语使用者所处的立场与位置；类型则通过建构所指的行为与特征，将某一种社会身份符号化，这三者构成了相对稳定的话语的社会实践[78]924;[157]193-194。

透过分析这三个维度，研究者可以了解到话语如何建构了某种特定的意识形态，意识形态对行为者产生的作用，以及话语与权力和利益之间的关系（例如，哪些利益通过何种方式被维护，哪些利益通过何种方式被忽视或者消解），进而得以厘清这一循环背后的隐藏的结构性要素。

当然，批判性话语分析也存在着不足之处，Andrew Sparkes 和 Brett Smith 建议研究者在使用这一数据分析方法时注意以下三点[17]139：第一，要注意自我反思，了解并在研究中主动说明作为研究者在自己的话语分析中包含的意识形态和价值取向，不要变成"手电筒"型研究者。第二，批判性话语分析往往较为负面，但研究者在尽心给社会批判的同时，也需要思考"何处是批判的终点"。这是因为，完美的社会和"放诸四海皆准的真理"一样是空中楼阁，所以我们要在批判的过程中，注意理解研究对象存在的价值与依据。第三，批判式话语分析往往仅关注与单方面（尤其是统治集团使用）的话语，而鲜有分析对话或者多行为者话语互动的研究，这也为我们的研究提供了拓展空间。

最后需要说明的是，正如我们在前面提到的，批判性话语分析与内容分析、主题分析、程序化扎根理论相比，并没有非常具体的细节性操作，我们在前文中列举的分析内容也只是您在分析话语的不同层面时需要关注的议题。为了弥补这一缺点，您可以在使用批判性话语分析的过程中，将它与其他数据分析方法相结合，以提升数据分析的系统性。

总　结

我们希望这一章的内容，不仅帮您掌握"料理"的方法与步骤，而且也能够使您了解到在"数据料理"的背后的思路与策略。

如前所述，质性研究并不是一种单纯的描述性研究，而是一种理解性、解释性的研究；是尝试由社会的表象、关系的建构入手，剖析深层结构与建构机制的研究；是尝试突破回答"是什么"，而关注于"怎么样"，乃至尝试思辨"为什么"的研究。因此，对质性研究来说，社会科学研究的关键在于如何能够从对数据叙述中寻找线索、搭建理论，以逻辑性的论述为基础，揭开潜藏于我们认为"必然如此""必须如此""必是如此"的知识的权力运作方式。

那么，为了能够完成这一任务，我们就需要由数据中发现线索——有用的信息，再以特定的策略为基础，使用这些有用的信息以得到最终的理论，进而实现社会科学研究的目标。这一过程的第一步"得到有用的信息"是我们在第三节中介绍的数据分析方法，第二步"使用有用的信息"是我们在第二节介绍的数据分析策略。看到这里，您可能会纳闷，为什么这一章的内容和我们刚刚叙述的完成社会科学研究目标的顺序不太一致呢？这是因为，我们以研究设计的逻辑铺陈了本章的内容，而且只有在充分的理论和策略设计的基础上，质性研究才能够脱离描述性的泥淖，以范式、逻辑、策略和理论为工具完成分析、理解、诠释和"解放"的任务。

换而言之，质性研究是否能够很好地完成任务，和研究设计与数据分析的质量直接相关。那么，什么是高质量的质性研究？我们如何评估质性研究的质量？质性研究在理论质量之外还要注意其他什么问题？这些问题我们在下一章中和您慢慢讨论。

第七章
CHAPTER 07

质性研究的质量评估

如果从一篇论文的角度来讲，我们在前面章节中说明的内容已经覆盖了论文中大部分的内容——虽然我们并没有对讨论部分进行深入的论述，但您在第三章有关文献综述的部分里也可以找到相关的内容。如果从一项研究的角度来讲，那么我们还有一项重要的工作没有完成——对研究的质量的评估与反思。这也是我们在本章中将要讨论的内容。

请您相信，我们从未怀疑过您会尽自己最大的努力来做好研究这件事情。故此，本章论述的重点并不是通过各种说教来强调研究质量的意义和重要性，而在于说明和讨论对质性研究来说，所谓"好"的标准究竟是什么？人们常说，要有的放矢，那么，质性研究的"的"何在？我们需要先了解质性研究在研究质量层面要追求哪些目标，才能将我们的研究向这些目标"发射"过去。这就像是我们参加比赛之前需要了解评分标准一样重要——假设您是一位参加猎雁比赛的神枪手，如果比赛的评分标准是精准地射中大雁的左腿，那么您当然要选择狙击枪，如果比赛的评分标准是射落大雁的数量，那么散弹枪就可能是您更好的选择了。

在第二章里面，我们简单谈了谈您在回应有关广泛应用于量化研究质量评估中的"信度"和"效度"问题时，可以选择的角度。在本章，我们首先接续第二章，探讨量化研究质量评估标准在评估质性研究质量时的适用性问题。此后，我们介绍四种在质性研究中较为常见的质量评估标准，并在"三角互证"的部分中，讨论这种被趋之若鹜的"质量检验方法"可能在方法论层面引发的问题。最后，我们简要地论述一个所有质性研究（或者说所有社会科学研究）都必须遵守的标准——学术伦理与道德。

第一节　对量化研究质量评估标准的反思

自然科学在我国社会中拥有举足轻重的影响力，以自然科学研究范式为基础的社会科学量化研究在社会学界也拥有可观话语权，因此我们相信您一定对"信度"（Reliability）、"效度"（Validity）、"一般性"（Generalisability）和"客观性"（Objectivity）这四个标准耳熟能详。

一方面，我们毫不怀疑这四个标准（以及其他的标准，例如"精度"（Precision）在评估量化研究质量时发挥的作用；但另一方面，我们也希望和您分享一些，我们对这些标准在评估质性研究质量时的适用性的思考。更准确地说，正如我们在第二章后半部分回答"质性研究信效度"问题时表达的，基于量化研究和质性研究之间在哲学基础方面的差异，我们并不认为这四项自然科学与量化研究的"黄金标准"适用于对质性研究质量的评价——在这一节中我们将依次简要说明理由。

不过，如果您在读过本节后，产生了诸如"质性研究真是一片自由的土地啊""质性研究就是为所欲为"之类的想象，我们建议您认真阅读本节的第二部分和本章第二节的全部内容。

一、效度（Validity）

简单来说，"效度"概念主要关注于我们的研究工具（或研究）在多大可能上可以准确地测量出我们的研究对象；或者说，我们使用研究工具获得的信息和结果在多大可能上是我们的研究对象。

在思考"效度与我们所做的社会科学研究之间的关系"前，我们首先要问自己社会——我们的研究对象——是什么？这是我们在第一章聊过的本体论问题。如果您选择了质性研究，那么您一定会（至少在一定可能上）承认社会的建构性。故此，我们的研究对象——社会，既是社会行为者的经验及其对象，也是他们诠释与建构的产物；作为一种建构物的社会是相对性而并非绝对性的存在。这正如下面这个笑话所讲：

　　　　一个跨国公司想要招聘秘书。令人吃惊的是，竟然有一只黑色的苏格兰牧羊犬通过了最初的打字测试。到了面试环节，面试官问道："你会说外语么？"苏格兰牧羊犬答道："咩~"

那么，问题来了。在这个故事中，面试官的听觉效度如何？他是否听到了一种外语？或者说，他所听到的声音（在何种程度上、对谁来说）是一门外语？由于对不同的行为者（当然在这个笑话里面，苏格兰牧羊犬也是一位行为者）来说，价值、意义、真理、社会过程都是不同的，那么当研究结果（我们的面试者说的是否是外语？他是否可以通过面试？）出现差异，是因为研究工具的效度不够造成的呢？还是因为研究者、研究对象或者研究所处时空环境发生了变化造成的呢？换而言之，质性研究由于其自本体论层面便承认了社会的建构性，因此其数据本身便（至少在一定可能上）是其研究对象——社会本身；与此同时，质性研究中所谓的"效度偏差"并不能够说明研究工具或研究设计层面存在瑕疵。

这对批判理论研究来说尤其如是——因为不同的意识形态可能使行为者在人生观、价值观等方面出现巨大的差异，所以 Harry Wolcott 在 *Transforming Qualitative Data* 一书中直言，质性研究并不需要刻意追求效度，而是以下内容。

> 需要发现（社会中的）重要因素，并由其中提炼出具有说服力的解读，（这）也是一种无须痴心于找到"正确答案""终极回答"或真相（Truth）就能获得的发现……我并不视"效度"为指导或评判（质性）研究（质量）的有效标准……我们已经背负着效度的概念工作了太久了；这是一个自诞生之日就该被（我们）抛开的概念，虽然我曾相信它与研究或测量的本质紧密相连，（但实际上效度）并不是一个十分独特或者准确的标准。（所以）我建议，我们应该到别处继续寻找或重新讨论适用于评价质性研究质量的标准[167]366-369。

依照这一观点，我们作为质性研究者，需要依据自己研究的特点，寻找、讨论并使用不同的标准来评估研究的质量。如果仍以批判理论为例，由于批判理论研究关注于揭示不同的意识形态、价值和权力的建构，故此，批判理论研究的质量取决于这项研究在多大可能上可以激发"参与者的行动；并（激发）研究者训练研究参与者进行某种特定的社会与政治行动，当然后者的前提是参与者乐于接受这种训练"[168]243。换而言之，批判理论研究的"效度"（有效性）在于其在实际社会生活中产生的效果——能否激发读者反思自己所在的社会与社会生活？

能否影响社会？是否激发了人们的行动？是否冲击或改变了社会中的权力结构，或让人们发现了权力结构中的存在的不平等与压迫？这一特性被称为"催化的原创度（Catalytic Authenticities）"[168]243。

二、信度（Reliability）

"信度"概念主要关注于我们在多大可能上可以信任我们的研究工具，或者说我们的研究工具在多大可能上是可靠的——如果我们以某个给定的研究工具、以同样的方式测量同一个对象，在多大可能上可以取得稳定、一致的结果？

从质性研究所立足的范式来看，无论是"后实证主义"还是"批判实在主义"都承认人类的知识并不完善，其与社会实在之间存在着差距，因此也是不断变化并趋近于社会实在的[11]5;[68]37-40。而就"建构主义"来说，社会实在本身就是知识建构的产物，也是相对的、多样的且碎片化的[26]103。故此，我们可以说，就质性研究的视角看来，不仅研究者（我们的研究工具）对社会的认知和理解是不断递进的，而且社会行为者（我们的研究对象）对社会的体验与建构也是在不断变化的——海誓山盟转眼瓦解冰消的情况在社会中并不鲜见，昨夜还你侬我侬的情侣，今早就可能因为各种原因一拍两散。时隔一夜，这两人虽然在生物学的角度并没有太大变化，但他们之间的感情却陡生巨变。如果我们正在研究这两人之前的感情关系，昨夜和今晨之间的研究差异又和我们的研究工具与方法有什么关系呢？

这也就是说，所谓"测量同一个对象"这个前提并不适用于社会科学研究（而不仅是质性研究），因为"我们不可能两次踏入同一条河流"。所以，"除非为那些不了解信度为什么不适用于质性研究的读者或评审'专家'做解释，否则质性研究者根本就不需要提有关信度的事情"[59]168。

三、一般性（Generalisability）

同关注与研究工具的"信度"和"效度"所不同，"一般性"的标准主要用于评估研究结果——某个研究的结果在多大可能上可以应用于其他场景或其他对象？或者说，我们的研究发现是否在社会中普遍存在，或是说这项研究发现在多大可能上可以成为一种普遍概念，进而推而广之。具体而言，由"一般性"角度发出的对质性研究的质疑往往带有"普世"意味。例如"你研究的结果具有普遍意义么?""你研究的结果能应用于别的案例上吗?"

在追寻普遍意义的道路上,使用概率抽样选择样本的量化研究往往尝试通过巨大的样本量来消弭每个社会行为者的特征和他们之间的差异,进而论证自己的研究结果可以推而广之,并尝试将其概念化(或者说泛化)——Generalisation。但质性研究希望得到的并不是某种会以一定概率出现的一般性结果;或者说,我们并不会止步于说明两个变量、要素或是事件之间的相关性,而尝试去理解和诠释具有时空特性的意义与价值,进而说明这种可以帮助我们诠释具有时空特性的意义的理论和方法;同时我们也会透过分析特定社会结构与行为者之间的互动机制来发现社会事件背后的因果性[43]31。透过以上的表述您不难发现,我们一直在强调时空特性及特定社会结构对研究的影响,也正是因为质性研究对研究对象背后的时空特性的重视,所以质性研究的结果一定不是在某个给定时刻中放诸四海皆准的真理,也不可能是某个社会中亘古不易的理论,故此将质性研究的结果直接①推而广之到其他场景之中,这一行为本身就违背了质性研究的精神。

同时,如果您在质性研究中尝试以扩大样本量的方法来研究本身就多样、多变且碎片化的社会(遑论您尝试用这种方法来追求一般性),那么您就很难实现质性研究重视的对资料中包含的价值与意义的深入分析——因为信息量会过于庞杂。故此,我们会看到一些"质性研究者"在截稿日期和研究预算的逼迫下,不得不放弃语言中的丰富意义,在"流行"的驱使下或"权威"的建议下将质性数据信号化,以进行内容分析。而我们认为,这种对一般性的追求并不适用于对质性研究的质量评估。

四、客观性(Objectivity)

说来有点讽刺,"客观性"和"主观"有关——我们的研究在多大程度上受到自己主观因素的影响?我们在收集和解释数据的时候是否处于客位,是否把自己和研究对象分割开来,以避免"影响"或"污染"研究对象?

由于质性研究者需要深入地了解研究对象,理解他们的概念、话语和意义,因此,无论是在数据的收集过程中,还是在分析过程中,质性研究者都无法脱离于研究之外,而是一个主动了解、理解、诠释研究数据的"研究工具";那么,

---

① 请您注意,这里的直接两个字非常重要。因为对于质性研究的结果来说,"直接地应用"和"承认和接受时空特性之后进行修正以后的应用"是两个概念。

质性研究者的背景（性别、年龄、生活经历、受到的学术训练）也就自然而然地会影响到数据和研究本身。

在数据分析层面，由于质性数据分析（由本质而言）是研究者在重构研究对象对社会的理解的过程，故此质性数据本身便具有"主体间性（Intersubjectivity）"——这一属性决定了质性研究从本质上就无法独立于（在互动双方的两个或者多个）主体存在[13]161;[87]726;[169]374,375。

在数据收集层面，研究者的影响与作用同样明显——如果您试想一下，当自己面对一位面容姣好、语音迷人的访问者时的反应和一位面目可憎、声音嘶哑的访问者时的反应之间的不同会有什么，您就不难理解研究者自身的特点对数据收集的影响了。当然，这仅是研究者无法改变的外貌特点对数据收集的影响，遑论研究者性格、教养、学识、经验等方面特征对数据产生的影响。

综上所述，质性研究者自身特性不仅会影响到质性数据的收集过程，也会影响到质性数据的分析过程。那么，"客观性"又如何能够评估质性研究的质量呢？

以上四方面的简单论述可能已经让您心生疑窦——既然量化研究的质量评估标准都不适用于质性研究，那么质性研究是不是随便做就可以了呢？事实上，我在研究生答辩中也听到其他同事问过相似的问题——质性研究是不是随便讲个故事就完了？

但实际情况恰恰相反，质性研究并不是一片可以任由研究者信马由缰地或走马观花地描述的无主之地。即便是纯粹以建构主义为基础的研究或是以艺术创作或小说为对象的研究，也拒绝接受研究者如无源之水、无本之木一般的臆断或是天马行空的猜测。虽然质性研究本身的多样性使其质量评估标准难以统一，但这并不是说质性研究质量评估的过程可以草草了事；恰恰相反，质性研究的过程需要非常的谨慎与细致①。换而言之，质性研究质量评估的关键并不在于其评估标准的统一，而在于对论证的逻辑性和分析的可追溯性的追求。

第二节　质性研究质量的评估与三角互证

"离别是为了相聚，只要能相聚，无论多痛苦的离别都可以忍受。"古龙笔

---

① 也正是如此，在国际体育社会学期刊中，论述翔实、逻辑缜密的方法论部分是评审最关注的重点，也是国内体育社会学学者在寻求国际发表时（至少在现阶段）最困难之所在。如果仅仅是如"使用了文献综述法""进行了逻辑分析"这样的论述，而不是就范式、理论、数据、分析等方面简要而清晰地说明，那么被直接拒稿的概率是相当大的。

下的捕头杨峥，这样解读自己的武器——离别钩。我们在上一节中讨论内容也具有同样的目的——讨论"标准不适用性"的意义在于重建一套能够更适用于质性研究质量评价的标准，而不是将研究自然世界（Nature World）的规则和标准加诸于对社会领域（Social World）或对生活世界（Life‑world）[170]127-129的研究之上。

我们在本节的第一部分中介绍了质性研究质量评估的四个标准——"可信度""严谨度""保证度""透明度"。在第二部分中，我们将介绍现在较为常用的一种质量评估方法——三角互证，并对这种方法进行一些讨论。

不过，在您阅读这部分的内容之前，我们想提前说明的是，能够用于质性研究质量评估的标准并不限于我们在后文中说明的这四种，而且我们也不认为这四种标准一定适用于您的研究，更不希望您削足适履地将这四种标准全部用来衡量您的研究质量。因为使用四项标准进行质量评价的研究并不一定就会比使用两项标准进行质量评价的研究在质量方面好上两倍。我们建议您通过阅读更多的质性研究文献和方法学著作，了解不同的质性研究质量评判标准，再根据自己研究的时空背景，在充分论证的基础上，秉持学术道德与科研伦理，使用恰当的标准评价自己的研究。

一、质性研究质量评估标准

我们在这部分中选择性地介绍质性研究质量评估中的四个标准。其中，"可信度"（Trustworthiness）来自 Yvonna Lincoln 和 Egon Guba[171]218-219的著作 *Naturalistic Inquiry*。这个标准尽管已经有三十余年的历史，但仍然是质性研究质量评估中最常用的标准之一。"严谨度"（Rigour）虽然并不是一个新的标准，但 Janice Morse[172]1364-1398在最新版的 *the Sage Handbook of Qualitative Research* 中对其进行了新的说明，因此我们将这一概念加到本节的论述中。此后，出于自己的学术志趣，我们在本节中还介绍常用于话语分析质量评估的"保证度"（Warrantability）[173]177-178与常用于政治学质性研究中的"透明度"（Transparency）[50]111;[53]48-53。

（一）可信度（Trustworthiness）

作为最早出现的质性研究质量评估标准之一，"可信度"几乎在所有质性研究方法论著作中都可以见到[8]202,277。从整体来讲，质性研究的可信度一方面在于研究者多轮、准确、持续且系统性的数据分析；另一方面也在于研究者对整个分析过程和其中细节的记录与说明；我们需要通过这两方面的工作使读者能够判断研究的分析过程是否可信[125]2。

究其细节来看，可信度并不是一个单一标准，而是一个包括了四个方面（或者说"子标准"的、用于替代量化研究质量评估标准的集合概念）[174]75-91（表7-1）。下面我们为您分别说明这四方面标准的具体内涵。

表7-1　社会科学与自然科学研究质量评估标准对比表

关注方面	自然科学标准	社会科学标准
真实价值 Truth Value	内部效度 Internal validity	信用度 Credibility
应用性 Applicability	外部效度、一般性 External validity/Generalizability	迁移性 Transferability
一致性 Consistency	信度 Reliability	可靠性 Dependability
中立性 Neutrality	客观性 Objectivity	可确定性 Confirmability

1. 信用度（Credibility）

信用度主要是为了解决质性研究中有关"真实价值"（Truth Value）的问题，也就是说，作为研究者的我们如何可以确定自己对特定背景中的特定对象的研究发现是真实的[174]2-4。这一标准对应的是自然科学研究中的"效度"概念（更准确地说是"内部效度"概念），但与效度不同的是，它的关注重点并不在于讨论我们所获得的研究结果是否是"社会现象"或"社会过程"，而在于探讨研究对象对社会实在的建构与研究者对研究数据的重构之间的对应关系/对应度[17]189。

为了确认我们对数据的解读与数据收集对象（如受访者）的经验与诠释之间的对应程度，我们既可以使用"数据三角互证"来检验数据本身的一致性（有关数据三角互证的操作与作用，请见后文"三角互证及其争论与批判"部分）；也可以向同事描述研究过程的方式，并邀请同事评论整个研究的恰当性；还可以通过"成员检验"（Member Checks）的方法，邀请受访者（或其他数据收集对象）阅读数据分析的结果和论文以确保自己对数据的解读切合于他们的经验、观点和想法[175]238-241。当然，也有学者对最后一种方法提出了不同意见，认为这一方法使受访者有机会掩饰自己真实的想法或改变主意进而退出研究[172]1384。

除此以外，您还可以尝试通过以下四种方法来提升研究的信用度[174]75-91。

第一，延长参与（Prolonged Engagement）：延长自己在一个观察点的调查时间，以消弭自己的出现对观察场景，以及其中的行为者的影响，同时也可以进一步测试自己的观察所得和分析结论是否可信。

第二，持续观察（Persistent Observation）：延长参与可以提升您研究的广度，持续观察则能够提升数据中的信息深度[176]1-13。对某种特定现象或对象的持续观察可以帮助您发现这个特定现象或对象的非常规的特性。您也可以通过持续的观察与调查获取更加丰富的资料，以支撑自己对场景的分析与总结。

第三，同行商榷（Peer Debriefing）：同行或同事的意见是提升研究质量的重要助力。在同行商榷的过程中，您可以和其他研究者或利益相关者在研究的场景之外互动。例如，为他们说明观察内容、分析结果和研究发现，回答他们提出的问题，并根据批评和意见来调整自己的记录与研究行为。

第四，负向案例（Negative Case Analysis）：当您获得了分析结果（尤其是以归纳法获得的分析结果）后，您可以通过分析与您得到的理论相反的案例来检验使您的研究结果能够成立的前提条件。也就是说，您可以通过分析为什么您的研究结果在这些案例中不具有解释力，从而反向了解到您通过研究获得的理论之所以能够成立所需要的时空条件。这就像是当您的数据中出现了偏差与矛盾时，您需要首先尝试分析造成偏差的原因——也许是来自不同的信息源、也许是这些数据背后不同的观察视角或不同的价值观与意识形态等，通过分析导致这些偏差出现的原因，从而更充分地把握数据、理论与背景之间的关系，并提升您得到的理论在特定时空环境中的信用度[87]554-555。

2. 迁移性（Transferability）

迁移性主要关注于一项研究的结果可以在多大程度上、以什么样的方式应用于其他社会场景或其他主体[174]86。乍听起来，迁移性似乎与量化研究的"一般性"概念有些相似，但两者之间的不同点在于，当我们讨论一项研究结果的迁移性时，首先要考量的就是目标场景与源场景之间在时空环境方面的差异性与相似性，而并不是以"跨越时空的普世真理"为指标来衡量这项研究的结果。

这也就是说，质性研究结果的迁移具有"条件性"和"程度性"——在关键要素相似的社会环境之间，质性研究的结果会具有一定的相似性，也可以进行一定程度的迁移[174]86。那么，从另一角度来看，当我们尝试用迁移性评价质性研究质量时，也需要明确地考虑：（1）这项研究的可迁移性需要什么样的条件才能够得以实现；（2）影响这项研究可迁移性的，究竟是研究设计本身的缺陷和简陋，还是这项研究关注的社会环境或研究对象的独特性。

如果是因为研究设计本身的缺陷和简陋影响了研究的可迁移性，那么我们就可以对这项研究的质量提出异议；如果是因为研究关注的社会环境和研究对象的独特性而使得研究结果不太具有迁移性，我们则要关注研究者是否在研究报告中明确地说明了研究结果成立的时空条件。

从研究者的角度出发，我们则需要通过厚描自己研究关注的社会场景与研究对象，使读者清楚地了解研究结果得以成立的关键要素，进而使他们知道如果尝试将您的研究结果迁移到其他社会场景时，目标社会场景与目标对象所必须的条件与特性。或者说，您需要通过对研究的厚描，使读者了解到您研究的背景与迁移目标背景之间必须在多大程度上"足够的一致"（Sufficiently' Congruent）才能进行研究结果的迁移[176]1-13。

当读者了解这些关键要素后，也就可以基于您的研究结果，通过目的性抽样收集数据，并分析这些具有相似性的案例，而不是采用"牛不喝水强按头"的方式强行套用理论[174]81。这也就是说，量化研究者往往需要自证研究结果的一般性；而质性研究者需要做的则是通过充分说明研究结果的前提条件与关键要素，邀请读者自己来判断研究结果在不同案例间的可迁移性。

3. 可靠性（Dependability）

简单来说，可靠性主要关注于"稳定程度"。这种稳定程度表现在数据和研究结果的稳定程度。这样听起来，可靠度似乎和"信度"有些相似，但这两个概念之间实际上具有很大的差别。

这种差别在于，量化研究秉持实在主义范式并笃信"社会实在的同一性"，故此会将边际的数据或者不符合规律的研究结果视为"异常值"——研究者可以通过处理掉这些无效样本，留下"真实可靠"的稳定数据。而对于质性研究（尤其是以建构主义范式为基础的质性研究）来说，作为研究对象的社会是多样的、多变的建构物，因此，我们无法（也不能）把不同的结果（尤其是"异常结果"）视为工具性的错误。

那么，实现质性研究可靠性的关键并不是拒绝不同或抛弃异常，而是记录不同和异常，并对其进行追因——质性数据或者研究结果不稳定可能是由研究对象及其所处时空环境的变化造成的，而非由于研究工具或方法工具层面的瑕疵。故此我们需要详细地记录整个研究过程，由读者来追踪、审查整个研究过程，进而确认研究数据和分析过程的可靠性[175]242。

换而言之，质性研究的可靠性主要取决于以下四个方面[177]391-393：

- 整个研究过程的完善程度和可追踪程度；
- 对整个研究过程记录的详细和完整程度；
- 记录下的信息是否可向当事人再度确认；
- 整个研究在逻辑层面的一致性与合理性。

当然，您也可以通过邀请第三方审查或者检验的方法来确认记录的完整性、数据分析的合理性与逻辑性[174]86。

4. 可确定性（Confirmability）

"可确定性"主要关注于研究的中立程度———一项研究的结果在多大可能上可以被视为研究者从尽量中立的角度，对研究对象的生活经验与社会建构的解读，而没有受到研究者"偏见"、兴趣或视角的过分影响[174]87,88。

量化研究的中立程度往往用"客观性"（Objectivity）来评判。但是，遑论社会科学量化研究，即便是在自然科学研究中，研究者对同一对象的研究也可能因测量角度的差异而得到不同的结果。例如，物理学家在不同的情境下测量光，就会得到不同的结论———光会呈现波动性或粒子性。那么，对本就具有多样化和碎片化特征的社会实在来说，我们就更难只因研究结果的差异，就认为研究存在质量问题。

作为一种由研究者对数据收集对象的经验与建构的重构，社会科学研究本就难以完全与研究者割裂开———我们所调查的"事实"就是一种关系的反映，这种关系既存在于社会环境、研究者和研究对象之间，也是研究者和研究对象之间内在的、流动的、具有建构性的关系。研究者与研究对象之间的互动及对"事实"的建构，都建构着这种关系，也反映着这种关系[178]206。故此，研究者、研究方法和研究工具也就不可能纯然中立而对研究结果毫无影响。

故此，质性研究转而要求研究者记录下自己选择某种研究方法、理论、数据分析工具的方法与原因，明确地说明自己进行判断和选择的思路、数据与背景之间的联结，以及自己对质性数据进行分析的逻辑过程，以确保研究数据、分析工具，以及研究结果都源自研究所关注的社会背景及其中的行为者，而不是研究者"天马行空"的臆想创造[174]87。换而言之，我们需要清晰地说明自己通过怎样的过程获得了研究结论,以使读者清楚地了解到研究的"'原始产品'和'生产过程'",明白我们为何在研究过程中做出一系列重要选择(例如研究范式、抽样策略等),故此可确定性也被视为一个集合性的概念——当一项研究的信用度、迁移性、可靠性都得到了保证,那么这项研究的可确定性也就基本实现了[175]243。

(二)严谨度(Rigour)

严谨度是检验质性研究质量的另一个重要标准,它要求我们一方面关注于质性数据与所研究的社会现象、社会过程之间的关系,另一方面也需要考量数据分析与报告写作的质量与技巧[179]383。换而言之,严谨度重点考察数据与研究法两个层面的研究质量——我们在进行研究时首先要尽量获得高质量的数据,其次要合理地、以恰当的方法使研究结果(我们对数据的重构)尽可能地接近研究对象(被调查对象对社会的建构)。

在数据层面,我们可以将质性研究数据分为"硬""软"两类,并就其质量进行分别的考察。其中,硬数据主要指与社会事件相关的描述性资料。例如,体育参与人群的人口统计学信息、某个体育事件发生的时间与地点、健身房的营业时间与收费标准等。当然,"硬数据"并不代表着其中的信息一定会非常精确。例如,当访谈者告诉我们:"那时候的健身房里有这样一位客人,他的名字我记不清了,但是每次来的时候都穿着一条蓝色的裤子。"与硬数据相对,软数据可以为我们提供与研究对象有关的经验性信息——只能通过社会行为者的重构或者叙述才能够了解到的信息,例如,受访者的态度、价值、信念、想法和刻板印象,或是经验、回忆、猜想、解读等对不同受访者具有不同意义的内容[172]1380。由于软数据描绘对象往往是不可见的,且具有受访者主体性,因此在一定意义上来说"Soft data are harder to present"[172]1381。

无论是软数据或硬数据,"严谨度"都要求数据尽量贴合于其反映(或建构)的社会现象、社会过程,以使我们可以更加清晰和准确地由信息之中了解到我们的研究对象——社会。对硬数据来说,我们可以通过将其与其他档案或文献进行比对,以确定其严谨度。对反映社会现象和社会过程的软数据来说,我们可以尝试通过一些技术手段增加软数据的"硬度"。例如,在以观察法收集健身房顾客之间互动行为的意义的研究中,观察数据属于一种软数据;如果我们可以通过录像的方式记录下观察的内容,并进行反复观看和检验,便可以提升这种软数据的"硬"度。

当然，您还可以通过其他一些手段提升数据层面的严谨性，如下所述。

第一，从收集过程保证质量：亲力亲为地收集数据是一种非常有效的保证数据严谨度的方法。一般来说，您肯定是研究团队中最有经验的或者最了解研究对象和研究场景的研究者，那么您在数据收集场域中就可以及时地发现其他人在数据收集过程中可能出现的瑕疵，并针对质量欠妥的数据进行补救或补充。尤其是在数据收集过程中发现"异常值"时，您需要尽快寻找到（或尽量将其联系到）相似的案例，并通过分析数据将出现异常值的原因纳入概念体系之中。

第二，努力实现数据的饱和：实现数据饱和是质性研究者常用的提升严谨度的方法之一。这种方法要求研究者尽可能多地收集与某一社会现象有关的相似案例，以通过数据累积来提升研究数据的确定性[180]587-588。例如，经典扎根理论中的"理论抽样"部分便是如此——通过使数据互相支持以说明某个社会现象或社会过程在特定时空环境下的意义。这里必须要说明的是，除了使用扎根理论的质性研究以外，一般的质性研究往往是在数据收集完成后才进行数据分析的。故此，研究者就需要在结束数据收集之前，确保数据中涵盖了足够多的（甚至是全部的）与研究对象相关的类型，而不是韩信乱点兵式的随性收集数据。

第三，"软""硬"数据对照：您可以通过将软数据中的部分内容与硬数据对照，来提升软数据的"硬度"。在一些质性研究方法的著作中，也有学者提出可以通过对质性数据的数字型分析（例如，内容分析）来进行"软""硬"数据的对比[95]228，但我们对此持保留意见。

第四，寻找、建立"一致性"：在这里，"一致性"既包括在数据分析前期和后期得到的类属之间的一致性，也包括通过研究得到的理论和既有文献中的理论之间的一致性。当然，我们的研究结论不可能与既有理论完全一致，因此，实现理论一致性的关键在于通过研究数据说明这种"理论不一致性"的成因，并以研究获得的理论来修正或补完既有理论。

除了以上四种方法之外，确保数据与研究性质之间的一致性也是提升研究严谨度的有效方法。假如，您要进行一项对运动员伤病的研究。如果这是一项描述性研究，那么您就更有可能需要以"硬数据"来描述事件的细节信息，故此您需要关注以下内容：伤病程度、受伤原因、法律追责、保险赔偿、恢复时长、恢复手段、伤病防控等内容。当然，即便在描述性研究中，您仍然有可能会要用到"软数据"（例如，运动员在受伤过程中的感受、对伤病防护过程的体验）。当然，这些软数据和硬数据之间有可能会存在一定冲突（例如，虽然教练员已经完全依照流程和手法对运动员进行了保护和救助，但是运动员却感觉教练员完全没有尽到自己的责任），但这样的矛盾点可以帮我们了解现有制度与个体感受之间的差距进而作出调整。如果这是一项阐释性研究，那么软数据就可能更加重要了。因为对阐释性研究来说，我们需要关注运动员的伤病体验、伤病对他/她的意义、伤病给他们的生活与比赛、训练带来了怎样的影响，运动员在受伤前后对伤病的认识和态度——在小伤时是否会轻伤不下火线，还是及时通报？为什么会做出这样的选择？这些信息我们只能通过运动员自己的叙述才能了解到，因此我们当然需要更加重视这些可以帮助我们了解到体验、价值与意义的软数据。

在这个例子中，无论是描述性研究还是阐释性研究，都有利于我们加深对经历过伤病的运动员的了解和理解。然而，研究的角度会存在差异，因此我们不仅需要收集不同类型的研究数据，而且也需要使用不同的方法来收集数据。所以，我们需要根据研究类型选择合适的数据和恰当的收集方法，以确保数据与研究性质之间的一致性，进而提升研究的严谨度。

在数据层面之外，我们还需要由分析层面提升研究的严谨度。Janice Morse[172]1365-1367,1385-1388提出了两个可以提升数据分析严谨的方法——"验效策略"（Validation Strategy）和"确认策略"（Verification Strategy）。我们之所以把 Validation Strategy 翻译为"验效策略"，是因为 Validation 一词与"效度"（Validity）和"有效的"（Valid）相关。线上版韦氏大词典中将其解释为"验证某事或某物具有法律效力或有效的行为、过程或例子"[181]1，同时，我们之所以把 Verification Strategy 翻译为"确认策略"，是因为 Verification 一词在线上版《韦氏大词典》中被解释为"确认某事的真相、准确性及其本质的行为和过程"[182]1。这两个策略的名字虽然大同小异，但其关注点则各不相同——"验效策略"关注于数据分析结果的准确性，而"确认策略"则关注与数据分析结果的适用性。

首先，就"验效策略"而言，对硬数据及其分析结果进行验效比较简单——将数据和外部记录进行比对（例如，通过反复听取访谈录音，确保逐字稿的准确）；并在数据分析过程中，反复查看编码本（或者对比研究组不同成员对数据的编码）以确认数据编码规则在整个数据分析过程中的一致性。

对软数据来说，如果您在数据分析中发现了不确定或者不准确的内容，我们建议您通过再访谈或再观察来检验数据及其分析结果。我们不建议您把逐字稿等数据发给数据收集对象或邀请他们修订数据，因为有时数据收集对象反而会在这一过程中加入不准确的信息，而且作为研究者的我们也无法通过观察来了解到这一过程。

其次，"确认策略"主要关注数据分析层面——数据和数据分析在多大程度上可以满足研究的要求，又在多大程度上可以回答您的研究问题。如果您是在进行普通的质性研究，我们建议您采用同行检验的方法，向同事介绍研究目的和背景、数据特征、您在研究中使用的编码规则，以及数据分析结果，并邀请他们匿名地进行评论或小组评论，以确认数据分析和研究问题之间的切合度。在数据分析早期进行的同行检验往往可以激发您数据分析的灵感和思路；在数据分析中期进行的同行检验则可以帮助您发现数据分析中的缺陷、打磨理论、开阔思路和视野，将研究与他人的研究成果联系起来。但您需要注意的是，绝对不能用同行的话来验证自身研究的正确[183]13-22——这也是很多所谓"专家访谈法"错误的地方。如果您进行的是参与式研究，您还可以邀请数据收集对象对数据分析过程进行评论。这些对数据、概念和分析过程进行的讨论不仅是一种对研究质量的评估，而且也是我们的研究数据。

再次，我们在此前提到的"数据饱和"也是确认策略的一种方法。您可以通过将研究数据中的案例、经验、背景和事件中相似的概念和过程相连接，以实现理论（而不仅是数据层面）的饱和。理论的饱和不仅能够确保分析过程本身不会出现质量问题，同时可以激起读者联想到更多的研究领域和新问题。

最后，需要说明的是，保留全部的研究记录是非常重要的。研究记录中不仅要研究设计的想法和思路、访谈设计的初心（例如，您预期在访谈中了解的问题与信息），还包括数据分析的思路和线索。这些内容可以帮助我们记起这项研究是怎样一步一步地成长起来的，也有利于我们保持整个研究从始至终的一致性。

（三）保证度（Warrantability）

"保证度"是 Linda Wood 和 Rolf Kroger 在 *Doing Discourse Analysis*，*Methods for Studying Action in Talk and Text* 一书中提出，用于评估话语分析研究质量的标准。由于从话语分析的角度来看，人类社会的存在并不独立于（甚至是依赖于）行为者的建构，因此我们无法找到一个"统一的""不变的"或"独立于行为者的"社会来判断话语分析是否真实[184]137-145。换而言之，话语分析研究者（尤其是以建构主义为基础的话语分析研究者）认为，我们无法找到话语"真实地反映"的对象，因为话语并是在不反映社会，而是在建构社会（社会的本质是一种建构物），故此话语，究其本质而言，就是使用者与建构对象之间的关系本身，因此我们无法使用"效度"概念——来评判数据分析在多大程度上能够准确地反映了研究对象（尤其是话语分析研究之对象）。于是，为了保证某一项话语分析研究"是可靠的，是以具有逻辑的研究准则和可靠的实证为基础的，是可以经受得起批评与争论的，是有效的、如预期的、具有说服力的"，他们提出了"可靠性"的概念，并指出话语分析研究追求的并非是某种"真理"（Truth），而是对行为者的社会建构（而非"社会"）进行准确（Accurate）且可靠（Warrantable）的分析与描述[173]167。

"可信"（Trustworthy）与"合理"（Sound）是实现保证度的两个重要条件。其中，"可信的研究"不仅可以帮助我们理解这项研究中使用和分析的话语，也可以通过研究中"可追责的（Accountable）且具有系统性的（Systematic）"分析过程，帮助我们理解其他话语；"合理的研究"则以实证和逻辑分析为基础，确保研究具有稳定性、说服力和信用度。如果我们以健身房来举例，假设您想要买一个健身房的年卡，首先您要确保这个健身房的"可信度"——老板既不会任人唯亲使得健身房管理一团混乱，也不会提供与健身无关的服务，而且健身房运管体系完善且具有清晰的、可供第三方监督的记录——这些内容主要与管理者（研究者）的行为和管理流程有关。其次，您还要确保健身房提供的服务是合理的——课程内容合理、教练配置足量、器材质量上乘——这些内容主要与产品（研究）本身有关。

就"可信"这一标准而言，您可以通过"流程"（Orderliness）"记录"（Documentation）"评审"（Audit）三个方面进行考察。

（1）"流程"标准要求研究的操作、记录与最终的汇报工作清晰、有序。

（2）"记录"标准要求研究者详细地记录并描述该研究的所有步骤（尤其是数据收集与分析的流程）。通过详细地记录研究过程，您可以帮助读者了解研究结论所立足的背景，虽然这并不能使读者重复您的研究，但可以帮助他们了解您的数据分析的严谨与缜密程度[185]58-70。

（3）"评审"标准来自财务领域的"审计"概念。您可以邀请第三方学者和专家阅读您的研究报告，并评审您的研究数据（例如，访谈的逐字稿与录音）和研究过程（例如，数据收集、分析策略与步骤，以及研究的整体流程）。当然，您论文的读者也是研究"天然的"质量评审人。

与判断研究"可信"的标准相比，我们需要用更多的标准来评估一项研究是否"合理"。首先，"流程"与"记录"两项标准依然适用于对话语分析研究的"合理"的评估。一方面是因为合理、有序的流程是所有科学研究工作都必须满足的条件。另一方面，清晰地记录数据分析的流程是确保一项研究（尤其是质性研究）的保证度的关键环节，因为读者唯有通过您对数据分析流程的记录才能够了解到您的论证逻辑、您在分析数据过程中进行的思考；也只有通过记录，读者和第三方研究者才得以查看您对质性数据进行抽象与提炼，以及最终得到研究结论的过程，同时考察您的研究结论的"合理性"——换而言之，对扎根理论研究来说，数据记录的重点是支撑您由数据之中抽象出结论的过程与逻辑，而并非单纯的结论本身。

与此同时，我们还需要一些其他的标准来评估一项话语分析研究的"合理"。这些标准包括"指向性"（Orientation）、"模式性"（Pattern）、"一致性"（Coherence）、"合理性"（Plausibility）、"产出度"（Fruitfulness）。

"指向性"标准关注于质性数据（如访谈材料）的视角和取向与研究者解读的视角和取向在多大程度上是一致的。我们可以由数据中的语法特征与数据分析角度之间的一致性、研究者选取数据的倾向、受访者自己对数据的解读与研究者数据分析之间的一致性这三个方面判断分析的"指向性"。

"模式性"标准关注于研究者通过数据分析得到的模式对整体数据的解释力？换而言之，我们需要考量，研究者通过数据分析得到的模式具有哪些其他模式无法实现的功能？这些功能是如何实现的？

"一致性"标准指研究结论是否能够解释与自己存在差异的"特例"（Exception）或"其他可能出现的情景"（Alternative）。因为对话语分析来说，并不存在"错误"案例，只存在需要解释的案例。具有一致性的研究结论需要既可以解释一般性的模式，也可以解释（与自身研究）有差异的个案，进而阐释社会结构加诸于话语的影响及效果。换而言之，所谓"一致性"并不局限于话语层面的一致性——研究结论在表述或者取向的一致性，而是一种分析层面的一致性——可以分析不同取向的质性数据[173]174。

"合理性"关注于一项研究的结论在多大限度上可以被既有知识体系支撑，并由此被社会行为者认为是合理的。这个标准主要考量不同研究之间的关系——如果说数据分析是借由数据来寻求保证度的话，那么追求合理度的过程就是借由他人的研究来寻求保证度的过程。

"产出度"关注于一项研究对话语（尤其是新的话语）的解释力。如果说"合理性"的标准是使用既有研究来评估新研究，那么"产出度"则主要考量新研究对既有研究的影响程度。

总而言之，保证度标准主要考量研究结论的说服力，而并非是其他研究者是否可以通过再度分析同一组数据而得到相同的结论。但需要强调的是，话语分析并不是一种可以被简化为某一套方法、某一组标准或者某一系列程序的研究方法，而是一种带有"个人怪癖"（Individual Quirkiness）的研究法——研究者需要自行决定数据的重要性，并愿意做出特立独行的学术论断[173][177]。

（四）透明度（Transparency）

无论您使用上文中介绍的哪一种质量评估标准，您都需要巨细靡遗地记录并说明整个研究的过程，以使自己的研究完全地公开，可以接受读者和同行们的审查。这种对质性研究在内容的记录与公开方面的要求被称为质性研究的"透明度"，也是评估质性研究质量的重要标准之一，主要包括以下三个维度的内容[53]。

- "数据的透明度"：保证读者可以接触到您的研究收集到的所有数据；
- "分析的透明度"：保证读者可以得到所有关于数据分析的信息，例如，研究的分析框架与理论、数据分析的过程等；
- "生产的透明度"：保证读者可以充分了解您选择研究对象的标准、选用研究范式和理论的理由，以及研究理论的具体使用策略与方法。

我们一般采用以下三个标准来实现、检验研究的透明度[50][111]。

- 研究者对研究过程的记录是否清晰、完整、可追溯；
- 研究者通过访谈过程是否获取了坦诚和开放的回答；
- 研究结论是否合理，研究者是否尽力地避免了偏见。

这三方面的标准对使用访谈法的质性研究尤其重要。因为访谈数据与问卷数据一样，常会受到有关数据真实性的疑问，而且也确实有缺乏学术道德的研究者尝试通过编造、伪造、修改数据以使得数据更加"好看"，使数据更加具有"一致性"。然而对质性研究者（尤其是使用访谈法的质性研究者）来说，我们并不需要因为访谈数据中存在矛盾而慌乱不安，也不需要将这些彼此矛盾但回答坦诚的资料视为"错误的数据"或者"虚假的数据"，当然也绝对不能因为数据分析的结果不好看而试图"修改"数据。您需要做的是将访谈资料与其他相关数据（例如受访者的身份、社会背景）进行比对，以发现不同受访者之间出现观点冲突的诱因，尤其是其中不可见的结构性要素，进而剖析诱因与冲突之间的作用机制，以及诱因背后的权力关系和利益矛盾——在这一层面上，我们往往可以找到具有共性的研究发现。例如，虽然阿尔及利亚足球领域的不同利益相关者（以及同一类利益相关者中的小团体之间）会使用不同的语言（阿拉伯语或法语），他们对待自己使用哪种语言的重视程度也差异迥然，但他们的语言选择和语言态度却都受到了当地社会中伊斯兰文化与西方殖民主义元素之间冲突的影响。

如果您的研究使用批判理论或者批判性话语分析，那么您就尤其需要重视那些与"主流声音"存在一定冲突的、常被贴上"非主流的""不合时宜的"乃至于"错误的"标签的声音。因为社会科学研究（尤其是批判性社会科学研究）的重要功能之一就是实现"解放性"——帮助人们发现藏匿于社会结构中的、借由知识建构来实现的、无形的权力压迫，以及被这些权力、知识压迫而被忽视、压抑乃至打压的利益[14]115-117,148。当然，这种对"不同"和"冲突"的重视（这种重视是借由积极的角度出发的）也使我们对"效度"标准在质性研究中的适用性再度提出了疑问。

在这一部分中，我们为您介绍了"可信度""严谨度""保证度""透明度"四种评估质性研究质量的常见标准及其相关要求。当然，可以用于评估质性研究质量的标准还有很多，但限于篇幅而无法为您详细说明，在此仅进行简单的介绍，例如下面六种标准。

（1）主题的重要性（Worthy Topic）：研究主题切合社会现实，具有时效性、启发性、趣味性和现实意义。

（2）研究的坦诚性（Sincerity）：研究者能够反思主体价值、偏见和喜好对研究的影响，详细介绍了研究方法与其可能面临的挑战。

（3）研究的唤起性（Resonance）：研究通过其流畅、清晰且具有现实意义的写作、分析与研究发现，可以影响、打动甚至感染读者。

（4）贡献的重要性（Significant Contribution）：研究在概念、理论、实践、道德、方法等层面实现了重要贡献。

（5）研究的伦理性（Ethical）：研究不仅实现了过程正义，在关系层面和退出过程中也符合研究道德、伦理的要求，而且尤其重要的是，整个研究都切合于它所在特定时空、文化背景下的伦理与道德标准。

（6）意义的一致性（Meaningful Coherence）：研究目的、研究方法与过程和研究目标相一致；研究发现、数据分析、研究问题与焦点和既有学术成果紧密联结。

在本部分的最后，我们想再次说明，本部分提出的这些标准并不是一种研究质量评估标准的"完全体"——您可以根据研究的目的增加或提炼相应的标准。质量评估的标准并不是使用得越多就越好——满足了十种研究质量检验标准的研究的质量并不一定会比满足五种研究质量检验标准的研究的质量要好上两倍。在选用研究质量评估标准过程中重要的是，选用切合于研究特性与具体时空环境的标准，并且详细说明选用这些标准的原因，而不是投机取巧地选用最简单的标准，进而花言巧语地文过饰非——这也是严重的学术道德问题。

总而言之，质性研究者可以根据研究的具体类型、时空环境与研究对象，灵活地选用评估研究质量的标准，并公开、坦诚地论述自己的研究思路、数据来源、分析方法和研究局限。在这个过程中，最重要的是研究者对学术道德的信仰和支持，以及自己的学术良心。正如国际奥委会在奥林匹克治理中，尝试通过推行善治来确保自身在体育领域的自主权一样，这样的自我约束是我们能够保持质性研究（乃至于社会科学研究）自由度的唯一方法。只有通过这样的自我约束，我们才能够明确地、立场坚定地、决绝地反对那种将机械化的标准强迫地加诸于对充满变化的人类社会和体育行为进行的多样性的研究之上的"权威"行为。因为这种强加的标准会扼杀创新研究的生命，践踏学术自由的灵魂，并藐视作为个体的人本身所拥有的多样的感受与体验，而且它扼杀、践踏与藐视的一切却正是体育社会科学研究的本质。

二、三角互证及争论与批判

简单来说，三角互证（Triangulation）是一种尝试从多个角度收集、分析、诠释数据来确保研究质量的方法[95]129。如下所述：

> 研究者通过不同的视角剖析研究对象或回答研究问题。（研究者选用的这些）视角借由研究方法和理论路向表现出来。这两者（研究方法与理论路向）是，也应该是相互联系的。此外，三角互证还指（研究者将）不同类型的数据依照其各自理论视角的背景相结合。（研究者）应该尽可能平等地使用这些理论视角，以使其有平等的机会得到研究结论。同时，三角互证应该帮助我们获得来自不同层面的、更多的知识；换而言之，它可以使我们了解到比仅使用一种研究路向而获得的更多的知识，也正是因此，它可以提升研究的质量[186]41。

这一方法滥觞于 20 世纪 50 年代至 60 年代，并随着混合型研究（Mixed-method Research）的兴起而在 20 世纪 80 年代出现了第二波的勃兴，但同时，也引发了学者们关于三角互证（尤其是研究方法三角互证）在本体论与认识论方面的讨论和争议[116]77-99；[187]420-422；[188]13。

Norman Denzin 于 20 世纪 70 年代将"三角互证"的理念引入质性研究领域，并将其定义为"通过一组研究方法来研究同一现象（的方法）"①。虽然，三角互证最初的目的在于增加数据与分析的"说服力"（Persuasiveness）[189]174,179,181，但对质性研究来说，这一方法的功用则在于提升数据和分析的"全面性"（Completeness）[190]638 或"复杂的严谨度"（Sophisticated Rigour）[191]235-236，而并不是增加研究的"效度"或"客观性"[192]766-767。

从操作层面而言，Norman Denzin[101]295-304 建议质性研究者可以通过如下四种方法进行三角互证。

- 数据三角互证（Data Triangulation），指通过组合、比对不同来源的数据进行三角互证的方法。这些数据既包括经由不同方法收集的数据（例如，访谈、观察与文献数据进行），也包括经由相同方法收集的不同数据（例如，收集自不同时刻、地点或对象的访谈数据）。

- 研究者三角互证（Investigator Triangulation），指通过邀请其他的研究者参与到研究工作中进行三角互证的方法。例如，您可以邀请不同的研究者对同一个对象进行数据收集工作（这种方法常见于使用观察法收集数据的研究中——多个研究者从不同的角度观察某一社会场景）。您也可以邀请多名研究者来分析同一组数据（例如，邀请不同的研究者对同一组数据进行编码）。无论是数据收集过程还是数据分析过程，研究者三角互证的目的都是尝试通过引入多个角度，来尽可能地消弭单个研究者可能会因角度单一而对研究质量产生的影响。

- 理论三角互证（Theoretical Triangulation），指从多重角度使用某一理论来解读数据进行三角互证的方法。也有学者提出，研究者可以使用多种理论来

---

① 虽然 Norman Denzin 的原文 the combination of methodologies in the study of the same phenomenon 可以直译为"研究同一现象的研究方法的组合"，但为了便于理解，我们选择了正文中的翻译方法。您可以根据自己认可的翻译版本来定义"三角互证"。参见，DENZIN N K. The Research Act, A Theoretical Introduction to Sociological Methods [M]. BURDEN D W, LINDER L, GAMER S, 编. 2 版. New York：McGRAW-HILL BOOK COMPANY, 1978：291.

分析数据——由于这种方法从本质上可以被视为是对某一社会问题的多学科研究，故此被称为"多学科三角互证"[116]83。例如，David Tod 在自己的博士研究中就通过将治疗师发展理论（Therapist Development Theory）与其他研究框架相结合进行了理论三角互证。Jorge Knijnik 与同事则在研究中从不同的角度分析了创意与对话教育在体育教学中的作用与价值。

- 研究方法三角互证（Methodological Triangulation），指使用不同的研究方法研究同一问题进行三角互证的方法。这其中包含着两种不同的类型：其一，以某一种研究方法的不同类型进行数据分析（例如，选择不同流派的扎根理论或不同类型的话语分析方法进行数据分析），这种方法又被称为 Within-method Triangulation。其二，以不同的研究方法进行数据分析，这种方法又被称为 Between-method Triangulation。在第二种角度看来，混合方法研究（Mixed-method Research）也可以被视为一种研究方法三角互证方法，但由于部分使用这种方法的研究者在尚未讨论与反思量化与质性研究在认识论层面的差别时，就贸然使用混合研究方法，因此 Norman Denzin 本人[187]419-427;[193]80-88在此后的著作中批判了混合方法研究。

　　三角互证的概念出现后受到了部分学者的追捧与推崇。其中较为激进者，例如 Sandra Mathison，甚至建议"无论其哲学立场、认识论、方法论角度如何，任何研究都必须使用多种方法和多个来源的数据，（因为）只有这样，一项研究才能够经得起其他学者的批判与讨论"[194]13。也有学者在这四种三角互证的基础上提出了其他类型的三角互证方法。例如，Norman Denzin 和 Yvonna Lincoln 将质性研究比喻为"镶嵌"（Bricolage）的工作，那么作为"镶嵌师"（Bricoleur）的质性研究者需要使用所有可用的策略或工具来分析数据，进而使用全部可用的材料来完成"拼图"——用不同的分析技巧来描述、解构、阐释和理解社会过程和社会行为的意义，当然这样做的前提是要确保这些分析方法之间在本体论和认识论层面的一致性[195]3。这种尝试通过使用不同分析方法处理数据，从而在数据分析结果层面达到一致性的方法被称为"分析三角互证"（Analytical triangulation）[17]115。这一方法的支持者相信研究者可以通过聚合不同的分析方法和结果来接近于真相，或者取得比只用一种方法更加准确和无偏见的结果。

　　不过，如果我们依照这种逻辑来推论，是不是四角、五角甚至七角、八角互证会帮我们得到"更准确的"结论呢？但遗憾的是，学者们在不断地讨论后发现，三角互证对质性研究的贡献往往在于为我们提供了更多的、可用来理解研究对象的角度，因此这种方法并不是一个能够确保研究结论的"正确性"的保障[116]95-96;[186]45-48;[187]424-425。同时，三角互证（尤其是作为三角互证核心概念的研究方法三角互证）在使用不当的情况下，还会使质性研究产生"研究范式冲突"，特别是在本体论和认识论层面的冲突和矛盾。

详细而言，三角互证应用于质性研究时可能产生的"副作用"主要可以从三个层面进行讨论。

第一，从研究范式的层面来看，由于社会科学研究的不同范式之间在哲学层面的显著差异，故此"研究方法三角互证"（尤其是以混合质性与量化研究方法为手段进行三角互证的方法）饱受争议[187]422-424。Uwe Flick 总结了混用质性与量化方法进行的研究方法三角互证可能引发的一系列讨论与批判，进而提出质性研究者在对质性研究进行研究方法三角互证时不应使用混合方法，而应选用不同的质性研究方法[192]773。其中，以混合方法进行的研究方法三角互证往往出于实用性的考量将两种在范式、理论、方法等层面截然不同的研究方法混合于同一研究中，而以多种质性研究方法进行的研究方法三角互证则以对研究方法和认识论层面的讨论与反思为基础，进行研究方法三角互证。

但我们并不完全认同 Uwe Flick 的这种观点。这是因为，由于质性研究具有"描述"和"诠释"两项基本特征——这与我们在前文中对"硬数据"和"软数据"的分类相关，故此我们认为，在质性研究偏向于"描述性"的部分中使用量化数据（而非量化方法）进行三角互证仍具有可行性。当然，在这一过程中，量化数据与质性数据之间可能会出现一定差异，我们在后面马上就为您说明如何看待和处理这些差异。

同时，就质性研究中较为"诠释性"的部分而言，我们认同前述 Flick 的观点，而且采用不同的质性研究方法剖析同一份数据进行研究的可行性和有效性也已经得到了验证①。另外，在您选用不同的质性研究方法进行三角互证时，这些质性研究方法需要具有以下三种特征。

- 可以帮助我们获得多种类型的数据；

---

① 有关使用不同质性方法进行三角互证的过程，您可以参阅 Frederick Wertz 和另外五名学者[169]的著作 Five Ways of Doing Qualitative Analysis。在这本书中，Frederick J. Wertz 本人（现象心理学路径）与 Kathy Charmaz（建构主义扎根理论）、Linda M. McMullen（话语分析）、Ruthellen Josselson（叙事分析）、Rosemarie Anderson（直觉研究 Intuitive Inquiry）分别用不同的质性研究方法对同一组数据进行了分析。您读完这本书的 Part Ⅱ 和 Part Ⅲ，就会发现不同质性研究方法在视角、侧重点等方面的差别及各自的长项。

- 可以使我们理解研究对象的主观意义，帮助我们描述社会行为和环境；
- 可以使我们能够依据研究参与者的社会互动特征和个体结构特征，解读他们的话语，并可以使我们能够整合自己对研究对象社会行为的诠释与自己对研究对象观点的重构。

第二，从理论和分析的层面来看，不同的理论或分析框架往往会影响到研究者梳理、剖析、阐释数据的角度，并使研究呈现出不同的样貌，因而影响数据分析结果与研究结论（这对于质性研究来说尤其如是）。故此，理论三角互证或分析三角互证虽然会增加我们进行数据分析的角度，但并不一定会使研究更"准确"或更"客观"，更不会提升研究的"效度"（如果您被迫要使用这个本已不适用于质性研究的词的话），而更多的是会让我们的质性研究更加丰富与多样。

> 理论一般来说是不同（学术）传统的产物，因此当它们被组合在一起时，某一种理论可能会得到更完整的研究图景，但（这种图景）却并不一定更"客观"。同样地，不同的研究方法是不同理论传统的产物，因此当我们把它们组合在一起时，可以在一定程度上提升研究的广度与深度，但绝不是准确性[188]33。

第三，从研究对象和数据层面来看，Eugene Webb 等人[189]15-16在最初的三角互证文献中就明确提出了研究方法的"反作用性"（Reactivity）——研究方法会对研究对象产生影响。换而言之，每一种研究方法都以其独特的研究方式、视角和操作构建了它的研究对象，故此，在不同时空环境下、以不同数据收集方法得到的研究资料并不能成为互相验证"真实与否"的材料；在不同时空环境下、通过不同研究方法获得的研究结果也不能作为判定彼此"是否正确"的标准[196]21。

换而言之，我们并不能将某个社会行为者建构的某个社会实在视为"主体的"社会实在，也不应以某个"主体的社会实在"为标准去比对、判断其他话语与行为"正确"的与否。那么，正如前文所述，我们在数据三角互证过程中考量重点并非是数据之间的"一致性"，也不应是哪个数据是"真的"或"虚的"，而应该是如何解读数据——这些数据为什么是一致的？为什么有差别？这些差别因何产生？

故此，我们认为，三角互证在质性研究中可能会实现它作为一种研究质量评估方法的本初目的——通过不同的方法最终确认某个研究结论；同时，它也有可能使我们发现某个社会现象的不同面向。这是因为不同的数据、不同的研究者或不同的分析方法可以让我们看到不同结果，而且这些不同的结果之间的差异使我们能够更加全面地了解这一社会现象——这也更加切合于质性研究对于"理解"和"解释"的追求。此时的三角互证就不再是一种研究质量评估方法，而是一种帮助我们获取更多（来自不同视角的）知识的方法。在此基础之上，质性研究中的三角互证便可以通过帮助我们发现社会现象的不同面向，促使我们寻找这些差异性结论背后的诱因，特别是处于机制层面或意识形态层面的诱因——这时的三角互证便成了后续研究的发源。

第三节　社会科学的研究道德与伦理问题

在本章中，我们探讨了量化研究质量评估标准在质性研究中的不适用性，进而介绍了几种常见的质性研究质量评估标准。不过，无论是使用哪种方法的研究，或者说无论是自然科学研究还是社会科学研究，都需要遵守研究道德与伦理——这是学术研究基本标准，也是最高标准。研究道德与伦理并不是一个虚无缥缈的（或者说是纯然务虚的）标准，而是会影响数据质量乃至于研究质量的关键要素，这是因为如果研究者不能坚持研究的道德与伦理，那么不仅无法有效、深入地获取数据，也会影响研究质量[197]273-276。

研究道德与伦理也不是一个难以企及的目标。从操作性的层面来讲，国内已经有越来越多的高校和研究机构效仿西方学术界设立了相关的学术伦理委员会，并要求研究者在开始研究前依照规定、按图索骥地完善自己的研究，就基本可以达到研究伦理的要求。从观念性的层面来说，只要我们在研究过程中不断地提醒自己"己所不欲勿施于人"，把自己放在被研究者的立场上反思研究者的行为，也就不太容易会出现踩踏红线的行为。当然，研究道德与伦理也非唾手可得，它需要我们在整个学术生命中严格恪守，也要求我们时常批判与反思自己的行为、观念，甚至挑战自己视为必然的概念和"真理"；有时，贯彻研究道德与伦理甚至会使我们面临实际生活层面的压力（例如，坚持为受访者保密，还是透露访谈内容以进行利益交换）。我们把这部分议题放在这本小书的最后，作为对自己和您在开始研究前的最后提醒，也可以被视为对我们贯彻自己进入社会科学研究的初心的鼓励。

黄盈盈与潘绥铭以多年田野调查的实践为基础，将社会科学的基本伦理考量

（尊重、受益、公平）提炼为"知情同意""尊重与平等""无伤害与受益"三项原则[198]276。其中知情同意是研究者对被研究者最起码的尊重，也是基本的社会道德要求。尊重与平等既是研究者应该秉持的态度，也反映了社会科学研究者的特性。无伤害与受益则代表了研究者的理论高度或研究的水平——在体育社会科学的研究领域中，不乏有需要保护的弱势人群（例如，青少年群体、曾在运动中有过心理或生理创伤经历的个体、体育参与权力难以得到保障的弱势群体），也可能会涉及敏感议题（例如，非主流性别个体的体育参与、服用违禁药物的行为），那么我们如何能够在研究中保护被研究者，乃至于通过理解被研究者、帮助他们发声，进而保障他们的权利推进社会与体育领域的公平发展，都是体育社会科学研究者必须要考量的问题。

在黄盈盈与潘绥铭提出的三原则的基础上，我们根据自己的研究经验与思考，以及既往文献中的相关讨论，提出"恪守平等""保护他者""接受真实""持续反思"四个需要质性研究者在研究道德与伦理方面关注的要点，并在本节中为您分别说明。

一、恪守平等

在社会科学研究中，我们应该试图与被研究者搭建起一种互益的关系。这种互益关系的基础，是我们与被研究者之间平等的地位。换句话说，尽管作为研究者的我们可以用一种系统化、复杂的工具来分析日常的社会生活，并以自洽、符合逻辑的方式将分析的结果汇报出来，以解释可见的社会现象背后的因果机制，但是这并不能说明我们会比参与到研究中的被研究者高明。一方面，我们所做的工作仅是一种再度的诠释，这种工作在本质层面与被研究者对自己多样化的、非线性的社会关系的解释并无区别。另一方面，也更加重要的是，我们是否会在被研究者的生命中出现，往往并不会直接影响到对方的生活，但是被研究者是否乐于帮忙，是否乐于参与到我们的研究中，则会直接影响到我们的学术生命。

因此，作为研究者的我们并不是一个占据着学术高地、为被研究者解惑的智者，而是一个和被研究者一样试图将社会生活梳理出一条脉络的寻路人。我们也并不是一个拿着冰冷的手术刀、试图通过鞭辟入里的分析来治病救人的大夫（这里并非对大夫有任何的偏见而仅是比喻），而是一个经历着相似疾病并尝试去感受和理解另一位病友对某种"社会病痛"的感受的病人。我们只不过病得更久，或者见过更多的病友。所以我们需要珍视和尊重每一位和自己分享经历的被研究者，从人本的角度和被研究者平等地互动，从人性出发和被研究者进行交流，理解他们的话语、行为，以及背后的价值取向和意识形态，而不要尝试站在彼端，像一个拿着望远镜观察异世界的猎奇者。换而言之，研究者所做的并不是"研究""分析"或者"解放"被研究者，究其本质而言，是对被研究者的理解与解释。

由于社会科学领域并不存在"立场中立""无关价值"的研究，社会科学研究（尤其是质性研究）也不可能向自然科学一样进行纯客观观察与测量。故此，我们需要通过与被研究者的平等互动（而不是审视），依照自身的学术背景并以本次研究的研究范式与理论角度为基础理解研究对象，并寻求相互之间意义建构的平衡点。或许我们并不接受对方的视角、解读乃至于作为，但我们需要理解对方为何如此看待社会、为何选择做出某种特定行为——这是一种"理解但不接受"的态度。

当然，这并不是说我们要把研究的过程变成一种朋友式聊天，或者说毫无边际和学术目的的漫谈。恰恰相反，学术研究的态度与视角对我们是否能深入地理解被研究者具有重要的意义与作用。例如，我们在访谈前需要充分地了解、仔细地分析被研究者的背景，才能够实现对被研究者的理解；我们在访谈过程中也需要实时地分析对话内容，才能够保证自己可以收集到全面的数据。

换句话说，从被研究者的角度看来，作为研究者的我们终究是一个突然出现在自己生活中的局外人。这种局外人的身份当然会影响到被研究者。尽管质性研究承认并且接受这种影响，但是我们仍然希望能够减少这种影响，以贴近被研究对象，了解他们真实的体验和感受。而只有我们平等地对待被研究对象，他们才可能会把研究者视为一个生活中的普通人，拉进我们之间的社交距离，而不是像听课老师面前的小学生一样在研究者面前表演官样文章。只有在研究者与被研究者同时把对方看作和自己平等时，双方才能够"贴近的了解"对方观察社会的视角与意义建构的逻辑，研究者也才能够真正地深入社会的机制与结构层面。

二、保护他者

在科学发展的历史上，打着科学研究的旗号、罔顾研究伦理的行径并不少见。美国研究人员为了测验青霉素是否能够治愈或者预防性病，在 1946 年至 1948 年曾故意让 1300 多名危地马拉囚犯、精神病患者和性工作者染上淋病、梅毒和软性下疳等性病，其中只有大约 700 人得到某种治疗。截至 1953 年底，共有83名实验对象死亡。同时，臭名昭著的"塔斯克基梅毒实验"（Tuskegee Syphilis Study）也说明，这种置研究伦理于度外的行径并不仅针对外国公民，违反科研伦理的"科研人员"并不会在乎他们手上的"两脚小白鼠"到底来自哪里。

虽然社会科学研究并不像上述研究那样危险，但仍然存在给受访者带来痛苦经历或者负面影响的可能性。那么，既然我们需要把受访者放在平等的位置，以人本主义的角度去了解、理解和对待受访者，当然也就需要保护受访者，防止我们的研究对他们产生负面的影响。从功利的角度来讲，我们对研究对象的需要远大于他们对我们的需要和期待。在中国体育社会学领域中，有太多只能以文献资料为基础、以研究者自我思辨为手段的书斋式研究，缺乏以实证为基础的研究（Evidence-based Studies）的很大原因是研究者难以接触到研究对象，尤其是对于质性研究者来说，找到乐于接受访谈的人并不容易。那么，当我们获得了进入场景中观察或访谈被研究者的机会，对方花费自己的时间、精力与耐心为我们提供与研究相关的信息时，我们感激还来不及呢，又怎么能够不设身处地地为对方着想呢？

从操作层面来讲，我们需要从"可预见的伤害"和"不可预见的伤害"两个层面来保护被研究者。就可预见的危机或伤害而言，社会科学研究界已经根据既往的研究实践积累了一系列以保护被研究者为目的的准则，那么我们在研究的过程中只要能够遵守这些准则，就可以在很大限度上避免自己的研究给对方的生活带来的负面影响。

例如，我们需要自觉地尊重被研究者拥有的一系列权力。其中最重要的有两种：知情权与选择权。故此，研究者必须确保每一位参与研究的被研究者都充分地了解研究的信息与情况，并只有在他们同意参与研究的情况下，才进行下一步的数据收集或其他与研究相关的工作（与知情同意相关的内容详见第四章）。与此同时，我们还需要确保被研究者可以自主地选择是否参与到研究之中，并可以自主地选择何时退出研究或选择研究者是否使用以获得的与自己有关的数据。

这样做当然会增加我们研究的难度，但只有这样才能够充分地尊重和保护被研究者，才能够确保我们的研究质量，并保证社会科学研究高质量、可持续地发展。如果我们从反向的角度来看，就不难理解这样做的必要性了。例如，我们在前文曾经讨论过的伪装身份进行数据收集的行为，从研究质量的角度讲，这样的行为当然会影响到研究的质量，因为伪装自己身份的研究者无法公开、明显且有目的的引导受访者讨论与研究相关的话题，所以收集的数据往往散乱；从研究可行性的角度讲，这样的行为也会显著增加研究的危险性，一旦研究者身份被揭穿，不仅在很大范围内的潜在受访对象都会将研究者视若仇雠，而且也会严重影响整个社会科学研究在相关人群中的声誉；从研究伦理的角度讲，这样的行径无异于欺骗被研究者，那么又何谈对被研究者的尊重与平等对待呢？因此，我们说，只有充分地尊重和保护被研究者的知情同意权和自主选择权，我们的研究工作才可能高质量、可持续地发展。当然，同样的原则也适用于在数据收集过程中使用录音、录像设备的方面。

作为研究者的我们在尊重被研究者权力的同时，还需要主动地承担我们应尽的义务，其中包括保密的义务（数据、信息等方面的保密）、被追责的义务、保护的义务（尤其是敏感话题）。详细而言，所谓保密的义务要求我们在研究的过程中，不记录任何与研究无关的信息（在可能的情况下，甚至不需要记录被研究者的姓名）；妥善地储存与保存研究数据，并在相应的年限要求到达时销毁相关记录；在任何的情况下，只要不能完全确认相关行为不会对被研究者产生任何负面影响，就必须要对所有与被研究者相关的信息保守秘密，也不能向任何第三方透露相关的信息。这样，您也就不难了解在自己的开题报告或者论文中写下受访者的职务和姓名是一件多么不可接受的事情了（但是遗憾的是，这样负面的案例并不少见）。被追责的义务要求我们在任何出现数据泄密的情况下承担相关的责任并接受相应的处罚。保护的义务则与不可预见的伤害有关，要求我们在涉及敏感议题的访谈或者数据收集过程中，尽量地保护被研究者不会受到那些不可预见的伤害。

所谓不可预见的伤害往往以研究者在研究的过程中，无心地使被研究者经历了创伤或对被研究者产生了负面的影响。例如，我们的访谈问题触及了对方不想谈及的话题或涉及对方过去的痛苦回忆。这种情况在我们对弱势群体（如残障人士、亚文化群体）或者一些敏感话题（如赌球、黑哨、使用违禁药物）的研究中常遇到。

从操作性的层面来讲，我们在不可预见的伤害产生时，需要观察对方的反应、询问对方是否愿意继续谈下去，如果受访者表示可以继续访谈，我们也要告知对方可以在任何时候终止相关话题。从研究整体的层面来讲，对不可预见的伤害的把握在很大程度上反映了研究者的研究水平与经验，富有经验的研究者往往会通过不断地反思自己在过往研究中的言行，以及可能被调查者带来的"无心伤害"，总结调查实践的经验与技巧，进而在后续的研究中规避这种不可预见的伤害。同时，富有经验的研究者也会通过与被研究者大量的互动实践，提升自己的敏感性与移情能力，以更好地把握被研究者的痛点和他们在互动过程中的情感波动，以减小自己在研究过程中可能对他们造成的无心之伤。而这种敏感性与移情能力必须要我们在人生中不断砥砺和丰富，加深对人的理解才能够得到。

无论是"可预见的伤害"还是"不可预见的伤害"，研究者都需要采取一定的措施降低伤害发生的风险，进而保护被研究者——这在很大程度上也反映了研究者自身的学术深度与研究能力。这不仅要求我们在制度层面遵守相应的研究伦理规范；也需要我们在学术层面深入地了解被研究者所处的环境和其中潜在的伤害风险，了解被访者的社会心理特征和生活状态，并精心设计研究方案，进行恰当的预试验，以保护被研究者尽量少地受到负面影响。

三、接受真实

有关学术研究的"真实性"已经有许多的相关论述与规定。例如，从操作层面来看，篡改或者伪造研究数据，编造数据分析结果、剽窃他人研究成果等一系列有违学术研究伦理道德的行为都与"真实"原则相抵触。在这个部分中，我们希望论述的是如何"真实地"对待呈现多样性的质性数据，或者说我们如何看待"真实"本身。

由于质性研究尝试去理解社会行为者对于社会的解读，剖析不同的行为者对社会的建构和诠释（包括那些在社会中拥有统治性权力的声音，以及那些被边缘化、排斥乃至于压抑的声音），进而针对那些将自身建构物本质进行"客观化"的社会权力与意识形态进行"去客观化"（或者说"去真理化"——"祛'真理'的魅"），故此，我们所分析的数据是个体化的、多样的、不连续的乃至于不可导的，这些数据所建构的关系也具有主体性（因人而异）和情境性（因时空而异），因此我们难以用某一种标准来"测量"这些数据在表意层面上的一致性与"真实性"。

我们在观念上接受数据文本层面的多样性，并不妨碍我们在机制层面对真实的追求。换而言之，质性研究追求的并不是研究者在文字层面上的一致性表态，而是一种"情境性的真实"。例如，"见人说人话、见鬼说鬼话"是我们常听的一句话。如果我们单就"人话"和"鬼话"而言，被研究者的态度的确两面三刀，这种前后矛盾的数据显而易见是不真实的。但如果我们把相关情景也纳入考量中，先分析受访者在说话时见到的是"人"还是"鬼"，"人"和"鬼"对受访者的意义何在，进而联系他基于不同情景给出的应对，不仅能够发现受访者"见人说人话、见鬼说鬼话"的真实逻辑，也能够发现他在诠释"人"和"鬼"时的结构性要素、个体的背景经历和他做出相应反应的机制性关系。

我们在数据收集过程中需要注意情境与背景的总结和收集，认识和理解被研究者生活情境的（在时空两个维度）的多变性与复杂性。在数据分析的过程中，我们需要关注于"不同情境中的不同真实"，分析个体在情境中的角色与位置，以及他们与情境间的互动，发现造成"不同情境下的不同真实"的原因，以解释数据中出现的种种差异在社会生活中的合理性，进而了解埋藏于差异背后的相似的驱动力。

从这一层面上来看，我们保障并获取被研究者的知情同意就显得更加重要了。这种重要性并不仅体现在研究伦理的层面上，也体现在研究质量的层面上——只有获取了研究对象对研究的认同和信任，我们才可能尽量降低被访者在接受访谈时候的心理负担和压力，使他们放松、坦诚地描述自己在不同情境下的经验、选择与行为，从而提升调查和访谈的深入性，也使我们的研究数据可以更进一步贴近被研究者在不同情境下的机制性"真实"，而不是停留在文字层面的"刻板真实"。

我们认为这种对"情境性真实"的坚持有利于提升质性研究的学术深度，可以帮助我们更好地呈现潜藏在复杂的社会行为与社会过程背后的因果关系。在人类社会中，不同的行为与表象背后有可能存在同样的动因——"天下熙熙，皆为利来；天下攘攘，皆为利往"；相同的行为背后也有可能是不同的要素驱动的——"无心插柳柳成荫"的案例也并不鲜见。前一种情形，被称为社会事件（或命题）的"共因性"（The Concurrence of Causes），后者称为"多因性"（The Plurality of Causes）[199]367-374。那么，即便发现了和此前所收集的数据不同的案例，我们也无法说前者是错误或者是虚假的，因为后者有可能是前者在新的情境下的一个新的必要条件或新的必要条件之一[200]140。

同时，我们还需要思考，自己用来判断数据（尤其是诠释型数据）真实与虚假的标准之基础何在，或者说造成数据多样性的原因何在。例如，浅紫色是一种非常容易和深粉色混淆的颜色，如果我们把一支淡紫色的花朵拿给两个不同的被研究者看，并要求他们各自向一个新的被研究者描述花的颜色，进而要求后两个被研究者根据他们分别听到的描述来选择颜色画出这朵花的颜色，这两幅画作中花朵的颜色会在多大程度上是一致的呢？在这种情况下，几位被研究者对所看到的颜色建构虽然各不相同，但都真实地反映了他们既往背景对他们的影响，并诠释了新的现象。那么，我们就无法评论哪一种建构是虚假或是受访者编造的，而仅能将这种偏差视为因被研究者的背景而产生的差异？当然，数据产生多样性的原因在于某个或者某些受访者故意地表达了与他人不同的意见或想法。我们可以将这种现象视为因受访者当时所处的情景而产生的差异。无论哪一种差异，都可以启发我们通过分析多样性的数据，探寻其背后的因果机制，并了解被研究者与社会之间的互动与作用。

那么，作为研究者来说，应该由分析的层面来把握真实——通过对来自不同渠道的数据进行前后对照，识别并尊重均为建构物的两种差异，分析造成这些数据层面差异的原因，从而揭示事物的内在逻辑。这种内在逻辑的本质是研究者以理论为依据，以实证（数据）为基础对数据的系统性重构，因此在另外的时空情境中，以另一种理论、从另外的角度进行的理解可能也有可能会产生不同的解释。换而言之，就社会科学而言，无论是数据还是对数据的剖析和研究，都是在具体情境下的个体基于过往的背景与知识体系下对社会的诠释与解读，那么社会科学研究又怎能够删去情景，忽视语义、抛弃结构，把质性数据视为数字，或者把鲜活的生命和多变的语义化约成可量化的形式，去寻求某些固定的模式呢？

四、持续反思

反思不仅是体现社会科学质性研究（尤其是以批判理论为指导的社会科学研究）学术精神与追求的本质特征之一，也是质性研究者需要在研究方法层面上不断贯彻的研究伦理要素。

就社会科学质性研究本身来说，研究者在解读、剖析与诠释社会的过程中必然带有对研究对象（社会结构与社会过程）的反思，尤其是对社会中我们习以为常、认为是"当然如是""必然如是""自然如是"的规律或者真理的解构。以体育领域的禁药问题为例，当大量学者从社会学（禁药使用中教练与运动员的权力关系）、政策学（反禁药政策的制定、执行与评估）、法学（反禁药相关判罚的解释）、历史学（禁药的发展历史）、哲学（禁药与反禁药背后的道德考量）的角度研究，我们也需要反思我们为何会认为部分可以提升运动员竞技表现的药品（人类生长荷尔蒙）或者技术（例如鲨鱼皮泳衣）要被禁止？如果说是从运动员的健康考量，众多带伤上阵甚至是猝死赛场的案例使我们反思，人们甚至是运动员自身真的在意自己的健康么？而且如果作为拥有完全自我行为能力的运动员并不在意自己的健康，那么在他自愿的情况下，我们似乎并没有足够的理由去干涉他们。如果是为了竞赛公平，那么若并不禁止任何药物或者手段，不仅更加公平，而且也会因为公开市场而消除某些国家凭借自己发达的国力与先进的科技手段制造出不会被检测出的高级药物所带来的不公平的竞争优势。那么，我们又是为何创造出"违禁药物"这一全球"公敌"的呢？

反思这种知识（通过内化形成的"真理"）的创造过程，正是我们探索国际体育领域权力体系、运行规则和利益网络的着力点所在，也是实现社会公平的途径。相似的案例还包括学者们对体育参与中因为生理性别、社会性别而导致的种种歧视与不公的批判式研究[201]199。当然，我们这样做的主旨并非鼓励（尤其是以排他性的方式鼓励）某一种行为或者某一种（包括异性恋在内的）性向，而是希望创造一种反思的环境与场域，帮助读者进一步地观察自己的生活，审视其中习以为常、已被内化的霸权，进而维护那些被忽视、贬损乃至践踏的尊严。

在研究方法层面，研究者和研究理论可能对质性研究在研究视角、数据分析与研究结果层面产生的影响在前文已经有充分的论述。虽然，质性研究承认并接受这种研究自身由本质层面、因本体论和认识论而产生的片面性，但研究者并不能就此泰然处之，而需要反思作为研究工具的自己与研究理论视角对研究产生的影响，乃至于反思社会既有知识结构、价值体系和意识形态中所带有的天然的价值取向，以及由此而生的（潜在的）视觉盲点或者权力不平等。

例如，尽管研究者和被研究者均是社会建构"主体"——研究者在被研究者建构社会基础上进行理论建构，然而，研究者常会在与被研究者的互动关系中，自觉或不自觉地进入一种引导话题的位置，进而掌握话语权（议程设定）。并且，这种研究者与被研究之间的权力不平等，会随着研究的进展而逐步加大——研究者在数据分析中获得阐释数据的权力，进而通过研究报告将自己的声音（或者说选择性地将被研究者的声音）公之于众。

诚然，研究者无法规避这种由研究本身产生的权力关系，以及伴随其而生的权力差异，但我们需要自觉地反思这种关系可能对研究和被研究者产生的影响，并主动地进行相关的设计或自我警示，而不是在研究结束后被动地反思（或后悔）自己在研究过程中对被研究者的影响。例如，我们可以在研究设计的过程中，通过充分了解研究对象的背景和选用的研究理论与立场，思考研究理论与自己的背景（如自身价值判断和道德标准）可能会对研究数据、研究过程、研究结果产生的影响，并设计相关的环节（如邀请同事审阅访谈提纲、数据分析过程与结果）来消弭这种影响。这种反思的过程并不简单，尤其是对没有经验的研究者来说更是非常困难的，但我们需要不断地在研究中进行反思，以提升研究的深度与自我的学术修养。

由此不难看出，反思性之所以重要不仅在于它是社会学研究（尤其是批判性社会学研究）中重要的一个环节，而且在于它可以帮助我们发现自我对研究不可避免的影响，定义自我在研究中的角色（研究工具），以及自我与研究对象之间的关系（平等的存在），并提醒我们不仅要在研究中改变被研究者所处的不平等地位，也要尝试通过自己的研究使他们在社会生活中所面临的困境得到理解，并帮助他们发出声音。当然，从另外一个角度来讲，当我们在不断尝试借由对社会的剖析与解构来理解意义、解读知识、分析权力、梳理利益的同时，是否也需要进行反向的反思——我们是否因为过分强调"权轻者"进而陷入"过度批判"却不自知。

总　结

作为本书的最后一章，我们秉承着不破不立的精神，首先"隔空"接续了第二章如何应对有关"信效度"问题的内容，讨论了由自然科学研究质量评估标准中借鉴的，常用于量化研究质量评估中的"效度""信度""一般性"和"客观性"四个标准在评估质性研究质量过程中的不适用性问题。其次，我们又从操作性的层面说明了可用于质性研究评估的"可信度""严谨度""保证度"与"透明度"四项标准，并从正反两个方面讨论了三角互证可以如何应用于质性研究质量评估中。本章的最后一部分，我们说明了在我们看来社会科学研究需要秉持的，以社会伦理与道德为基础的一种"元标准"。

当然，可能会有读者指出，这样的"元标准"莫非是我们一直在讨论（如果不是批判）的那种需要不断反思的、披上了"放诸四海皆准的"虚伪真理吗？对此问题，我们希望做出如此回应：我们对于这些标准的说明仅代表着我们基于今时所掌握的知识体系所做出的论述与判断，您可以发现其中带有的建构主义与批判实在主义的痕迹。故此，它们并不全面，遑论完善，所以我们诚挚地期待着读者朋友对这些标准进行批判与补充。但在此之前，我们必须把他们说明出来，以作为您批判的对象。

最后，再次感谢您读完这本小书。祝您的学术研究一切顺利。

REFERENCES ■

参考文献

[1] 陈向明. 质的研究方法与社会科学研究 [M]. 1 版. 北京：科学教育出版社, 2000.

[2] 孙关龙. 社会科学 [EB/OL]. (2009-10-11) [2020-03-12]. http://h.bkzx.cn/item/社会科学.

[3] 孙关龙. 人文学科 [EB/OL]. (2009-10-11) [2020-03-12]. http://h.bkzx.cn/item/人文学科.

[4] THE EDITORS OF ENCYCLOPAEDIA BRITANNICA. Humanities [EB/OL]. (1998-07-09) [2020-03-12]. https://www.britannica.com/topic/humanities.

[5] 吴国盛. 什么是科学 [M]. 1 版. 广州：广东人民出版社, 2016.

[6] GUBA E G, LINCOLN Y. Competing paradigms in qualitative research [M] //DENZIN N K, LINCOLN Y S. Handbook of qualitative research. London：Sage Publications, 1994.

[7] 托马斯·库恩. 科学革命的结构 [M]. 金吾伦, 胡新和, 译. 4 版. 北京：北京大学出版社, 2012.

[8] DENZIN N K, LINCOLN Y S. The Sage Handbook of Qualitative Research [M]. 5 版. London Sage Publications, 2019.

[9] GRATTON C, JONES I. Research Methods for Sports Studies [M]. 2 版. London：Routledge, 2010.

[10] 卡尔·波普尔. 猜想与反驳 [M]. 傅季重, 纪树立, 周昌忠, 等, 译. 上海：上海译文出版社, 2015.

[11] 卡尔·波普尔. 科学发现的逻辑 [M]. 查汝强, 邱仁宗, 申慧辉, 等, 译. 沈阳：沈阳出版社, 1999.

[12] HORKHEIMER M. POSTSCRIPT [M] //Critical Theory, Selected Essays. New York：The Continuum Publishing Company, 2002.

[13] SCHWANDT T A. The SAGE dictionary of qualitative inquiry [M]. 3 版. Thousand Oaks：Sage, 2007.

［14］雷蒙·盖斯. 批评理论的理念［M］. 汤云，杨顺利，译. 北京：商务印书馆，2018.

［15］BLAIKIE N，PRIEST J. Designing social research：the logic of anticipation［M］. Cambridge：Polity Press，2000.

［16］BRENTNALL R. Games beyond frontiers：a football fan's odyssey［M］. Wilmslow：Sigma Leisure，2000.

［17］SPARKES A C，SMITH B. Qualitative research methods in sport，exercise and health，from process to product［M］. London：Sage Publications，2014.

［18］JORGENSEN M，PHILLIPS L. Discourse analysis as Theory and Method［M］. London：SAGE Publications，2002.

［19］BLAIKIE N. Approaches to social enquiry：advancing knowledge［M］. 2 版. Cambridge：Polity，2007.

［20］COLLIER A. Critical realism：an introduction to Roy Bhaskar's philosophy［M］. London：Verso Books，1994.

［21］BHASKAR R. A realist theory of science［M］. 2 版. London：Harvester Wheatsheaf，1978.

［22］BHASKAR R，HARTWIG M. The formation of critical realism：a personal perspective［M］. London：Routledge，2010.

［23］SAYER A. Realism and Social Science［M］. London：Sage Publications，2000.

［24］BENTON T，CRAIB I. Philosophy of social science：the philosophical foundations of social thought［M］. 2 版. Houndsmill：Palgrave Macmillan，2011.

［25］海德格尔. 存在与时间［M］. 陈嘉映，王庆节，译. 北京：商务印书馆，2018.

［26］PASS S. Parallel Paths to Constructivism：Jean Piaget and Lev Vygotsky［M］. Green which，Conn. Information Age Publishing，2004.

［27］HACKING I. The Social Construction of What?［M］. Cambridge：Harvard University Press，1999.

［28］GERGEN K J. Realities and Relationships：Soundings in Social Construction［M］. Cambridge：Harvard University Press，1994.

［29］MARTIN J. Qualitative research in sport and exercise psychology：Observations of a non-qualitative researcher［J］. Qualitative Research in Sport，exercise and health，2011，3（3）：335-348.

［30］FALS-BORDA O，RAHMAN M A. Action and knowledge：Breaking the monopoly with Participatory Action-Researoh［M］//Hilos Tensados. New York：The Apex Press，1991.

［31］GIROUX H. Theory and resistance in education：A pedagogy for the opposition［M］. Boston：Bergin & Garvey，1983.

［32］LINCOLN Y S. "What a long，strange trip it's been…"：Twenty-five years of qualitative and new paradigm research［J］. Qualitative Inquiry，2010，16（1）：3-9.

[33] 陈向明. 从"范式"的视角看质的研究之定位 [J]. 教育研究, 2008 (5): 30-35, 67.

[34] GUBRIUM J A, HOLSTEIN J A. The new language of qualitative method [M]. New York: Oxford University Press, 1997.

[35] SMITH B, CADDICK N. Qualitative methods in sport: A concise overview for guiding social scientific sport research [J]. Asia Pacific Journal of Sport and Social Science, 2012, 1 (1): 60-73.

[36] CHARMAZ K. Premises, principles, and practices in qualitative research: Revisiting the foundations [J]. Qualitative Health Research, 2004, 14 (7): 976-993.

[37] 王佳佳, 顾周霆. 基于"少讲多练"视角下的教学策略 [J]. 中国学校体育, 2019 (8): 39-40.

[38] FOUCAULT M. Truth and power [M] //GORDON C. Power/knowledge: Selected interviews and other writings 1972-1977. Harlow, England: Harvester Press, 1980.

[39] Bryant A. Doing grounded theory: Issues and discussions [M]. California: Sage Publications, 2019.

[40] 潘绥铭. 生活是如何被篡改为数据的? ——大数据套用到研究人类的"原罪" [J]. 新视野, 2016 (3): 32-35.

[41] 风笑天. 社会研究方法 [M]. 4 版. 北京: 中国人民大学出版社, 2013.

[42] 范凯斌. 体育科学定量研究方法与应用 [M]. 上海: 上海交通大学出版社, 2017.

[43] 约瑟夫·A. 马克斯韦尔. 互动取向的质性研究设计 [M]. 朱光明, 译. 重庆: 重庆大学出版社, 2020.

[44] YIN R K. Case study research: design and methods [M]. 3 版. Thousand Oaks: Sage Publications, 2003.

[45] SILVERMAN D. Doing qualitative research [M]. London: Sage, 2013.

[46] BLAIKIE N. Designing Social Research: Designing social research The logic of anticipation [M]. 2 版. Cambridge: Polity, 2009.

[47] MAXWELL J A. Qualitative research design: An interactive approach [M]. Thousand Oaks, CA: Sage, 2013.

[48] 埃贡·G·古贝, 伊马娜·S·林肯. 第四代评估 [M]. 秦霖, 蒋燕玲, 等译. 北京: 中国人民大学出版社, 2008.

[49] WODAK R, MEYER M. Critical Discourse Analysis: History, Agenda, Theory and Methodology [M] //WODAK R, MEYER M. Methods of Critical Discourse Analysis [M]. London: Sage Publications, 2009.

[50] SARANTAKOS S. Social Research [M]. 4 版. Hong Kong: Palgrave Macmillan, 2013.

[51] TRACY S J. Qualitative quality: Eight "big-tent" criteria for excellent qualitative research [J]. Qualitative Inquiry, 2010, 16 (10): 837-851.

[52] PITNEY W A, PARKER J. Qualitative Research in Physical Activity and the Health Professions [M]. Champaign I L: Human Kinetics, 2009.

[53] MORAVCSIK A. Transparency: The revolution in qualitative research [J]. Political Science and Politics, 2014, 47 (1): 48-53.

[54] PATTON M Q. Qualitative evaluation and research methods [M]. 2 版. Thousand Oaks: Sage Publication, 1990.

[55] 路德维希·维特根斯坦. 哲学研究 [M]. 上海: 上海世纪出版集团, 2005.

[56] 朱丽叶·M. 科宾, 安塞尔姆·L. 施特劳斯. 质性研究的基础 [M]. 朱光明, 译. 重庆: 重庆大学出版社, 2015.

[57] CHENAIL R J, COOPER R, DESIR C. Strategically reviewing the research literature in qualitative research [J]. Qualitative Research, 2010 (4): 88-94.

[58] GLASER B G. Doing Grounded Theory: Issues and Discussions [M]. Mill Valley: Sciology Press, 1998.

[59] WOLCOTT H. The art of fieldwork [M]. Walnet Creek, Lanham, New York: AltaMira Press, 2005.

[60] CORBIN J, STRAUSS A. Basics of qualitative research, techniques and procedures for developing grounded theory [M]. 4 版. London: Sage Publications, 2015.

[61] AGEE J. Developing qualitative research questions: A reflective process [J]. International Journal of Qualitative Studies in Education, 2009, 22 (4): 431-447.

[62] PAWSON R. Evidence - Based Policy: A Realist Perspective [M]. London: Sage Publications, 2006.

[63] HENRY I, AL-TAUQI M, AMARA M, et al. Methodologies in Comparative and Transnational Sports Policy Research [M] //HENRY I P, THE INSTITUTE OF SPORT AND LEISURE POLICY. Transnational and Comparative Research in Sport: Globalisation, Governance and Sport Policy. New York: Routledge, 2007.

[64] YOON L. Understanding local residents' responses to the development of Mount Gariwang for the 2018 PyeongChang Winter Olympic and Paralympic Games [J]. Leisure Studies, 2020, 39 (5): 673-687.

[65] WILLIG C. Introducing qualitative research in psychology [M]. 3 版. Milton Keynes: Open University Press, 2013.

[66] STRAUSS A, CORBIN J. Basics of qualitative research: Grounded theory procedures and techniques [M]. Thousand Oaks: SAGE Publications, 1990.

[67] SPARKES A. The paradigms debate: An extended review and a celebration of difference [M] //SPARKES A. Research in physical education and sport: Exploring alternative visions.

London: Falmer Press, 1992.

[68] Easton G. Critical realism in case study research [J]. Industrial Marketing Management, 2010, 39 (1): 118-128.

[69] LEE PC. Managing a corrupted sport system: the governance of professional baseball in Taiwan and the Gambling scandal of 1997 [J]. European Sport Management Quarterly, 2008, 8 (1): 45-66.

[70] HENRY I, LEE P. Governance and ethics [M] //BEECH J, CHADWICK S. The business of sport management. London: Pearson, 2004.

[71] JESSOP B. State Theory: Putting the Capitalist State in its Place [M]. Cornwall: Polity Press, 1990.

[72] HAY C. Political Analysis [M]. Hampshire: Palgrave, 2002.

[73] VELIJA P, HUGHES L. 'Men fall like boiled eggs. Women fall like raw eggs.' Civilised female bodies and gender relations in British National Hunt racing [J]. International Review for the Sociology of Sport, 2019, 54 (1): 22-37.

[74] ELIAS N, DUNNING E. Quest for excitement: sport and leisure in the civilising process [M]. Dublin: University College Dublin Press, 2008.

[75] WADA. World Anti-Doping Code [EB/OL]. (2015-07-09) [2018-03-27]. https://www.wada-ama. org/sites/default/files/resources/files/wada_anti-doping_code_2019_english_final_revised_v1_linked. pdf.

[76] 诺曼·费尔克劳. 话语分析: 社会科学研究的文本分析方法 [M]. 赵芃, 译. 北京: 商务印书馆, 2021.

[77] MARKULA P, SILK M. Qualitative research for physical culture [M]. Basingstoke: Palgrave Macmillan, 2011.

[78] FAIRCLOUGH N. Peripheral Vision: Discourse Analysis in Organization Studies: The Case for Critical Realism [J]. Organizational Studies, 2005, 26 (6): 915-939.

[79] 商务国际辞书编辑部. 现代汉语词典 [M]. 北京: 商务印书馆国际有限公司, 2019.

[80] 罗伯特·R. 殷. 案例研究: 设计与方法 [M]. 周海涛, 史少杰, 译. 重庆: 重庆大学出版社, 2017.

[81] PATTON M Q. Purposeful Sampling [M] //EVERITT B, HALL D. Encyclopedia of Statistics in Behavioral Science. Chichester: WILEY, 2005.

[82] CHARMAZ K, THORNBERG R, KEANE E. Evolving Grounded Theory and Social Justice Inquiry [M] //DENZIN N K, LINCOLN Y S. The Sage handbook of qualitative research. London: Sage Publications, 2019.

[83] SARTRE J P. The family idiot: Gustave Flaubert, 1821-1857 (Vol. 1) [M]. Chicago: Uni-

versity of Chicago Press，1981.

［84］ STAKE R. Qualitative case studies ［M］//DENZIN N K，LINCOLN Y S. The Sage handbook of qualitative research. London：Sage Publications，2005.

［85］ 袁方，王汉生. 社会研究方法教程 ［M］. 北京：北京大学出版社，2013.

［86］ GLASER B G，STRAUSS A. The discovery of grounded theory：Strategies for qualitative research ［M］. Chicago：Aldine，1967.

［87］ PATTON M Q. Qualitative Research & Evaluation Methods ［M］. Thousand Oaks：Sage Publications，2002.

［88］ SAUMURE K，GIVEN L. Convenience sample ［M］//GIVEN L M. The SAGE encyclopedia of qualitative research Methods. Thousand Oaks，CA：Sage，2008.

［89］ PATTON M Q. Qualitative Research & Evaluation Methods ［M］. 4 版. Thousand Oaks：Sage Publications，2015.

［90］ 江秋雨. 真实的"谎言" ［M］//黄盈盈，潘绥铭. 我在现场：性社会学调查笔记. 香港：1908 有限公司，2016.

［91］ 史蒂文·卢克斯. 权力：一种激进的观点 ［M］. 彭斌，译. 南京：江苏人民出版社，2012.

［92］ Foucault M. what is Critique ［M］//Schmidt J. what is Enlightment? Eighteenth-Century Answers and Twentieth-Century Question. Berkeley：Vniversity of California Press，1996.

［93］ P. 布尔迪约，J.-C. 帕斯龙. 再生产：一种教育系统理论的要点 ［M］. 邢克超，译. 北京：商务印书馆，2002.

［94］ WALLERSTEIN I，JUMAC，KELLER E F，et al. Open the Social Sciences：Report of the Gulbenkian Commission on the Restructuring of the Social Sciences ［M］. Stanford：Stanford University Press，1996.

［95］ EDWARDS A，SKINNER J. Qualitative research in sport management ［M］. Oxford，Burlingtion：Elesvier，2009.

［96］ RANDALLA W L，PHOENIX C. The problem with truth in qualitative interviews：Reflections from a narrative perspective ［J］. Qualitative Research in Sport and Exercise，2009，1（2）：125-140.

［97］ HABERMAS J. Moral consciousness and communicative action ［M］. Cambridge：MIT Press，1990.

［98］ SHILS E. Social inquiry and the autonomy of the individual ［M］//LERNER D. The human meaning of the social sciences. Cleveland：Meridian，1959.

［99］ DOUGLAS J. Investigative social research：Individual and team field research ［M］. Beverly Hills：Sage Publications，1976.

［100］ 丹尼·L. 乔金森. 参与观察法 ［M］. 龙筱红，张小山，译. 重庆：重庆大学出版社，2009.

［101］DENZIN N K. The Research Act：A Theoretical Introduction to Sociological Methods［M］. 2 版. New York：McGRAW-HILL BOOK COMPANY，1978.

［102］PELTO P J，PELTO G H. Anthropological research：The structure of inquiry［M］. Cambridge：Cambridge University Press，1978.

［103］约翰·洛夫兰德，戴维·A. 斯诺，利昂·安德森，等. 分析社会情境：质性观察与分析方法［M］. 林小英，译. 重庆：重庆大学出版社，2009.

［104］SAID E. Orientalism［M］. New York：Vintage Books，1979.

［105］诺贝特·埃利亚斯. 文明的进程：文明的社会发生和心理发生的研究［M］. 王佩莉，袁志英，译. 上海：上海译文出版社有限公司，2019.

［106］HENRY I. The politics of leisure policy［M］. 2 版. Basingstoke：Palgrave，2001.

［107］HU X R. An analysis of Chinese Olympic and elite sport policy discourse in the post-Beijing 2008 Olympic Games era［D/OL］. Bedfordshire：Loughborough University，2015［2021-07-10］. https：//dspace. lboro. ac. uk/2134/17458.

［108］ALVESSON M，KAJ SKOLDBERG. Reflexive Methodology［M］. London：Sage Publications，2000.

［109］SCHATZMAN L，ANSELM STRAUSS. Field Research Strategies for a Natural Sociology［M］. Englewood Cliffs：Prentice Hall，1973.

［110］COFFEY A，ATKINS P. Making sense of qualitative data：Complementary research strategies［M］. Thousand Oaks：Sage Publications，1996.

［111］DURKHEIM E，LUKES S. The rules of sociological method［M］. 1 版. New York：Free Press，1982.

［112］CHIASSON P. Abduction as an Aspect of Retroduction［EB/OL］.（2001-10-01）［2021-03-18］. http：//www. commens. org/encyclopedia/article/chiasson-phyllis-abduction-aspect-retroduction.

［113］PIERCE C. Induction and Abduction［M］//BUCHLER J. Philosophical Writings of Peirce. New York：Dover Publications，1896.

［114］TRIMARCHI M. Theory Building：A Realist Methodology for Case Study Driven Research［R］//Faculty of Business Working Paper Series. Queensland，Australia：University of the Sunshine Coast，1998.

［115］MERRIAM-WEBSTER DICTIONARY. Retroduction［EB/OL］.（2021-06-01）［2021-08-18］. https：//www. merriam-webster. com/dictionary/retroduction.

［116］DOWNWARD P，MEARMAN A. Retroduction as mixed-methods triangulation in economic research：reorienting economics into social science［J］. Cambridge Journal of Economics，2006，31（1）：77-99.

[117] HABERMAS J. Knowledge and Human interests [M]. Boston：Beacon Press, 1972.

[118] WYNN D, WILLIAMS C. Principles for conducting critical realist case research in information systems [J]. Management Information Systems Quarterly, 2012, 36（3）：787-810.

[119] MAYAN M. Essentials of Qualitative Inquiry [M]. Oxon：Routledge, 2016.

[120] RYBA T V., HAAPANEN S, MOSEK S, et al. Towards a conceptual understanding of acute cultural adaptation：A preliminary examination of ACA in female swimming [J]. Qualitative Research in Sport, Exercise and Health, 2012, 4（1）：80-97.

[121] WEBER M. Objectivity in Social Science and Social Policy [M] //SHILS E, FINCH H A. The Methodology of the Social Sciences. New York：Free Press, 1949.

[122] SCHÜTZ A. Concept and theory formatåion in the social sciences [M] // NATANSON M. Philosophy of the Social Sciences. New York：Random House, 1963.

[123] CORBIN J, STRAUSS A. Grounded theory research：Procedures, canons, and evaluative criteria [J]. Qualitative Sociology, 1990, 13（1）：3-21.

[124] THE NEW FOOTBALL POOLS. Welcome to the Football Rivalries Report 2008 [EB/OL]. （2008-11-12）[2013-11-18]. http：//www. footballpools. com/football-fever/Rivalries_ Report_ 2008. pdf.

[125] NOWELL L S, NORRIS J M, WHITE D E, et al. Thematic Analysis：Striving to Meet the Trustworthiness Criteria [J]. International Journal of Qualitative Methods, 2017, 16（1）：1-13.

[126] BRAUN V, CLARKE V. Using thematic analysis in psychology [J]. Qualitative Research in Psychology, 2006, 3（2）：77-101.

[127] HOLLOWAY L, TODRES L. The status of method：flexibility, consistency and coherence [J]. Qualitative Research, 2003, 3（3）：345-357.

[128] REISSMAN C K. Narrative Methods for the Human Sciences [M]. London：Sage Publications, 2008.

[129] FRANK A. Practicing dialogical narrative analysis [M] //HOLSTEIN J, GUBRIUM J. Varieties of narrative analysis. Los Angeles：Sage Publications, 2012.

[130] SMITH B, SPARKES A C. Narrative analysis in sport and physical culture [M] //YOUNG K, ATKINSON M. Research in the Sociology of Sport. Bingley：Emerald Group Publishing Limited. , 2012.

[131] STANLEY B L. Communicating Health：A Thematic Narrative Analysis Among Methadone Patients [D/OL]. Tampa Bay：University of South Florida, 2019. https：//scholarcommons. usf. edu/etd/7953.

[132] 艾米娅·利布利里奇, 里弗卡·图沃·玛沙奇, 塔玛·奇尔波. 叙事研究：阅读、分析和诠释 [M]. 王红艳, 译. 重庆：重庆大学出版社, 2019.

[133] ATKINSON M. The empirical strikes back: Doing realist ethnography [M] //YOUNG K, ATKINSON M. Research in the Sociology of Sport. Bingley: Emerald Group Publishing Limited, 2012.

[134] GLASER B G. Theoretical Sensitivity [M]. Mill Valley: Sociology Press, 1978.

[135] 凯西·卡麦兹. 建构扎根理论: 质性研究实践指南 [M]. 边国英, 译. 重庆: 重庆大学出版社, 2009.

[136] ONG B K. Grounded Theory Method (GTM) and the Abductive Research Strategy (ARS): A critical analysis of their differences [J]. International Journal of Social Research Methodology, 2012, 15 (5): 417-432.

[137] CUTCLIFFE J R. Methodological issues in grounded theory [J]. Journal of Advanced Nursing, 2000, 31 (6): 1476-1484.

[138] 陈向明. 扎根理论的思路和方法 [J]. 教育研究与实验, 1999 (4): 58-63, 73.

[139] GLASER B G. Basics of grounded theory analysis [M]. Mill Vally: Sociology Press, 1992.

[140] M. ALAMMAR F, INTEZARI A, CARDOW A, et al. Grounded Theory in Practice: Novice Researchers' Choice Between Straussian and Glaserian [J]. Journal of Management Inquiry, 2019, 28 (2): 228-245.

[141] CORBIN J, STRAUSS A. Basics of qualitative research: techniques and procedures for developing grounded theory [M]. 3 版. Thousand Oaks: Sage Publications, 2008.

[142] PALMER D. Research Methods in Social Science Statistics [M]. Essex: EDTECH Press, 2019.

[143] GLASER B G. Conceptualization: On Theory and Theorizing Using Grounded Theory [J]. International Journal of Qualitative Methods, 2002, 1 (2): 23-38.

[144] HEATH H, COWLEY S. Developing a grounded theory approach: A comparison of Glaser and Strauss [J]. International Journal of Nursing Studies, 2004, 41 (2): 141-150.

[145] HOLTON J A. The Coding Process and Its Challenges [M] //BRYANT A, CHARMAZ K. The SAGE Handbook of Grounded Theory. Los Angeles: Sage Publications, 2007.

[146] STERN P N. Eroding grounded theory [M] //MORSE J M. Critical Issues in Qualitative Research Methods. Thousand Oaks: Sage Publications, 1994.

[147] RIEGER K L. Discriminating among grounded theory approaches [J]. Nursing Inquiry, 2019, 26 (1): 1-12.

[148] CHARMAZ K. Discovering' chronic illness: Using grounded theory [J]. Social Science & Medicine, 1990, 30 (11): 1161-1172.

[149] CHARMAZ K. Grounded theory [M] //SMITH J, HARRE R, LANGENHOVE L Van. Rethinking Methods in Psychology. London: Sage, 1995.

［150］CHARMAZ K. Constructing grounded theory ［M］. 2 版. Thousand Oaks：Sage Publications，2014.

［151］CHARMAZ K. A constructivist grounded theory analysis of losing and regaining a valued self ［M］//WERTZ F J, CHARMAZ K, MCMULLEN L M, et al. Five Ways of Doing Qualitative Analysis. New York：The Guilford Press, 2011.

［152］CHARMAZ K. The legacy of Anselm Strauss in constructivist grounded theory ［M］//DENZIN N K, SALVO J, WASHINGTON M. Studies in symbolic interaction. Bingley：Emerald Group, 2008.

［153］SEBASTIAN K. Distinguishing Between the Types of Grounded Theory：Classical, Interpretive and Constructivist ［J］. Journal for Social Thought, 2019, 3（1）：1-9.

［154］CROSSETTI M G O, GOES M G, BRUM C N. Application of constructivist grounded theory in nursing research ［J］. Qualitative Report, 2016, 21（13）：48-53.

［155］CHARMAZ K. Grounded theory：Objectivist and constructivist methods ［M］//DENZIN N K, LINCOLN Y S. Handbook of qualitative research. 2 版. Thousand Oaks：Sage Publications, 2000.

［156］WODAK R, MEYER M. Methods of critical discourse analysis ［M］. 2 版. London；Thousand Oaks, Calif.：SAGE, 2009.

［157］FAIRCLOUGH N. A dialectical-relational approach to critical discourse analysis in social research ［M］//WODAK R, MEYER M. Methods of Critical Discourse Analysis. London：Sage, 2009.

［158］FAIRCLOUGH N, WODAK R. Critical Discourse Analysis ［M］// DIJK T A van. Discourse as Social Interaction（Discourse Studies：A Multidisciplinary Introduction Vol. 2）. London：Sage, 1997.

［159］FOUCAULT M. Archaeology of knowledge ［M］. London；New York：Routledge, 2002.

［160］VAN DIJK T A. Multidisciplinary CDA：A Plea for Diversity ［M］// WODAK R, MEYER M. Methods of Critical Discourse Analysis. London：Sage Publications, 2001.

［161］VAN DIJK T A. Critical discourse analysis ［M］//SCHIFFRIN D, TANNEN D, HAMILTON H. Handbook of discourse analysis. Oxford：Blackwell Publishing Ltd, 2001.

［162］MARKULA P, PRINGLE R. Foucault, sport and exercise：Power, knowledge and transforming the self ［M］. London：Routledge, 2006.

［163］米歇尔·福柯. 规训与惩罚：监狱的诞生 ［M］. 刘北成，杨远婴，译. 北京：生活·读书·新知三联书店，2003.

［164］HALL S. Foucault：Power, Knowledge and Discourse ［M］// WETHERELL M, TAYLOR S, YATES S J. Discourse Theory and Practice：A Reader. London：Sage Publications, 2001.

［165］BREEZE R. Critical Discourse Analysis and its critics ［J］. Pragmatics, 2011, 21（4）：493-525.

［166］诺曼．费尔克拉夫．话语与社会变迁［M］．殷晓蓉，译．北京：华夏出版社，2003．

［167］WOLCOTT H. Transforming qualitative data：Description analysis，and interpretation．［M］. London：Sage Publication，1994．

［168］LINCOLN Y S, LYNHAM S A, GUBA E G. Paradigmatic Controversies，Contradictions，and Emerging Confluences，Revisited［M］// DENZIN N K, LINCOLN Y S. The Sage Handbook of Qualitative Research. London：Sage Publication，2019．

［169］WERTZ F J, CHARMAZ K, MCMULLEN L M，et al. Five Ways of Doing Qualitative Analysis ［M］. New York：The Guilford Press，2011．

［170］胡塞尔 E. 欧洲科学危机和超验现象学［M］．王炳文，译．北京：商务印书馆，2011．

［171］LINCOLN Y S, GUBA E G. Naturalistic Inquiry［M］. 1 版．California：Sage，1985．

［172］MORSE J M. Reframing Rigor in Qualitative Inquiry［M］. DENZIN N K, LINCOLN Y S. The Sage Handbook of Qualitative Research. 5 版．London：Sage，2019．

［173］WOOD L A, KROGER R O. Doing discourse analysis：methods for studying action in talk and text［M］. Thousand Oaks：Sage Publications，2000．

［174］GUBA E G. Criteria for Assessing the Trustworthiness of Naturalistic Inquiries［J］. Educational Communication and Technology Journal，1981，29（2）：75-91．

［175］GUBA E G, LINCOLN Y S. Fourth generation evaluation［M］. California：Sage Publications，1989．

［176］Maher C，Hadfield M，Hutchings M，et al. Znsuring rigor in qualitative data analysis：A design research approach to coding combining Nvivo with traditional material methods［J］. International journal of qualitative methods，2018，17（1）：1-3．

［177］TOBIN G A, BEGLEY C M. Methodological rigour within a qualitative framework［J］. Journal of Advanced Nursing，2004，48（4）：388-396．

［178］姚星亮．"小姐"眼中的"性"与"工作"［M］//黄盈盈，潘绥铭．我在现场：性社会学调查笔记．香港：1908 有限公司，2016．

［179］BERNARD H R, PELTO P J, WERNER O，et al. The Construction of Primary Data in Cultural Anthropology［J］. Current Anthropology，1986，27（4）：382-396．

［180］MORSE J M. Data were saturated…［J］. Qualitative Health Research，2015，25（5）：587-588．

［181］MERRIAM-WEBSTER DICTIONARY. Validation［EB/OL］.［2021-10-12］. https：// www. merriam-webster. com/dictionary/validation．

［182］MERRIAM-WEBSTER DICTIONARY. Verification［EB/OL］.［2021-10-12］. https：// www. merriam-webster. com/dictionary/verification．

［183］MORSE J M, BARRETT M, MAYAN M et al. Verification Strategies for Establishing Reliability and Validity in Qualitative Research［J］. International journal of qualitative methods, 2002, 1 (2): 13-22.

[184] RILEY S C E E, SIMS-SCHOUTEN W, WILLIG C. The Case for Critical Realist Discourse Analysis as a Viable Method in Discursive Work [J]. Theory & Psychology, 2007, 17 (1): 137-145.

[185] POTTER J, WETHERELL M. Analysing discourse [M] //BRYMAN A, BURGESS R G. Analysing qualitative data. London: Routledge, 1994.

[186] FLICK U. Managing Quality in Qualitative Research [M]. London: SAGE Publications, 2008.

[187] DENZIN N K. Moments, mixed methods, and paradigm dialogs [J]. Qualitative Inquiry, 2010, 16 (6): 419-427.

[188] FIELDING N G, FIELDING J L. Linking data [M]. London: SAGE Publications, 1986.

[189] WEBB E J, CAMPBELL D T, SCHWARTZ R D, et al. Unobtrusive Measures: Nonreactive Research in the Social Sciences. [M]. Chicago: Rand McNally & Company, 1966.

[190] SHIH F J. Triangulation in nursing research: Issues of conceptual clarity and purpose [J]. Journal of Advanced Nursing, 1998, 28 (3): 631-641.

[191] DENZIN N K. The Research Act: Theoretical Introduction to sociological Methods [M]. 3 版. Englewood Cliffs: Prentice Hall, 1988.

[192] FLICK U. Triangulation [M] //DENZIN N K, LINCOLN Y S. The Sage handbook of qualitative research. Los Angeles, London, New Delhi, Singapore, Washington DC, Melbourne: Sage, 2019.

[193] DENZIN N K. Triangulation 2.0 [J]. Journal of Mixed Methods Research, 2012, 6 (2): 80-88.

[194] MATHISON S. Why Triangulate? [J]. Educational Researcher, 1988, 17 (2): 13-17.

[195] DENZIN N K, LINCOLN Y S. Strategies of Qualitative Inquiry [M]. Thousand Oaks: Sage, 1998: 3.

[196] SILVERMAN D. Qualitative Methodology and Sociology: Describing the Social World [M]. Aldershot: Gower, 1985.

[197] 黄盈盈, 潘绥铭. 我在现场: 性社会学调查笔记 [M]. 香港: 1908 有限公司, 2016.

[198] 黄盈盈, 潘绥铭. 中国社会调查中的研究伦理: 方法论层次的反思 [M] // 黄盈盈, 潘绥铭. 我在现场: 性社会学调查笔记. 香港: 1908 有限公司, 2016.

[199] GRUNER R. Plurality of Causes [J]. Philosophy, 1967, 42 (162): 367-374.

[200] 张杨. 证伪在社会科学中可能吗? [J]. 社会学研究, 2007, 3 (18): 136-153, 244, 245.

[201] MATTSON R. LGBTQ Athletes and Discrimination in Sport [R/OL]. (2018-11-15) [2020-10-15]. https://elibrary.law.psu.edu/cgi/viewcontent.cgi? article=1021&context=library_faculty.